TEOLOGIA e CIÊNCIAS da RELIGIÃO

Eduardo R. da Cruz
Geraldo De Mori
(organizadores)

TEOLOGIA e CIÊNCIAS da RELIGIÃO

A caminho da maioridade acadêmica no Brasil

ANPTECRE
Associação Nacional
de Pós-graduação e Pesquisa
em Teologia e Ciências da Religião

Dados Internacionais de Catalogação na Publicação (CIP)
(Câmara Brasileira do Livro, SP, Brasil)

Teologia e Ciências da religião : a caminho da maioridade acadêmica no
Brasil / Eduardo R. da Cruz, Geraldo de Mori , (organizadores) . – São
Paulo : Paulinas ; Belo Horizonte, MG : Editora PUCMinas, 2011.
– (Coleção estudos da religião)

Bibliografia
ISBN 978-85-356-2782-4 (Paulinas)

1. Religião - Estudo e ensino - Brasil 2. Teologia - Estudo e ensino -
Brasil I. Cruz, Eduardo R. da. II. Mori, Geraldo de.

11-03924   CDU-200.150981

Índices para catálogo sistemático:
1. Brasil : Ciências e Teologia da religião 200.150981
2. Brasil : Teologia e Ciências da religião 200.150981

© 2011 Os autores

2ª edição – 2011

*Nenhuma parte desta obra poderá ser reproduzida ou transmitida por qualquer forma e/ou quaisquer meios (eletrônico ou mecânico,
incluindo fotocópia e gravação) ou arquivada em qualquer sistema ou banco de dados sem permissão escrita da Editora. Direitos reservados.*

Pontifícia Universidade Católica de Minas Gerais
Grão-Chanceler: *Dom Walmor Oliveira de Azevedo*
Reitor: *Dom Joaquim Giovani Mol Guimarães*
Vice-reitora: *Patrícia Bernardes*
Comissão editorial: *Geraldo Márcio Alves Guimarães (PUC Minas) Presidente; João Francisco de Abreu (PUC Minas);*
Maria Zilda Cury (UFMG); Mário Neto (Fapemig); Milton do Nascimento (PUC Minas);
Oswaldo Bueno Amorim Filho (PUC Minas); Regina Helena de Freitas Campos (UFMG)
Pró-reitor de Pesquisa e de Pós-graduação: *Sérgio de Morais Hanriot*

Editora PUC Minas
Diretor: *Geraldo Márcio Alves Guimarães*
Coordenação editorial: *Cláudia Teles de Menezes Teixeira*
Assistente editorial: *Maria Cristina Araújo Rabelo*
Revisão: *Michel Gannan*
Comercial: *Maria Aparecida dos Santos Mitraud*
Divulgação: *Danielle de Freitas Mourão*

Editora PUC Minas
Rua Dom Lúcio Antunes, 256 – Coração Eucarístico
30535-630 – Belo Horizonte – MG (Brasil)
Tel.: (31) 3319-9904 – Fax: (31) 3319-9907
http://www.pucminas.br/editora – e-mail: editora@pucminas.br

ANPTECRE
Conselho Diretor
Presidente: Prof. *Flávio Augusto Senra Ribeiro - PPGCR PUC Minas*
Vice-presidente: Prof. *Gilbraz Aragão - PPGCR UNICAP*
Secretário: Prof. *Wilhelm Wachholz - PPGT EST*

Conselho Fiscal: Prof. *Geraldo Luiz de Mori - PPGT FAJE;*
Prof. *Valmor da Silva - PPGCR PUC Goiás;*
Prof. *Abimar Oliveira de Moraes - PPGT PUC Rio*

Conselho Científico: Prof. *Silas Guerriero - PPGCR PUC SP;*
Prof. *Jung Mo Sung - PPGCR UMESP;*
Prof. *Mattias Grenzer - PPGT PUC SP;*
Prof. *Luis H. Dreher - PPCIR UFJF;*
Prof. *Leomar Bustolín - PPGT PUC RS*

Paulinas Editora
Direção-geral: *Flávia Reginatto*
Conselho editorial: *Dr. Afonso M. L. Soares;*
Dr. Antonio Francisco Lelo;
Luzia M. de Oliveira Sena;
Dra. Maria Alexandre de Oliveira;
Dr. Matthias Grenzer;
Dra. Vera Ivanise Bombonatto
Editores responsáveis: *Luzia M. de Oliveira Sena e*
Afonso Maria Ligorio Soares
Coordenação de Revisão: *Marina Mendonça*
Assistente de arte: *Sandra Braga*
Gerente de produção: *Felício Calegaro Neto*
Capa e diagramação: *Telma Custódio*

Paulinas
Rua Dona Inácia Uchoa, 62
04110-020 – São Paulo – SP (Brasil)
Tel.: (11) 2125-3500
http://www.paulinas.org.br – editora@paulinas.com.br
Telemarketing e SAC: 0800-7010081

© Pia Sociedade Filhas de São Paulo – São Paulo, 2011

APRESENTAÇÃO DA COLEÇÃO

A Coleção Estudos da Religião expressa novamente neste número sua original vocação. Cada exemplar da Coleção expressa um momento, um tema ou aspecto da pesquisa e da produção acadêmica realizada nos Programas de Pós-graduação em Teologia e Ciências da Religião no Brasil. Esta realidade se concretiza graças à parceria entre Paulinas Editora e as Editoras Universitárias das Instituições de Ensino Superior às quais estão vinculados os pesquisadores dos Programas.

Neste número que se apresenta, aparece pela primeira vez o selo da ANPTECRE, a Associação Nacional de Pós-graduação e Pesquisa em Teologia e Ciências da Religião. Esta Associação está destinada a apoiar a pesquisa e os estudos no âmbito da pós-graduação em Teologia e Ciências da Religião. A vinculação dessa marca colabora para confirmar a natureza da Coleção que se destina à produção acadêmica neste campo do saber.

A concessão do selo ANPTECRE a este exemplar da Coleção Estudos da Religião se expressa ainda pela observância que guarda este volume em relação aos padrões estabelecidos pela área na CAPES, órgão do Ministério da Educação responsável pela Coordenação de Aperfeiçoamento de Pessoal de Nível Superior.

Orgulha-se a ANPTECRE em seus Programas Associados por poder contar com este valioso instrumento de divulgação de suas pesquisas. Queira ser o futuro portador do reconhecimento dos importantes esforços que até aqui vêm sendo desenvolvidos e que esta Coleção seja a expressão e a testemunha da consolidação dos estudos acadêmico-científicos em Teologia e Ciências da Religião em nosso país.

Prof. Dr. Flávio Senra
Presidente do Conselho Diretor da ANPTECRE
Biênio 2010-2012
www.anptecre.org.br

INTRODUÇÃO

A questão da religião é de grande importância hoje no Brasil, como o mostram as atuais transformações e recomposições do campo religioso do país e o interesse que a religiosidade e as religiões despertam nas ciências humanas, em geral, e na Teologia e nas Ciências da Religião, em particular.

Com efeito, a perda progressiva da relevância sociopolítica e cultural das religiões, presente em muitos países europeus submetidos ao moderno processo de secularização, nunca chegou a ser determinante no Brasil. Apesar de o período republicano, com a separação Igreja-Estado, ter relegado as religiões e as crenças ao domínio privado da convicção e da opinião, excluindo a Teologia, até então principal ciência a estudar essa questão, do sistema universitário nacional, muitos acadêmicos de renome fizeram do fenômeno religioso o centro de suas pesquisas. Alguns elementos do catolicismo, das religiões afro-brasileiras e indígenas foram assim objeto de estudos em instituições de ensino superior do país a partir da antropologia, da sociologia e da psicologia, oferecendo leituras distintas das que a filosofia e a teologia até então estavam habituadas a propor.

Nesse período, a Teologia, embora ausente da universidade brasileira e ensinada somente em seminários e institutos destinados à formação de sacerdotes e pastores nas diversas igrejas e denominações cristãs, não se limitou à mera formação doutrinal. Ela deixou-se, pelo contrário, fecundar pelos métodos das ciências modernas e abriu-se ao diálogo com as diversas pesquisas sobre religiosidade e religiões elaboradas a partir delas. Essa renovação da Teologia, já presente em muitas faculdades protestantes europeias na segunda metade do século XIX e primeira metade do século XX, também penetrou o pensamento católico, levando às grandes mudanças que deram origem ao Concílio Vaticano II e, na América Latina e no Brasil, ao nascimento da Teologia da Libertação.

O surgimento e o fortalecimento de instituições de ensino superior privado no Brasil, muitas delas de origem confessional, levou ao nascimento, já na década de 1970, dos primeiros programas de pós-graduação em Ciências da Religião do país, que, posteriormente, foram credenciados pela Coordenação de Aperfeiçoamento de Pessoal de Nível Superior (Capes), instância governamental de coordenação e aperfeiçoamento da pós-graduação no país. Outros programas foram criados nas décadas seguintes, alguns deles também na universidade pública. No mesmo período, várias pós-graduações em Teologia, algumas delas com titulação pontifícia, também passaram pelo mesmo processo. Em 1999, o Ministério da Educação (MEC) reconheceu o primeiro bacharelado em Teologia no Brasil, que deu origem ao reconhecimento de muitos outros nos anos seguintes.

Essa "entrada oficial" da Teologia e das Ciências da Religião na academia foi importante para o aprofundamento da especificidade do fenômeno religioso no país e para a constituição de uma área acadêmica dedicada ao seu estudo. Até então objeto de dois tipos de abordagens – os dos departamentos de ciências humanas das universidades públicas e privadas e os das faculdades de Teologia Confessionais –, esse fenômeno adquire uma importância crescente no mundo acadêmico. Os velhos preconceitos do positivismo, que marcaram profundamente a universidade brasileira, são em parte relativizados. A religiosidade e a religião passam a ter interesse pelo que são e pela influência social, política, econômica e cultural que exercem na existência humana, em geral, e na vida de um povo, em particular. Os distintos prismas a partir dos quais o fenômeno religioso é estudado passam a ser debatidos nos vários fóruns do mundo acadêmico nacional. Antes de constituir-se como subárea da filosofia, pela Capes, um grupo de trabalho da Associação Nacional da Pós-graduação e Pesquisa em Ciências Sociais (Anpocs), denominado Religião e Sociedade, reunia, no início dos anos 1980, os principais pesquisadores que estudavam a religião no mundo acadêmico brasileiro. Em 1985, vários teólogos e cientistas da religião criaram a Sociedade de Teologia e Ciências da Religião (Soter), que se tornou o principal espaço de discussão das questões teológicas e religiosas do país. Os programas de pós-graduação credenciados pela Capes faziam então parte da área filosofia, constituindo-se em subárea específica nos últimos anos. Foi a partir daí que os coordenadores desses programas decidiram criar uma Associação Nacional de Pós-graduação e Pesquisa em Teologia e Ciências da Religião, a ANPTER. Esta não chegou, porém, a firmar-se. Em 2008, uma nova tentativa levou à criação da ANPTECRE, que passou a reunir os 14 programas de pós-graduação em Teologia e Ciências da Religião atualmente existentes no Brasil: seis em Teologia: FAJE (Faculdade Jesuíta de Filosofia e Teologia, de Belo Horizonte-MG), PUC Rio, PUC RS, Pontifícia Faculdade de Teologia Nossa Senhora da Assunção (São Paulo), EST (Escola Superior de Teologia, de São Leopoldo-RS), PUC PR; oito em Ciências da Religião: Universidade Católica de Goiás, Universidade Católica de Pernambuco, PUC SP, PUC Minas, Umesp (Universidade Metodista de São Paulo), Universidade Presbiteriana Mackenzie (São Paulo), Universidade Federal de Juiz de Fora e Universidade Federal da Paraíba.

A reunião desses dois tipos de programas de pós-graduação numa mesma associação mostra, por um lado, que a religiosidade e as religiões ganham cidadania no mundo acadêmico, o que é de extrema importância, dada a relevância dessas questões em distintos aspectos da vida da maioria da população brasileira. Por outro, a diferença dos respectivos pontos de vista, métodos e epistemologias da Teologia e das Ciências da Religião, levanta um grande número de questionamentos para os dois tipos de programas. Esses questionamentos têm suscitado vários debates entre teólogos e cientistas da religião.

Os dois congressos da ANPTECRE, o primeiro, na PUC SP, em 2008, com o tema "Teologia e Ciências da Religião: trajetórias, desafios, perspectivas", e o segundo, na PUC Minas, em 2009, com o tema "Fenomenologia e hermenêutica do religioso", foram fóruns privilegiados em que ecoaram esses debates, além de mostrarem a grande diversidade do que é pesquisado nos distintos programas de pós-graduação no Brasil. O primeiro congresso, além das conferências dos professores Michael Pye, Vitor Westhelle e J. B. Libanio, foi organizado a partir de mesas temáticas, propostas pelos programas de pós-graduação presentes no evento. No segundo, intervieram os professores Eduardo Silva Arévalo, Gilbraz Aragão, Rudolf von Sinner e Edênio Valle, tendo funcionado a partir de 17 grupos temáticos, propostos por pesquisadores dos distintos programas e contando com a apresentação de comunicações vindas de todo o país.

Este livro reúne algumas das principais contribuições desses dois congressos, além de reeditar um texto de um dos grandes cientistas da religião do país, o professor Antônio Gouvêa de Mendonça (*in memoriam*). A primeira parte, constituída de dois breves capítulos e denominada "Provocações do exterior", retoma duas das conferências feitas no primeiro congresso, as dos professores Michael Pye e Vitor Westhelle. A segunda, "Teologia e Ciências da Religião em movimento", é composta de sete capítulos, que retomam as conferências dos professores J. B. Libanio, do primeiro congresso, Eduardo Silva Arévalo, Gilbraz Aragão, Rudolf von Sinner e Edênio Valle, do segundo congresso, e as comunicações dos professores Paulo Sérgio Lopes Gonçalves, segundo congresso, e Wilhelm Wachholz, primeiro congresso. Uma última parte, "Memória", retoma, como indicamos, um texto do professor Antônio Gonçalves Mendonça. Como conclusão, o professor Eduardo Cruz propõe algumas reflexões em forma de posfácio.

O texto de Michael Pye, "O estudo das religiões: novos tempos, tarefas e opções", retraça brevemente o atual perfil do estudo das religiões, indicando as diferenças de enfoque da Teologia e das Ciências da Religião e propondo a terminologia ciência das religiões como a mais adequada para a campo próprio do estudo das religiões. O professor Pye, de origem britânica, por vários anos presidente da International Association for the History of Religions (IAHR), ex-professor na Otani University em Kyoto, Japão, e atualmente professor emérito da Universidade de Marburg, Alemanha, defende o estudo não religioso das religiões, ou seja, sua não subordinação a outra disciplina extra-acadêmica. Apresenta também as principais mudanças em curso na definição do "campo" das religiões: o surgimento das espiritualidades informais, a visibilidade política ressurgente da religião e o aumento das interações globais que afetam a religião. Conclui com a retomada de uma série de características que ele estabeleceu como próprias da Ciência das Religiões e seu caráter prático enquanto serviço à sociedade.

Vítor Westhelle, no texto "Entre Américas: convergências e divergências teológicas", mostra que os contrastes e as semelhanças no fazer teológico entre as Américas são correlatos às culturas distintas que se desenvolveram entre o sul e o norte do continente. O autor, teólogo luterano brasileiro, professor na Lutheran School of Theology at Chicago, sustenta que a Teologia, ainda que unida pela tradição milenar que precedeu a colonização das Américas, possui perfis que correspondem às matrizes culturais gestadas durante o período colonial. Essas identidades não são fixas e o processo de globalização aponta para convergências que se gestam em berços culturais ainda desiguais.

O texto de J. B. Libanio, "Religião no início do novo milênio", após uma apresentação das distintas transformações da religião no início do século XXI, retoma o debate que antecedeu o 1º Congresso da ANPTECRE sobre as diferentes epistemologias das Ciências da Religião e da Teologia. Segundo o

INTRODUÇÃO

professor da FAJE, as Ciências da Religião estudam a religião como instituição e como experiência do sagrado, enquanto a Teologia parte da experiência do sagrado como revelação de uma ação divina na história, supondo a fé e a reflexão que proporciona o aprofundamento teórico daquilo que é a base dessa experiência. Além de apresentar as epistemes próprias desses dois campos do saber, o teólogo jesuíta propõe também uma leitura das relações mútuas que existem entre Teologia e Ciências da Religião.

Eduardo Andrés Silva Arévalo, professor de filosofia na Universidade Alberto Hurtado e de teologia na Universidade Católica do Chile, propõe, em seu texto "Três novas abordagens da religião e da Teologia a partir da filosofia", uma leitura de três filósofos contemporâneos que pensam a religião e o cristianismo: Charles Taylor, Jean-Luc Marion e Paul Ricoeur, indicando os aportes dessas leituras para a Teologia e as Ciências da Religião na atualidade. Do primeiro autor, Charles Taylor, ele retoma a análise sobre a secularização e o tipo de transformação do religioso dela derivado. Da leitura fenomenológica de Marion, ele retém a análise dos fenômenos saturados e sua relação com o fenômeno da revelação, mostrando as novas possibilidades que esse tipo de análise traz para o pensar teológico. De Ricoeur, ele extrai os aportes para uma hermenêutica filosófica da religião.

Gilbraz Aragão, da Universidade Católica de Pernambuco, em seu texto "Sobre epistemologias e diálogos: Fenomenologia, diálogo inter-religioso e hermenêutica", lembra que os principais métodos de abordagem dos processos religiosos foram o da fenomenologia e o da hermenêutica. Sugere o comprometimento com a elucidação do pluralismo religioso e o engajamento no diálogo entre as religiões como um dinamismo cultural que exige e permite que circunscrevamos o campo epistemológico das pesquisas sobre religiões pelos balizadores da comparação fenomenológica dos fatos e da interpretação hermenêutica dos significados. Propõe finalmente uma "abordagem integral", que associe tanto as sabedorias das grandes tradições religiosas, quanto os princípios culturais e científicos modernos e pós-modernos, em busca de um novo lugar para a religião no mundo: o de uma espiritualidade transreligiosa – em correlação com uma ciência transdisciplinar.

Rudolf von Sinner, da EST, no texto "Hermenêutica em perspectiva teológica", começa recordando os problemas levantados pelo parecer da Câmara de Ensino Superior do Conselho Nacional de Educação sobre os cursos de Teologia em nível de bacharelado (nº 118/2009). Segundo ele, o

11

documento do MEC questiona a natureza "das teologias", sua propriedade, epistemologia e seu relacionamento com a religião enquanto fenômeno e as Ciências da Religião. Ao buscar definir um currículo mínimo, o parecer não faz, porém, a devida distinção entre religião como fenômeno e a Teologia, por um lado, e as Ciências da Religião, por outro, que refletem sobre a religião, do seu modo relacionado, mas distinto. Advoga, outrossim, uma "exclusão da transcendência". Provocado pela temática de fundo do segundo congresso, o teólogo luterano propõe uma compreensão do que seria o específico de uma hermenêutica no sentido teológico: ela é humana; é linguagem; está inserida no fluxo da tradição e se deixa orientar pela esperança; precisa ser feita em perspectiva intercultural, ecumênica e interreligiosa.

Edênio Valle, da PUC SP, no texto "Ciências cognitivas, filosofia da mente e fenomenologia: um debate contemporâneo", inicia com uma breve apresentação da história recente do diálogo entre ciências cognitivas, Teologia e Ciências da Religião. Posteriormente, retraça a perspectiva própria das ciências cognitivas, da filosofia da mente e da fenomenologia, retomando, num terceiro momento, um dos fenômenos mais explorados nesse campo, que é o da projeção para fora do corpo. Mostra como esse fenômeno é estudado pela conscienciologia, de Waldo de Oliveira (criticada por Edênio Valle), e pelas ciências cognitivas, provocando a Teologia e as Ciências da Religião do Brasil a levarem em conta esse novo campo do debate entre ciência e religião.

Paulo Sérgio Lopes Gonçalves, da PUC de Campinas, no texto "O círculo hermenêutico na Teologia da Libertação", após uma breve história do pensamento hermenêutico e sua influência na Teologia, propõe uma leitura da hermenêutica na Teologia da Libertação. Recorda os principais teólogos que teorizaram a Teologia da Libertação, para depois indicar em que consiste a hermenêutica libertadora, recordando, enfim, a tensão que existe no círculo hermenêutico da Teologia da Libertação entre a fé positiva e a vida dos pobres.

Wilhelm Wachholz, também da EST, no texto "Por uma Teologia como ciência e pela ecumene das ciências", recorda os motivos da dificuldade da entrada da Teologia na universidade brasileira: a tensão entre a tradição grega e judaica em relação à Teologia; a influência da Revolução Francesa no Brasil, impulsionada pelo pensamento Iluminista; e o princípio da ciência a serviço do capital e progresso ilimitado. A partir dessa leitura, ele retoma a reflexão de Gadamer sobre a submissão das ciências humanas ao parâmetro do pensamento metódico da ciência moderna. Mostrando os equívocos de tal procedimento, já que toda interpretação começa com o próprio método e não depois dele, o autor recorda a importância e a complexidade da hermenêutica, sobretudo no que se refere à compreensão do ser humano, o que justifica a necessidade do reencantamento das ciências humanas com aquilo que lhes é próprio: o ser humano e a prática da interdisciplinaridade. À luz dessa reflexão, o teólogo luterano retoma a questão da cientificidade da Teologia, afirmando que seus parâmetros hermenêuticos encontram-se nela mesma, mas que isso não significa que ela não possa e não deva dialogar com outros saberes e métodos que os seus, associando-se à ecumene das ciências.

O texto de Antônio Gonçaves Mendonça, "Fenomenologia e experiência religiosa", tem como fio condutor a fenomenologia enquanto possibilidade de fundamentação do religioso e enquanto método para a compreensão das formas de religião e sua unidade com os *a priori* religiosos. Após um breve histórico dos passos da fenomenologia, o autor faz uma tentativa de análise da experiência religiosa com a ajuda do método fenomenológico, encerrando o texto com algumas propostas de encaminhamento dos debates em torno da Ciência ou Ciências da Religião.

No posfácio, com o texto "E agora, para onde vamos?", Eduardo Cruz, da PUC SP, levanta uma série de questionamentos que deveriam, segundo ele, permear os futuros debates entre os pesquisadores em teologia e ciências da religião no Brasil.

O livro que resulta dessas distintas contribuições é o testemunho privilegiado do atual debate entre Teologia e Ciências da Religião no ambiente acadêmico brasileiro nesse início do século XXI. Como se poderá perceber, muitas questões permanecem em aberto, e assim deve ser, tanto do ponto de vista material quanto do ponto de vista formal, seja por causa do objeto de estudo, a saber, a(s) religião(ões), o sagrado, a crença etc., seja por causa dos caminhos tomados para compreendê-lo, a saber, o da(s) Teologia(s), o da(s) Ciência(s) da(s) Religião(ões). O interessante desse percurso feito juntos é que a Teologia e as Ciências da Religião podem aprender muito uma com a outra, enriquecendo-se mutuamente nesse encontro. Os riscos são também numerosos. Eles podem vir do desejo de hegemonia de uma sobre a outra, o que, no fundo, significa ausência de encontro e de real diálogo. Eles podem vir também de um falso irenismo, que sacrifica a identidade da própria episteme por medo do confronto e da crítica.

Com esta obra, queremos manter vivo o debate e o diálogo entre Teologia e Ciências da Religião. Acreditamos que sua entrada no mundo acadêmico é uma riqueza para a universidade brasileira e para a religiosidade, a crença e as religiões no Brasil. Os dois primeiros congressos da ANPTECRE aqui representados são marcos desse ingresso na academia, um esforço sustentado para não só responder às críticas dos inimigos desse ingresso, como também estabelecer parâmetros de excelência para nosso trabalho futuro.

Agradecemos a atual diretoria da ANPTECRE pelo apoio dado a essa publicação, bem como à Editora PUC Minas pelo trabalho de revisão e produção desse livro. Agradecemos enfim às Edições Paulinas pela publicação.

Geraldo De Mori

O estudo das religiões: novos tempos, tarefas e opções*

Michael Pye

A Ciência das Religiões[1] como uma disciplina coerente e consistente

O título desta contribuição sugere algo bastante novo e atualizado. Ao mesmo tempo, a Ciência das Religiões possui uma longa tradição e pode-se pensar que seja o caso de simplesmente continuá-la, sem qualquer modificação. Entretanto, argumento que não deve ser esse o caso. Entre as razões para isso é que, a despeito de haver muita consistência, não tem sempre havido uma concordância geral sobre o que o "estudo da religião" seja ou como ele deve ser desenvolvido. Em outras palavras, a disciplina a que eu me refiro como Ciência das Religiões (ou, em alemão, *Religionswissenschaft*) tem sido contestada e continua hoje a sê-lo. Outra razão é que, evidentemente, o mundo tem mudado drasticamente ante nossos olhos e, assim, novos temas e novas questões têm se apresentado para pesquisa de forma continuada. Nessa situação, parece-me que deveríamos ser gratos por todo o progresso que tem ocorrido no desenvolvimento de nossa *disciplina* ao longo dos anos e, ao mesmo tempo, deveríamos estar preparados para assumir novos desafios no *campo*.[2]

Propositalmente, utilizei estes dois termos, "disciplina" e "campo". Isso porque considero a Ciência das Religiões como uma *disciplina*, e as religiões, elas próprias, ou a cultura da religião, como um *campo* de estudo. Isso pode parecer bastante simples e evidente. Entretanto, tal distinção não tem sido

---

* Com poucas modificações, este texto resulta de conferência pronunciada por ocasião do I Congresso da ANPTECRE, em São Paulo, em agosto de 2008. O título original era: "Estudando as religiões: novas necessidades e novas opções no mundo contemporâneo". Traduzido por Eduardo R. da Cruz.

1 No original: *The Study of Religions*. Dependendo do contexto, optou-se por "O estudo das religiões" ou por "Ciência das Religiões". A razão para esta última denominação é dada mais abaixo pelo autor. Lembrar que, no Brasil, há uma preferência recente por Ciências da Religião [N. T.].

2 Campo religioso, bem entendido, não campo disciplinar [N. T.].

sempre assim. Em particular, em contextos latino-americanos isso não tem sido, com frequência evidente, em que o *campo* da religião ou religiões tem sido por um longo tempo estudado, principalmente, por dois grupos de pesquisadores: teólogos e antropólogos e sociólogos. É claro que se torna fácil dizer que o estudo das religiões deva ser "multidisciplinar". Mas, de fato, quando esses dois grupos de pesquisadores mencionados procuram, de alguma forma, cooperar, pode facilmente ocorrer uma oposição entre eles. De um lado, há o ponto de vista religioso de teólogos, que podem estar interessados nas interpretações religiosas regidas pelo dogma ou em análises para propósitos missionários. De outro, há uma forte inclinação de cientistas sociais para prover explicações funcionalistas e mesmo fazer do "reducionismo" uma virtude. Ambas abordagens são parciais e potencialmente destrutivas da boa pesquisa no campo das religiões e estranhamente pela mesma razão, ou seja, que elas não assumem os materiais do campo tão seriamente quanto estes devam ser em seus próprios termos.

No estudo das religiões devemos ser cautelosos sempre que tomarmos ciência da plena caracterização de fenômeno religioso como um evento histórico e social, ou melhor, eventos. Apenas após uma *caracterização* adequada é que poderemos proceder para a *explicação*. Ainda que essa abordagem seja relativamente consistente com aquilo que costumávamos chamar de "fenomenologia da religião", há um bom número de razões pelas quais esse termo saiu de moda. Também há outras razões pelas quais alguns pesquisadores de destaque, como J. Waardenburg, falam novamente de uma "neofenomenologia da religião", a qual pode tornar-se uma nova moda. Porém, de modo geral, é melhor não ficar a reboque de modas de década em década, mas simplesmente trabalharmos de modo efetivamente apropriado!

Em um estágio posterior, após a determinação e caracterização do campo, talvez se torne possível fazer comparações e elaborar explicações. Quando procuramos desenvolver estas últimas, especialmente explicações correlacionais (ou seja, explicações em termos de outros fatores históricos, sociais), então talvez possamos achar que alguma tensão desenvolva-se com os crentes ou praticantes. Isso porque então estaríamos deixando o âmbito da caracterização fenomenológica.

Talvez possa haver um problema com a terminologia em português. A expressão mais usada é *Ciências da Religião*, referindo-se a "ciências", no plural, e a "religião", no singular. Talvez fosse o caso de, se possível, inverter as coisas, falando-se de *Ciência das Religiões*. A razão para se usar o plural, "religiões", é bastante aparente. Há, de fato, muitas religiões. Porém, nem sempre é possível expressá-lo, dependendo da língua. Com relação a "ciências", admito que também haja várias "ciências" que contribuem para o estudo das religiões, mas é necessário *integrá-las* em uma única disciplina (PYE, 1999, p. 188-205). Como isso pode ocorrer, depende dos requisitos colocados pelo campo em qualquer situação e tempo. Por vezes, o trabalho histórico é mais proeminente, e, em outras oportunidades, o trabalho de campo, em um sentido sociológico, pode ser mais relevante. Mas, em qualquer caso, a disciplina integrada que resulta é a *Ciência das Religiões*.

Nos anos 1980 e início dos anos 1990, houve um debate sobre se o estudo das religiões deveria ser considerado uma disciplina "histórica" ou "científico-social". A ala da história era defendida por aqueles que estavam engajados em vários tipos de estudos sobre o Oriente, enquanto a ala científico-social foi fortemente defendida por aqueles especializados em antropologia (no senso de etnologia). Foi com esse pano de fundo que houve uma grande campanha pra se mudar o nome da IAHR (Associação Internacional de História das Religiões), mas essa iniciativa não passou na votação no Congresso da IAHR, no México, em 1995. Assim como entendo o estudo das religiões, nada há que se discutir a respeito, porque ambas as abordagens precisam ser integradas na *Ciência das Religiões* de acordo com o que demanda a situação. Entretanto, esse estudo integrado das religiões deve se manter distanciado dos próprios pontos de vista religiosos, sejam estes teológicos, em um sentido cristão, ou guiados por motivações religiosas de outras tradições, como hinduísmo ou budismo. Tal entendimento do estudo não religioso das religiões é agora bastante difundido e tem uma tradição intelectual consistente. É nesse sentido que considero a Ciência das Religiões como uma disciplina "autônoma". Esse termo não implica uma teoria em particular sobre a "realidade transcendente" ou algo assim, significa simplesmente que a Ciência das Religiões não deveria ser subordinada a alguma outra disciplina.

O campo religioso em mudança

Por detrás do que foi dito até o momento, o "campo" da ciência da religião poderia ser pensado como bem similar ao que sempre tinha sido. O campo da história das religiões ainda está aí. Por exemplo, o estudo do budismo primitivo como um sistema religioso continua. Os pesquisadores ainda debatem a importância relativa das diferentes regras religiosas que se encontram no Vinaya, a estrutura do Sangha, a datação do próprio Buda, e assim por diante. Com respeito aos séculos seguintes, outros pesquisadores continuam a se interessar pelas razões da emergência do budismo Mahayana, as maneiras pelas quais o budismo foi transmitido na China, Coreia e Japão, as relações primitivas entre budismo e shintoísmo no Japão, e assim por diante. Assim, em um sentido pleno, o *campo* ainda está lá.

Ao mesmo tempo, *as percepções* sobre o campo têm mudado. Por exemplo, há muitos mais estudos hoje que levam em conta questões de *gênero* em religião, inclui-se o budismo. De fato, estudos sobre o status e a posição das mulheres na religião têm se tornado bastante comuns. Mas tais mudanças em percepção não são apenas recentes, como sujeitas a modismos. Um ponto de partida bastante significativo para a "história das religiões" em tempos modernos foi o reconhecimento da situação contextual do judaísmo no Oriente Médio e a situação contextual da religião helenística e do cristianismo primitivo. Foi a exploração desses novos campos que levaram à emergência, na Alemanha, da "escola da história das religiões" (*Religionsgeschichtliche Schule*) no século XIX e início do XX.

Em certo sentido, a história não pode ser mais mudada. Apenas as *percepções* dos eventos históricos é que são mudadas. Assim, novos estudos podem nos dar novos entendimentos históricos, mesmo da história antiga, ainda que o estoque de fontes disponíveis não mude de maneira significativa. É claro, até certo ponto, que novas fontes podem ser descobertas. De fato, algumas delas, como os manuscritos do Mar Morto, textos de N. Hammadi e achados na Ásia Central, tiveram um impacto quase que revolucionário na história das religiões. Para a história recente, as fontes são, de qualquer modo, avassaladoramente abundantes. De acordo com nossas percepções do campo, novas fontes podem ser mais significativas do que eram antes, mesmo que elas fossem, em algum formato, sempre disponíveis. Para se dar um exemplo claro, uma mostra de murais mexicanos sobre a Virgem de Guadalupe, também ilustrando o conceito de "religião civil", foi montada alguns anos atrás na Universidade de Marburgo.[3] O central na mostra foi apresentar um espectro de interesses da religiosidade para o secular, sugerindo uma nova percepção das relações entre eles. Agora, isso é "história", mesmo que se tenha iniciado com observações de campo relativamente simples.

---

[3] Que ainda pode ser vista (março 2010) no website do "Institute for Comparative Culture and the Study of Religions": http://web.uni-marburg.de/religionswissenschaft/helsinkiWeb/seite1.htm.

Uma questão assaz diferente diz respeito a até que ponto, no curso da história, o campo foi mudado *de forma objetiva*. De fato, houve a mudança. Na história conhecida (e há muita história que se desconhece!) o campo (o que serve de base para a Ciência das Religiões) tem experimentado muitas transformações em caráter e em âmbito. Com frequência, as pessoas não refletem o suficiente a esse respeito. Noções simplistas como "religiões mundiais" têm encorajado as pessoas a não verem o quadro mais amplo e complexo. Na religião egípcia antiga havia uma "demotização",[4] passo a passo, não apenas da linguagem, mas também da prática religiosa. A enorme ênfase em arranjos e monumentos funerários foi gradualmente estendida das famílias dos faraós para grupos sociais mais amplos. Mais e mais pessoas tornaram-se capazes de fazer arranjos para seus possíveis destinos futuros após a morte. Isso pode ser visto como uma "democratização da morte". Em períodos anteriores já era amplamente assumido que os mortos, de maneira bastante natural, juntam-se aos seus antepassados, talvez em algum tipo de mundo de trevas. Quando se chegou aos períodos ptolomaico e helenístico, já se assumia que não apenas a morte, como também algum tipo de vida pós-morte possuíam importância existencial para praticamente todos os membros da sociedade. Isso, por sua vez, forneceu parte do contexto para o entendimento da morte e da vida após ela no mundo cristão que emergia. Com esse exemplo, podemos ver que o "campo" (para o estudo das religiões) sofreu, ele próprio, um desenvolvimento significativo. Mudanças históricas posteriores também foram de importância similar para o "campo", por exemplo, para a emergência da Europa do final da Idade Média ao início da modernidade, passando pela Renascença e pela Reforma.

Poder-se-ia imaginar que na América Latina o campo da "religião" mudou, ao longo de um extenso período, de acordo com os processos de independência pós-colonial e integração demográfica. Onde havia, de um lado, sistemas religiosos indígenas e, de outro, missões católicas, os quais eram, a seu tempo, refletidos nas disciplinas acadêmicas de antropologia e teologia, agora emerge gradualmente um campo religioso complexo, relativamente integrado, característico de cada país em questão (PYE, 1987, p. 21-27). Tal campo comum é aquele no qual muitas novas religiões, importadas ou não, e o catolicismo popular são todos encontrados lado a lado no Brasil de hoje. Entretanto, esse campo simplesmente não existia na época colonial.

---

[4] De demótico, a língua egípcia vulgar dos últimos séculos da civilização antiga [N. T.].

Espiritualidades informais e outras mudanças recentes no campo

O que pensar então do presente? Ao longo das últimas décadas, tem sido certamente o caso de que o campo, ele próprio, tem se modificado diante de nossos olhos. Se "religião" é um campo em mutação, algum mapeamento de seu espectro recente é de importância para a pesquisa. Três características principais têm vindo à baila de forma proeminente: (i) a área de "espiritualidades informais"; (ii) a visibilidade política ressurgente da religião; e (iii) o aumento das interações globais que afetam a religião. Todas essas características ou áreas resultam em grande impacto nos projetos de pesquisa, sejam vistos ou não como relativos à "ciência das religiões" (como deveriam efetivamente ser). Há outros conceitos relacionados que se apresentam de modo menos visível em propostas de pesquisa, mas que talvez devam ser ao mesmo tempo considerados. Um deles é o de "religião civil". Tais assuntos são todos de certa forma relacionados a tendências recentes, que afetam as igrejas institucionalizadas, e a questão de como eles estão inter-relacionados é de fato interessante.

Por "espiritualidades informais" entende-se quaisquer formas de conceitualização ou práticas religiosas que não possuam uma relação imediata ou próxima a um corpo religioso organizado. Tal condição pode ser também denominada de "religião sem igrejas", mas, de forma mais acurada, deveria ser então "religião com e sem igrejas", pois o aspecto central é que se percorre diversas fronteiras organizacionais. O ponto de vista aqui mantido é que a "espiritualidade" não deveria ser pensada como um campo independente de estudo, mas como sendo nem mais nem menos uma parte relevante da religião. Em um artigo em coautoria com a socióloga finlandesa da religião H. Helve, intitulado "Correlações teóricas entre visão de mundo, religião civil, religião institucional e espiritualidades informais" (HELVE; PYE, 2003, p. 37-38; 2001-2002, p. 87-106), nós chamamos a atenção para a vasta área de espiritualidades informais, entre aquelas que rejeitam negativamente a religião (ateísmo etc.), de um lado, e as instituições religiosas, de outro, e descobrimos que esse espectro está crescendo. Claramente, a presença da religião na internet é também muito importante nesse espectro. Esse meio de comunicação oferece, de um lado, novos meios de autoapresentação das instituições religiosas, mas, de outro, também reflete um campo extremamente aberto, no qual as pessoas podem explorar individualmente opções religiosas ou "espirituais".

A contextualização política da ciência das religiões também deve ser considerada. Enquanto religiões ou sistemas religiosos, tanto institucionais como informais, têm-se tornado mais visíveis em várias partes do mundo após o colapso da União Soviética, também não devemos exagerar os efeitos de tal fato. É uma simplificação excessiva, "politicamente correta", pensar que antes daquele evento não havia religião em toda a Rússia ou Europa oriental e que, de repente, ela apareceu. Ao contrário, o "campo" pós-soviético certamente se encontra em relação com o que estava acontecendo antes, e não apenas em uma maneira dialética negativa. A despeito dos muitos altos e baixos na sorte da religião institucionalizada, é extremamente interessante se ver o que foi possível ser recordado e transmitido, reaparecendo depois, em uma forma relativamente coerente. É claro que a "re-invenção" também teve lugar, especialmente na área do xamanismo. Também devemos notar que o impacto da ascensão e queda do comunismo, de modo algum, ocorreu de forma uniforme por todo o mundo. Em particular, isso não teve importância nenhuma no cenário em mudança da "religião" na América Latina.

Considerações similares também se aplicam ao tópico do assim chamado "pós-colonialismo", em que também se necessita de atenção. Enquanto se considera amplamente ser "politicamente correto" assumir-se como pós--colonialista, o que aqui se destaca é que muitos que desposam essa posição nunca foram propriamente colonialistas. Ainda que se vejam como pós--colonialistas, aparentemente não percebem os perigos mais imediatos de um neocolonialismo real. O neocolonialismo não conduz apenas a guerras de agressão. Esse é apenas o pior aspecto. Ele pode também conduzir a uma reescrita da história de outros povos e a definições impróprias de várias situações religiosas. Quando o "pós-colonialismo" é assumido em partes do globo que também experimentaram o colonialismo no passado, pode haver o perigo de um tipo de pós-colonialismo invertido, que tende a distrair a atenção de pesquisadores de uma visada mais direta de situações mais recentes. Assim, em suma, será mais fácil atingir-se uma visão equilibrada se percepções da moda, ou mesmo *slogans*, forem considerados de modo mais crítico.[5]

A Ciência das Religiões e temas contemporâneos

Não se faz aqui apologia alguma em colocar-se a Ciência das Religiões em nossa corrente situação global de muita disputa e profundas preocupações,

---

[5] Uma discussão similar do pós-colonialismo pode ser encontrada em meu texto "Memórias do futuro". Olhando para o passado e para o futuro na história das religiões, escrito originalmente para o congresso de Durban da IAHR, em 2000, a ser publicado em seus anais (HACKETT; PYE, 2000).

a respeito do meio ambiente, conflito, bioética, e assim por diante, pois tais assuntos afetam o futuro da raça humana. Puristas na Ciência das Religiões têm, frequentemente, tentado manter a disciplina distante de tais temas, e há alguma justificativa para esse rigor. Muitos congressos, por um lado, têm-se dirigido a tais temas. Como se procurou explicar, a independência ou autonomia da Ciência das Religiões como uma disciplina deve ser mantida, pois, de outra forma, seu trabalho teria pouco valor. Por outro, se é para ter um impacto maior, ela deve necessariamente olhar para alguns temas que são de preocupação mais geral e desenvolver a partir daí pesquisas relevantes. De fato, fui compelido a voltar-me a esses temas, em conjunto com minha colega E. Franke, por ocasião de uma visita a várias instituições na Indonésia em 2003. Havíamos decidido estabelecer conjuntamente nossa visão do estudo das religiões em uma série de proposições, mas muito cedo fomos confrontados com questões acerca da relevância social de tal estudo.[6] Como resposta, modificamos tais teses.

Mantivemos a visão de independência restrita, não religiosa, da disciplina com a qual tínhamos começado, mas adicionamos um certo número de parágrafos sobre as várias implicações para assuntos de importância política e social. Fizemos isso porque acreditamos na responsabilidade social do pesquisador.

A função básica dessa disciplina acadêmica é a de prover análises confiáveis de sistemas religiosos com as quais possamos trabalhar. Por exemplo, "os pesquisadores podem investigar se em que medida religiões específicas contribuem, através da formação de seus símbolos e padrões de comportamento, para a harmonia social e integração, ou, por outro lado, para legitimar a desigualdade social, instabilidade ou mesmo violência" (7.2).[7] Afirmamos que os critérios mais amplamente relevantes para qualquer crítica de uma ou mais religiões são manter "não apenas os direitos humanos, mas também a lei internacional" (7.3). Consideramos o diálogo entre as religiões como um empreendimento de valor, que pode receber suporte por um estudo das religiões empiricamente orientado, o qual procure compreender as várias posições religiosas em jogo e assisti-las no desenvolvimento da compreensão mútua entre elas (8.1, 8.2). Com base em tal entendimento, e por esclarecer

---

[6] As teses foram primeiramente preparadas para a apresentação em quatro instituições universitárias [a Universitas Kristen Satya Wacana, Salatiga, a IAIN Sunan Kalijaga, Yogyakarta, a Universitas Muhammadiya, Surakarta (todas em abril de 2003) e a IAIN Walisongo, Semarang (dezembro de 2003)]. A sigla IAIN significa Institut Ágama Islam Negeri (Instituto Federal para a Religião Islâmica).

[7] Citado a partir da seção 7.2 destas teses. Ver: FRANKE; PYE, 2004. Disponível em: <http://web.uni-marburg.de/religionswissenschaft/journal/mjr>. Acesso em: 15 jan. 2010.

a natureza e o desenvolvimento histórico de religiões de modo não polêmico, uma função mediadora também se torna possível (8.4). Pensamos mesmo que os especialistas no estudo das religiões podem prover assistência na construção do diálogo entre religiões ou crenças, precisamente porque eles não falam por um ponto de vista religioso particular e, portanto, não se colocam em um lado do diálogo apenas (8.5). Deve ficar claro, porém, que a ciência das religiões não serve a um programa missionário ou missiológico e que não intenciona servir à expansão de uma religião a expensas de outra (8.2). A ciência das religiões também não é um movimento pela unidade religiosa e não ensina nenhuma "unidade" das religiões (8.3).

Há outras áreas nas quais a Ciência das Religiões pode cumprir um papel útil. Por exemplo, temos a do ensino religioso, no qual consideramos uma abordagem integradora como desejável (9.1). No que diz respeito a políticas públicas concernentes à religião, a Ciência das Religiões "pode contribuir com informações confiáveis, não partidárias, e com um quadro interpretativo estável que não esteja sujeito aos ditames de nenhuma autoridade religiosa" (10.1). Consideramos como importante uma política pública sólida, confiável e transparente, no que diz respeito às religiões, para assegurar direitos humanos e harmonia civil (10.1). Finalmente, argumentamos que a Ciência das Religiões pode cumprir um papel fundamental no desenvolvimento de um mundo mais pacífico, mais do que marcado pelo conflito. Isso ao menos pela razão de que "ela cria uma área de estudo e reflexão que pode ser compartilhada por membros de diferentes religiões ou crenças" (11.1). Nos parágrafos seguintes, enfatizamos o papel público de nossa disciplina na superação de falsas imagens na mídia (11.1) e em desvelar radicalismos sem sentido em quaisquer tradições, que possam conduzir ao uso e à glorificação da violência (11.3, 11.4).

Uma breve conclusão

Chego agora ao final de meu argumento. Vimos que várias necessidades surgem agora para a Ciência das Religiões, assim como no passado, por conta da mudança e desenvolvimento do próprio campo. A disciplina também é desafiada pelas expectativas da sociedade a prover informações e análises significativas que sejam relevantes para a solução de questões realmente importantes na sociedade e na política. Isso significa que não podemos nos fechar em uma versão concebida de modo estreito do estudo das religiões, seja pelo aspecto mais cognitivo ou, de outra forma, pela abordagem dialógica. Deveríamos continuar a busca de *integração* da *disciplina*, correlacionando diferentes métodos como aqueles requeridos para lidar com as complexidades do próprio *campo*. Ao mesmo tempo, a Ciência das Religiões deveria se libertar de motivações religiosas e manipulações políticas.

Parece-me que essas considerações são tão importantes no contexto brasileiro quanto em qualquer outro lugar. Aqui, vemos uma variedade extrema de organizações religiosas e atividades em um país que já é familiarizado com o espectro usual de problemas sociais e políticos. O estudo avançado das religiões é, portanto, de grande importância. É claro que esse estudo não deveria se restringir apenas às religiões no Brasil, por mais interessante que isso seja. É importante que os pesquisadores brasileiros da religião mantenham sua independência em relação ao Estado [*sic*]. Ao mesmo tempo, o trabalho deles não deveria ser controlado nem por alguma ideologia antirreligiosa, nem pela influência de grupos religiosos majoritários. Isso é o que se entende pelo status de uma disciplina independente para a Ciência das Religiões. Apenas tal abordagem na pesquisa é capaz de fornecer resultados que sejam academicamente convincentes e de interesse e valor para o contexto intelectual e social mais amplo.

Referências bibliográficas

FRANKE, Edith; PYE, Michael. The study of religions and its contribution to problem-solving in a plural world. Em Indonésio: Ilmu agama dan kontribusinya terhadap penyelesaian masalah dalam dunia yang plural. In: *Marburg Journal of Religion*, v. 9, n. 2, December 2004. Disponível em: <http://web.uni-marburg.de/religionswissenschaft/journal/mjr>.

HELVE, Helena; PYE, Michael. Theoretical correlations between world-view, civil religion, institutional religion and informal spiritualites. In: *Temenos*, 2003, 37-38 (2001-2002), p. 87-106.

PYE, Michael. A common language of minimal religiosity. In: *The Journal of Oriental Studies*, 1987. p. 21-27.

PYE, Michael. Methodological integration in the study of religions. In: *Approaching Religion*. T. Ahlbäck, org. Åbo, Finland: Donner Institute for Research in Religious and Cultural History, 1999. p. 188-205.

PYE, Michael. Refletindo sobre a pluralidade de religiões. In: *Numen*. Revista de Estudos e Pesquisa da Religião, 2001, 4 (2): p. 11-31.

Entre Américas: convergências e divergências teológicas

Vítor Westhelle*

Os contrastes e as semelhanças no fazer teológico entre as Américas são correlatos às culturas distintas que se desenvolveram ao sul e ao norte do continente. A produção dessas culturas encontra suas raízes em processos diferenciados tomados pela colonização. Enquanto a América Latina[1] e grande parte das Antilhas foram colonizadas por espanhóis e portugueses, no justo momento em que reconquistavam a península do domínio árabe, a América do Norte teve imprimida a marca da colonização britânica. Ainda que as culturas nativas formassem um padrão étnico-cultural relativamente homogêneo e os navios negreiros aportassem em toda a costa continental do sul ao norte, foi a cultura hegemônica dos poderes coloniais que impuseram modelos variados. O presente ensaio visa mostrar que a Teologia, ainda que em vasta medida unida pela tradição milenar do cristianismo que precede a colonização das Américas, mostra perfis distintos que correspondem às matrizes culturais gestadas no período colonial. No entanto, essas identidades não são fixas e o processo de globalização revela também convergências que se gestam em berços culturais ainda desiguais. Começo por traçar atitudes alternativas no encontro com o outro que se dá na formação cultural das Américas. Então passo a discutir as divergências e, em seguida, os traços de convergências que se fazem notar. Termino com uma reflexão sobre caminhos teológicos que, tanto no norte como no sul do continente, desenvolvem opções distintas, algumas marcadamente regionais e insulares e outras de caráter cosmopolita. As primeiras oferecem definições de identidade mais nítidas de caráter essencialista, enquanto a opção cosmopolita é mais fluida e trata não de essências, mas de

---

[*] Doutor em Teologia pela EST, São Leopoldo-RS, professor de Teologia Sistemática na Lutheran School of Theology, em Chicago, Estados Unidos.

[1] Quando me refiro à América Latina, falo, em geral, das regiões demográficas da América do Sul, Central, México e Antilhas. Por América do Norte refiro-me aos Estados Unidos e ao Canadá, mas não ao México.

posicionamentos circunstanciais.[2] Esta última revela mais evidentemente os traços de convergência entre o mundo anglo-saxão e o latino.

O outro como diferente e como distinto

Há duas maneiras de se entender o outro: como *diferente* ou como *distinto*. A primeira identifica o outro ao estranho que pode ser conquistado, mas originalmente não compartilha pertença; trata-se do "alienígena". Nesse caso, o outro pertence a outro mundo. Há uma diferença cosmológica que permanece irreconciliável.[3] Aqui, o outro é o *diferente*, denunciando uma enfermidade dentro de uma perspectiva "organicista". O resultado é criação de diferenças que sempre devem ser negociadas, ou a alteridade desviante é criminalizada e também tratada como patologia, ainda que o anelo terapêutico por re-unificação quer a construção de uma identidade orgânica integral. Mas o que rege essa construção é o *interesse* investido na relação com o diferente; visa ao ganho, ao lucro. O outro como diferente domina o contexto norte-americano. O diferente está nos guetos, nos hospitais psiquiátricos, nos asilos, em reservas e, mais de 2 milhões, em prisões.

A segunda maneira compreende o outro como o "alienado", alguém que, de certa forma, pertence ao grupo, mas dele se exclui ou é excluído. Essa exclusão, no entanto, já leva consigo o anelo erótico pela reintegração e unidade que se crê rompido. O outro é simplesmente o que se deseja. Nesse caso, há uma identidade ontológica que está sendo afirmada, apesar da alienação. Embora a alteridade pareça, em princípio, irredutível, o resultado é uma acomodação do distinto, do que leva outra "tintura". Nesse caso, é o *desejo* que regra a relação ao outro, que o quer sob domínio, isto é, incorporá-lo ao *domus*, à "casa", onde terá um lugar designado. Essa maneira de tratar a alteridade toma o outro como o *distinto*. Nisso se revela um elenco de coisas dispostas em certa maneira que R. Morse chamou de "princípio arquitetônico" (MORSE, 1989, p. 104). A percepção do outro como distinto prevalece no contexto latino-americano, como haveremos de ver.

---

[2]   Uma distinção similar, mas aplicada como distinção de identidades em populações subalternas é oferecida por Hall (1994, p. 392-403).

[3]   P. Tillich utiliza uma distinção similar para descrever dois tipos de filosofias da religião (TILLICH, 1964, p. 10-29).

Tipologias como essas não oferecem uma lógica de realidades complexas e mutantes, mas detectam características e oferecem caricaturas que, na complexidade dos fenômenos históricos e sociais que observamos, aparecem com contornos vagos e esquivos. Então, arrisco generalizações taxonômicas com descrédito a particularidades no anseio de dizer algo a respeito de divergências e convergências teológicas entre as Américas. Em outras palavras, ofereço perfis que esboçam contornos, não me atendo às peculiaridades das variadas teologias. Esses perfis se configuraram precisamente nessas atitudes em relação à alteridade, em que o outro aparece ou como o *diferente* ou como o *distinto*.

Divergências

Quando em 1975 houve em Detroit, Michigan, nos Estados Unidos, uma conferência teológica entre representantes da América Latina e simpatizantes do mundo norte-atlântico, H. Assmann denunciou o que chamou então de "incomunicação" entre esses dois contextos (ASSMANN, 1976, p. 299-303).[4] O que Assmann então apontava era os paradigmas distintos entre si, que não se comunicavam, ainda que houvesse uma atitude de tolerância e até mesmo de simpatia que os anfitriões norte-americanos mostravam aos representantes do sul. Esses paradigmas sustêm-se em matrizes de uma formação cultural, social e religiosa bastante distinta. Enquanto que o norte desfralda em sua formação cultural a perspectiva organicista, as culturas latino-americanas desdobram uma fachada arquitetônica.

É claro que os tempos mudam, como também as configurações dessas matrizes. A globalização segue seu processo de "democratização das simpatias" (para usar a apta expressão de J. Barnes, 1989, p. 133), que torna difícil distinguir com clareza a matriz que dá contornos diversos aos diferentes paradigmas. No entanto, estes existem e se encontram arraigados em uma longa história de formação cultural, política, econômica e religiosa que, embora não tenha um caráter estático, possui uma genealogia que ainda reproduz etiologias diversas, quer dizer, características e maleficiências diversas são detectáveis.

J. C. Mariátegui, em sua obra *7 ensayos de interpretación de la realidad peruana* (1928), descreve assim essa diferença: "La colonización anglosajona

---

[4] Assmann abre sua contribuição com esta elegia da "incomunicação": "Não pedirei desculpas por não falar inglês melhor. Estou sempre lendo inglês e acho isso perigoso; se soubesse melhor inglês o perigo seria ainda maior" (p. 299).

(...) no empleó misioneros, predicadores, teólogos, ni conventos. Para la posesión simple y ruda de la tierra, no le hacían falta. [El colonizador] no tenía que conquistar una cultura y un pueblo sino un territorio." (MARIÀTEGUI, 1973, p. 182 *et seq.*) Na América Latina, a posse do território se deu em função da conquista e da conversão e incorporação de povos e impérios sob o domínio das coroas de Espanha e Portugal. Enquanto na América do Norte o outro era e é visto sob uma perspectiva patológica, que, para o bem do organismo, deveria ser "curado" ou eliminado. Na América Latina, o outro era e ainda é, em larga medida, não o diferente a ser negociado, mas o distinto a ser incluído em um sistema patrimonial em que esse outro tem o seu lugar e deve saber que lugar é esse.

Morse (1989, 1990, 1988), cujos estudos comparativos das Américas seguem como uma referência inelutável, resume essa diferença como originária, de princípios ou paradigmas incomensuráveis. O argumento de Morse é que há duas modernidades, e não só a que é celebrada no mundo ocidental e norte-atlântico. Esta última encontra sua origem em Abelardo, no século XII, e está embasada numa lógica argumentativa, de caráter binário (*sic et non*) – MORSE, 1989, p. 158 *et seq.*[5] Esta é afirmada pelo nominalismo e, parcialmente, pela reforma protestante, e atinge sua maturidade no século XVIII, com o Iluminismo. É essa lógica que dará os contornos à modernidade ocidental herdada pelo mundo anglo-saxão. A outra surge com o desenvolvimento da alta escolástica, particularmente na filosofia política de Tomás de Aquino, firma-se no realismo medieval e encontra sua expressão mais elaborada na Península Ibérica, particularmente em F. Suárez (MORSE, 1989, p. 102 *et seq.*). As duas versões de "modernidade" partem de diferentes princípios. Por exemplo, na questão da lei natural, no que diz respeito à consciência, nos países anglo-saxões, em geral, ela goza de autonomia, enquanto os descendentes das colonizações ibéricas sujeitam a consciência à lei natural. Daí porque, nesses países, o conceito de democracia não tem valor comparável ao do mundo anglo-saxão, já que os direitos inalienáveis são garantidos não pela vontade geral, mas pela lei natural (MORSE, 1989, p. 102 *et seq.*). Também o poder soberano não é feito por delegação dos participantes da sociedade, mas por

---

[5] *Sic et non* (*Sim e não*) é o título da famosa obra de Pedro Abelardo, datada da segunda década do século XII. Trata-se de um exercício lógico que reúne afirmações aparentemente contraditórias dos pais da Igreja, exigindo que se façam opções. A eliminação de contradições é o que funda a lógica que dominou a conquista anglo-saxã e que estabelece os marcos da ciência moderna forjada principalmente na Grã-Bretanha a partir do século XVIII. Veja Bernal (1965, especialmente Parte V), Butterfield (1957) e Whitehead (1962).

alienação da coletividade ao soberano. Morse resume a distinção usando o lema da federação dos Estados Unidos, *e pluribus unum*, da pluralidade constrói-se a unidade; enquanto nos países latinos vale o contrário, *ex uno plures*, a partir da unidade temos a pluralidade (MORSE, 1989, p. 110).

Disso resultam duas maneiras diferenciadas de se construir uma identidade. Construir uma identidade é propor uma comunalidade, algo que é comum ao todo de uma sociedade ou de um universo. Mas essa construção do "próprio" é feita de duas maneiras, que correspondem às duas formas com que se encontra o outro. A etimologia do termo latino *communio*, comunhão já revela a ambivalência. *Communio* pode derivar tanto de *co-unio* como de *co-munus*. No primeiro sentido, *co-unio* denota a formação de uma identidade comum a partir da pluralidade; a comunhão é formada pela interação de agentes. O princípio operacional dessa forma de construir identidade é designado pelo conceito grego de *praxis*, o que significa ação intersubjetiva ou comunicativa. No segundo caso, de *co-munus*, o sentido está relacionado, mas é diverso. *Munus* significa uma tarefa a ser feita, um trabalho a ser prestado, ou uma dádiva, um presente a ser oferecido. Seguindo essa etimologia, comunhão significa estar com algo que se apresenta, algo produzido. O princípio operacional, neste caso, não é *praxis*, mas *poiesis*, que significa produzir um resultado objetivo, apresentar um produto do labor. A diferença dos dois sentidos é análoga à distinção que se faz entre comunicação e comunicado, o primeiro conota uma ação e o segundo uma dispensação, um representa um ato, o outro um feito.

Foi G. C. Spivak quem desdobrou essa duplicidade em vários de seus estudos pós-coloniais (SPIVAK, 1994, p. 66-111; SPIVAK, 1999). Spivak, cujos trabalhos são demarcados pela relação de império e colônia, corretamente indica uma confusão que se criou no mundo ocidental entre esses dois sentidos, a partir dos quais se formam as identidades. Esses sentidos imbricam-se, são contíguos, mas definidamente diversos. O que ela propõe serve de guia para um estudo sobre convergências e divergências na relação entre as Américas. Identidades são formadas não de uma essência, de uma presença, mas de uma forma de representação, que se desdobra de duas maneiras. Spivak delineia essas duas formas como representação no sentido político ou jurídico, em um primeiro caso, quando se fala por alguém como por procuração ou como quem representa em teatro. Nesse sentido, a representação é um ato político como em "representação" política ou jurídica ou, mais elementarmente, como alguém se apresenta frente a outrem na *polis*, como se age e como se quer que o outro me veja e me reconheça. No segundo sentido, o termo significa exposição, como no sentido artístico ou pictórico, ou uma postulação no sentido filosófico ou literário, ou ainda de produzir algo como resultado de um trabalho executado, apresentar um resultado (SPIVAK, 1994, p. 256), como dizer apontando a um quadro: "Este é um Portinari." O primeiro sentido é expresso pelo verbo alemão *vertreten*, enquanto o segundo é dado pelo verbo *darstellen*. É por isso que ela faz a seguinte e iluminadora afirmação: "*Vertretung* [é] representação no contexto político. Representação no contexto econômico é *Darstellung*." (SPIVAK, 1994, p. 262 *et seq.*)

Spivak encontra essa distinção elaborada no texto que marca a transição entre o jovem e o velho Marx, *18 de Brumário* (SPIVAK, 1994, p. 258-260; veja MARX, 1952). Mas a diferenciação desses dois sentidos de representação, em minha opinião, encontra sua origem em tempos modernos, no famoso capítulo da *Fenomenologia do espírito*, de Hegel, no qual ele descreve a relação entre o senhor e o escravo (HEGEL, 1977, p. 145-155). Nele, o berlinense recupera a distinção das duas faculdades humanas, que Aristóteles distingue na sua *Metafísica*, a da produção (*poiesis*) e a da atividade intersubjetiva (*praxis*). O senhor tem sua identidade definida pela relação "política" com o escravo. O escravo é o outro do senhor, necessário para definir o seu próprio ser. Daí o sentido ontológico de alteridade a que me referi acima. Por outro lado, o escravo representa-se, mormente pelo trabalho, na sua relação com a natureza, e sua produção, por suposto, lhe é alienada. Os dois sentidos, certamente, convergem quando o escravo toma conscientização que é seu produto econômico que, alienado, dá poder político ao senhor; então se sabe senhor do senhor. Mas os dois sentidos permanecem divergentes e engendram dois tipos de poder. Em um, o poder emana de relação interssubjetiva e, no outro, da relação entre sujeito e objeto, que se define por labor ou trabalho. Quando, em 1852, Marx publica *18 de Brumário*, essa distinção lhe fica clara e a prioridade que, nos seus primeiros escritos, punha na *praxis* política dá lugar ao conceito de trabalho, que ele define como um "metabolismo" (*Stoffwechsel*) entre ser humano e a natureza, que resulta em um produto.[6] Daí porque o poder, para o Marx do *Capital*, está ultimamente determinado pela economia,

---

[6] MARX, Karl. *Das Kapital: Kritik der politischen Ökonomie*. Berlin: Dietz, 1962, 1:192: "Die Arbeit ist zunächst ein Prozess zwischen Mensch und Natur, ein Prozess, worin der Mensch seinen Stoffwechsel mit der Natur durch seine eigene Tat vermittelt, regelt und kontrolliert."

sendo a política como tal caudatária, ou, para usar a linguagem tradicional, as forças de produção determinam, em última instância, as relações de produção.

Quando Morse afirma a distinção de regimes de representação entre as Américas, ele o faz ilustrando com duas personagens da peça que Shakespeare compôs ao final de sua vida, inspirado por narrativas de navegações ao Novo Mundo, *A tempestade* (1611). Próspero representa o conquistador e Calibán é o nativo (o nome é anagrama de "canibal") que se torna escravo. Enquanto a América do Norte é representada por Próspero, a América Latina e o Caribe são simbolizados por Calibán (MORSE, 1989, p. 170-72; MORSE, 1988). Oswald de Andrade, em seu *Manifesto antropófago*,[7] usou o mesmo motivo, ainda que sem referência ao Calibán de Shakespeare. "A transfiguração do Tabu em totem" é sua definição mais sucinta de antropofagia (SCOTT-BUCCLEUCH; TELES DE OLIVEIRA, 1971, p. 389). Um tabu estabelece relações de mores, leis e moralidades; rege proibições. O tabu tem uma função política, enquanto estabelece regras de organização social. O totem é o objeto sagrado e sacramental através do qual a identidade de um grupo é definida mesmo quando alienada. A "transfiguração" tem um sentido literal e etimológico interessante (embora ele também use a palavra "transformação"). A "figura" é a que muda, aquilo que um apresenta ou representa passa a ser outra coisa; o que muda é a forma como a identidade é definida, se pelo tabu ou pelo totem.

Tome-se, por exemplo, alguns conceitos formativos da teologia latino-americana e seus correlatos no hemisfério norte para observar esta "transfiguração". Um dos textos que mais influenciaram os primórdios da Teologia da Libertação foi a *Pedagogia do oprimido*, de Paulo Freire, onde o termo "conscientização" denota um dar-se conta de uma realidade objetiva e da relação do sujeito, com esse objeto visando manipulá-lo e transformá-lo (FREIRE, 1975; veja também STRECK, 2001). Enquanto as relações "políticas" estabeleciam o tabu que regia a ordem social (a consciência), a "conscientização" foi, de fato, a transfiguração do tabu em totem. Consciência trafega no âmbito político; conscientização pertence ao domínio econômico. O mesmo acontece com libertação, que até hoje serve de rótulo à maior parte da Teologia que se faz na América Latina e no Caribe. "Libertação" contrasta com a nórdica *liberty*. O primeiro termo designa uma condição, assim como um processo na busca por

---

[7]   O texto do "manifesto" em português encontra-se em Scott-Buccleuch e Teles de Oliveira (1971, p. 387-390).

um resultado objetivo na transformação da ordem social. O segundo denota uma atitude que, na tradição filosófica anglo-saxã, refere-se às relações interssubjetivas nas quais os direitos individuais são maximizados até o ponto em que infringem os mesmos direitos de outra pessoa. Daí porque "liberalismo" nos Estados Unidos é um termo que descreve a esquerda do espectro político, enquanto que na América Latina é geralmente o contrário.[8] Libertação tem um conteúdo positivo, enquanto *liberty* é um conceito filosoficamente negativo.

H. Assmann, já em 1979 (p. 50-52), definiu o direito ao trabalho produtivo (no sentido de *poiesis*) como o mais fundamental dos direitos humanos, enquanto que os direitos políticos lhe seriam caudatários. Por isso, não é coincidência que, enquanto no mundo anglo-saxão a questão política exerce a maior força gravitacional na Teologia, foi na América Latina que estudos econômicos foram priorizados por autores como H. Assmann, F. Hinkelammert, P. Richard, E. Dussel, J. Mo Sung, entre outros. Essa é a razão porque, na América Latina, sua enfermidade ou malefício toma a forma de idolatria, um produto humano que se torna um fetiche, uma distorção no âmbito econômico, um produto alienado que se volta contra quem o produziu. É o totem re-transfigurado mais uma vez. Na América do Norte, a tematização dos achaques que afetam a humanidade é tratada mais como o demônio, que pertence ao âmbito do político das relações intersubjetivas da linguagem e da comunicação. Como lembra R. Barthes, "os demônios, sobretudo, são de linguagem". Então, acrescenta retoricamente: "E poderiam ser de outra coisa?" (BARTHES, 1986, p. 71) Vale lembrar que em quase todas as histórias neotestamentárias sobre possessão demoníaca, a característica comum é que há distorção de linguagem: o possesso é mudo, é gago ou o demônio fala por ele. O demoníaco é a distorção de relações entre pessoas, relações interssubjetivas, de *praxis*. Trata-se da falsa representação (no sentido de *Vertretung*), quando alguém toma o meu lugar e fala por mim, negando minha voz, ainda que proteste dizendo que está a me dar voz.[9]

O resultado na produção teológica desta divergência originária é que, no paradigma econômico (posto que a representação assuma um caráter objetivo e a alienação implica assim um distanciamento), o pensamento toma uma dimensão espacial. Os temas que aí encontramos abordam a questão da marginalização,

---

[8] A melhor definição de "liberal" foi a que ouvi no Chile: "Liberal es un fascista en vacaciones."

[9] Uma elaboração detalhada da distinção entre o demoníaco e a idolatria encontra-se em Westhelle (2010, p. 94-105).

da periferia, do outro *lado* da história, ou o seu "reverso", na expressão de G. Gutiérrez (1980, p. 303 *et seq.*). Trata-se de um pensamento latitudinal e não longitudinal ou temporal. A soteriologia é a libertação de um lugar social, de confins marginais para um novo lugar vital. Assim, também a escatologia é concebida em categorias espaciais e geográficas (WESTHELLE, 2008, p. 311-327). Trata-se do lugar do pobre ou do não lugar do sem-teto ou do sem-terra. O alvo não é uma *u*-topia (um não lugar), mas uma *eu*-topia (um bom lugar).

No paradigma político, a representação assume um sentido proléptico, é longitudinal, indica um outro tempo, um futuro em nome do qual o sujeito se posta e fala em nome desse futuro; o que rege é a história. Trata-se dos característicos estudos das gerações que determinam, em larga medida, a agenda teológica. A profusão literária desses estudos nos Estados Unidos é imensa. Cada geração que sucede à outra é imbuída de características peculiares, supostamente com uma agenda própria e peculiar. A tarefa é sempre descobrir quais serão os contornos da geração que há de vir, deixando a última para trás. Nisso inscreve-se teologicamente a escatologia; a "última" geração será sempre a próxima. Nas palavras de O. Paz: "Os Estados Unidos (...) são uma sociedade orientada para o futuro. (...) o americano vive no limiar do agora, sempre pronto a saltar para o futuro." (PAZ, 1985, p. 370) Trata-se sempre de um postergar, de um adiamento para um tempo que ainda não está aí, mas é investido de expectativas no seu desdobrar histórico; o outro é sempre adventício. O deus *kronos* rege; a própria modernidade já ficou para trás e adentramos no que se supõe serem os tempos "pós-modernos".[10] A vigência dessa expressão na América do Norte indica essa mentalidade, que sempre deixa para trás um passado que já é obsoleto e anela por um futuro diferente, que é esperado como se fosse com viseiras, para que a realidade espacial não provoque distrações. Exemplar para essa atitude é o final da primeira parte do *Paraíso perdido*, de J. Milton (s. d., livro 12, linhas 646s), que descreve a expulsão do paraíso. A princípio, Adão e Eva estão com os olhos cheios d'água, mas logo as secam e vão em frente, sem olhar para trás: "O mundo estava diante deles (...) e a Providência agora era seu guia." Progresso é o nome que hoje se dá a essa "providência".[11]

---

[10] Embora na América latina tenha-se adotado, como que por mímica, esta expressão, penso que ela dissimula uma referência a outra modernidade, uma heteromodernidade, está inspirada na teologia ibérica da contrareforma, que na península modernizou a Igreja, bem como o Estado. Sobre essa outra modernidade, veja Morse (1989, p. 102 et seq.).

[11] Veja o excelente estudo sobre a noção de progresso como a ideia dominante no Ocidente, Nisbet (1980).

Nessa tipologia estou estratificando as diferenças, a ponto de caricaturizá-las, mas é necessário acirrar as diferentes opções para poder elucidar o que amiúde se confunde. Ainda assim há convergências que necessito examinar. Essas são, em grande medida, as causas da confusão entre modos de representação.

Convergências

Certamente há convergências notáveis, mas estas são *assimétricas*. Enquanto nos Estados Unidos ou no Canadá existe um confronto de culturas, não há internamente muita convergência. O acirrado confronto se dá prioritariamente através da migração relativamente recente, na maioria dos casos advinda do México e de outros países latinos, assim como asiáticos, árabes e africanos. No entanto, existe uma resistência muito grande à convergência. Os modelos de representação permanecem distintos, prevalecendo o paradigma econômico entre os imigrantes latino-americanos e o político com a população anglo-saxã. A mesma resistência se dá entre esta última e a população de origem africana, na qual o paradigma econômico também predomina, o que na Teologia se expressa na proximidade temática e metodológica entre a Teologia Negra, nos Estados Unidos, e a Teologia da Libertação latino-americana.[12] O isolamento e a marginalização de grupos étnicos e linguísticos é a maneira como se mantêm diversos os modos pelos quais identidades são formadas. Para os donos do poder na América do Norte, o outro – desde o encontro de pioneiros com nativos, até os guetos hispânicos e negros de hoje – permanece irreconciliavelmente o diferente.

A *assimetria* então consiste no seguinte: enquanto grupos hegemônicos mantêm sua forma de representação de si próprios e sua identidade, grupos subalternos são maleáveis, assumindo diferentes formas de se representar. Técnicas de dissimulação ou camuflagem são conhecidas e documentadas (veja PAZ, 1981; BHABHA, 1994; MARTINS, 1989; CERTEAU, 1984; WESTHELLE, 2000, p. 33-58). Essas são táticas pelas quais se adentra em identidades originalmente alheias, resultando em formações culturais híbridas. N. G. Canclini descreve esse processo em sua obra *Culturas híbridas* (CANLINI, 1990). No universo conceitual do autor, "modernidade" é o que

---

[12] Um exemplo excelente é o livro de Thistlethwaite e Potter Engel, *Lift every voice: constructing Christian Theology from the underside*, que reúne desde as teologias negras, womanist, feminista, hispana, mujerista, até representantes da Teologia da Libertação na América Latina. Na tentativa bem-sucedida de apresentar um trabalho coeso e sistemático. Veja a introdução das editoras nas páginas 1-23.

ENTRE AMÉRICAS: CONVERGÊNCIAS E DIVERGÊNCIAS TEOLÓGICAS

acima defini como o paradigma político, enquanto o que para Morse é outra modernidade, ele descreve como sociedade tradicional. Mas o importante no seu livro é a descrição do processo pelo qual uma cultura híbrida tem a capacidade de transitar outros domínios com destreza, sem render ou apagar sua matriz originária, mas com a aptidão de adotar outras, desestabilizando qualquer tentativa de uma unívoca identificação. Não se trata de uma mescla, miscigenação, mestiçagem, ou mesmo sincretismo, embora todos esses termos tenham sido usados na busca de aproximação teórica a esse fenômeno. O híbrido transita entre identidades, sempre deslocando o eixo de gravidade. O resultado é uma profusão de dispositivos irônicos que permitem uma constante experimentação e inovação, mas não uma fusão para formar uma nova essência.

A convergência acontece nesse território instável, em que há um jogo de identidades que não se fixam. Na expressão de Canclini, é um entrar e sair. Mas a iniciativa dessa convergência, em larga medida, migra do sul para o norte, e não ao revés. O que migra do norte não produz convergência, pois se atém ao modo de representação unívoco da sociedade hegemônica. São os "enlatados", as engenhocas, a mídia, enfim, utilidades definidas pelo pragmatismo, que não conhece a ironia e o humor de quem brinca com identidades oscilantes. São estas que produzem um Jorge Luis Borges, um Garcia Márquez, uma Adélia Prado, uma Frida Kahlo, um Oswald ou um Mário de Andrade, um Caetano Veloso, um Piazzolla.

Esse caráter híbrido não é uma conquista, mas um recurso de resistência. A convergência acontece não porque queiramos mudar de identidade ou recusar a que nos foi formativa, mas porque, latino-americanos, transitamos terrenos hegemônicos, onde dissimulamos e aprendemos a nos comunicar e pretendemos ter pertença ou, pelo menos, trânsito. Nisso se forma o caráter híbrido que possibilita a convergência. Quando Assmann, em 1974, denunciava a "incomunicação" entre a América Latina e a América do Norte, ele apontava a diferença das matrizes de identidade teológica entre os subcontinentes, mas simultaneamente um processo de hibridização já estava em andamento, principalmente nas artes e na literatura. Borges atesta isso:

> Uma das vantagens que nós latino-americanos temos sobre os norte-americanos é que podemos nos comunicar com mais facilidade, enquanto tenho notado que os norte-americanos têm dificuldade em comunicação que procuram esconder atrás de celebrações, como o Natal, e formando clubes e promovendo congressos onde as pessoas carregam uma ficha de identificação com seus nomes. (apud MORSE, 1989, p. 167)

Ambas as afirmações são verdadeiras; enquanto uma indica a divergência na construção de identidades, a outra revela a disposição híbrida da formação cultural latina. Mas essa comunicação de que fala Borges já vem injetada por uma dose de decepção, que é resultado da tática de dissimulação. *A tempestade*, de Shakespeare, registra isso nas palavras do nativo Calibán, quando diz a Próspero, seu senhor: "Ensinaste-me tua língua, e minha vantagem nisso é que agora sei como praguejar. Que a cólera te pegue por ensinar-me tua língua." (SHASKEPEARE, 1970, p. 44)

Embora haja uma clara distinção originária dos modos de representação de uma identidade entre a América Latina e a América do Norte, os latino--americanos desenvolveram uma capacidade de migrar de uma forma de representar sua identidade a outra, como também de voltar, sendo, ao mesmo tempo, regional e cosmopolita, mantendo a divergência e convivendo com a convergência. O cosmopolita latino-americano é o que acessa com certa desenvoltura o modo político de se representar, que não lhe é de berço, mas mantém a matriz econômica como recesso. Daí o sentido híbrido da formação cultural do mundo latino-americano. Colocando isso de forma paradoxal, nós, latino--americanos, vivemos essa "liberdade" de transitar entre identidades porque não temos outra opção. Trata-se de uma liberdade de não poder optar contra a liberdade. Representamo-nos assim como somos representados no sentido político, enquanto retemos a representação também no sentido econômico. É claro que o perigo nessa forma de instabilidade de uma identidade está em migrar, e não mais voltar. Isso é quando a dissimulação que permite esse trânsito torna-se a própria identidade, espúria, mas dominante. A expressão brasileira, quando se diz que alguém se vendeu, indica exatamente para esse fenômeno; é aceitar o que foi máscara como se fosse a própria face; é adotar a linguagem do outro como se fosse língua-mãe. É abandonar o ídolo potencial pelo demônio real. A tentação no paradigma econômico é a idolatria em que a "casa" quer dizer o que faz parte do domínio patrimonial, assume valores absolutos e incontestes, em que cada um conhece o seu lugar, como na celebrada expressão: "Sabes com quem estás falando?" Já no político, a tentação assume características demoníacas, em que o discurso prevalente se impõe e os sujeitos passam a adotar a ideologia hegemônica, como no discurso político norte-americano, que estabelece o que é "democracia" ou "terrorismo" por referenciais vigentes na própria sociedade e passam a ser lugar-comum na linguagem do povo.

Fechando (por enquanto)

Mas já me delongo nesta reflexão e devo voltar à Teologia e à religião. Entre os regionalismos que marcam a divergência entre as Américas, um praxiológico-político e o outro poiético-econômico, é o cosmopolitismo, particularmente latino-americano, que produz convergências híbridas na Teologia e nas Ciências da Religião, ou como querem os norte-americanos, Estudos da Religião (*Religious Studies*, já que no contexto norte-americano "Ciências da Religião" seria um oximoro). No meu parecer, é nas Ciências da Religião que se faz na América Latina em que o aspecto cosmopolita predomina, enquanto na Teologia há mais regionalismo, e a distinção entre os paradigmas de representação se torna mais manifesta. Isso me parece ser o caso, porque a Teologia está regionalmente mais arraigada. Embora as Ciências da Religião e mesmo a Filosofia da Religião tratem também de temas regionais, sua linguagem transcende o dialeto regional, não está fixada na representação de sua identidade no paradigma poiético-econômico. Mas com a Teologia é diferente.

Essa diferença tem sido tratada de várias maneiras. Parte da Teologia que se produziu na América Latina deste os anos 1970 tem um caráter cosmopolita. Mas mesmo essa Teologia tem sido inspirada e, de certa maneira, foi e é dependente de um regionalismo vigoroso, que se produzia em nível de base, em boletins, panfletos e livretos populares, ligados a comunidades de base, organizações comunitárias, movimentos sociais, centros de estudo e mesmo grupos estudantis. Essa produção teológica, que é efêmera e dinâmica, forneceu a matéria-prima para produções teológicas que hoje circularam internacionalmente e fizeram a fama de alguns teólogos latino-americanos que hoje desfrutam de reputação internacional. No entanto, o arraigamento desse discurso cosmopolita no solo regional mantém certa integração vertical na Teologia entre o discurso regional e o cosmopolita.[13] Muito se discutiu esse problema já nos anos 1970 e 1980, quando a pecha de "basista" ou de "elitista" era maneira derrogatória, e quiçá ainda o é de descrever essas opções. J. L. Segundo descrevia essas duas correntes de maneira mais neutra como tendências da teologia latino-americana (SEGUNDO, 1993, p. 67-80; veja também NEHRING, 1996, p. 84-101). Para Segundo, houve até mesmo uma migração de uma teologia de caráter cosmopolita, no período inicial para uma com ênfases mais regionalista. Na primeira, o sujeito teológico

---

[13]   Veja a distinção similar entre o "vernacular" e o "cosmopolita" em Sugirtharajah (2003, p. 159).

TEOLOGIA E CIÊNCIAS DA RELIGIÃO

pertence a uma elite com alta formação acadêmica, em defesa do pobre e do oprimido, enquanto, na segunda, o sujeito teológico e evangelizador é o próprio pobre e oprimido.

Enquanto nas Ciências da Religião prevalece o caráter cosmopolita,[14] há mesmo nas versões cosmopolitas da teologia latino-americana um proclive regionalista. Esse proclive, ironicamente, é o que dota as teologias regionais com um viés "cosmopolita" interessante para o mundo norte-atlântico, mas só no sentido de revelar o exótico. São escritores com arraigo regionalista que ganham sucesso internacional. Aí temos Gutierrez (mas não o que escreveu *Teologia da Libertação*, que é um livro de cunho mais cosmopolita), Sobrino, Comblin, Boff, Tamez, Gebara, que desfrutam de um mercado nórdico respeitável, o que outros, de perfil mais cosmopolita, mas não menos importantes, como Segundo, Alves, Assmann, Dussel, Hinkelammert, M. Bonino, não chegam a compartir. A razão disso, me parece, é que dentro do paradigma político a estranheza do outro ou da outra, o seu ser diferente, é um objeto de desejo pelo exótico que representa, pelo erótico ao qual se anela, mas não o outro ou a outra que de repente se comunica dentro de um paradigma ao qual supostamente não tem direito nato. Exemplo disso é a Carta Aberta a Bonino, que J.n Moltmann publicou em 1976 (p. 57-63), na qual critica as pretensões cosmopolitas de teólogos como o próprio Bonino, Segundo, Alves, Assman e Gutiérrez (o de *Teologia da Libertação*, que é um texto de caráter cosmopolita). Moltmann desejava o regionalismo comunicável em um âmbito cosmopolita, o exótico e o erótico, mas não a intervenção no âmbito discursivo de seu próprio regionalismo. Sua crítica era que não queria ser instruído por latino-americanos sobre seus próprios conterrâneos, como Hegel e Marx, algo que em si revela a destreza cosmopolita dos teólogos latino-americanos criticados.

A teologia hegemônica na América anglo-saxã, por sua vez, é, mormente, de corte regionalista dentro de seu paradigma praxiológico-político. É seu caráter hegemônico que herdou e compartilha com a Teologia europeia que lhe dá um semblante cosmopolita. Faz menos de 50 anos que até mesmo traços de uma consciência regionalista começaram a emergir no contexto

---

[14] No lançamento de uma revista que trata de ciência da religião, o editor (Luis H. Dreher) escreve: "(...) na Ciência de Religião, uma área de estudos que imprime uma atitude científica de peculiar abertura e criticidade nas várias disciplinas que a compõe, trata-se sempre de um processo que mostra resultados parciais e revisáveis. E, no entanto, tais resultados devem vir a público." (*Numen: Revista de Estudos e Pesquisa da Religião* I/1, p. 7, 1998)

norte-americano. P. Lehman, em 1963, publicou uma inusitada defesa do caráter contextual da ética cristã, desafiando as bases de um sistema ético universal (LEHMAN, 1975). J. B. Metz, em 1974, desafiou um truísmo da Teologia européia, ao apresentar um estudo do altamente teórico trabalho de seu mestre, K. Rahner, demonstrando ser sua Teologia de fato biográfica (METZ, 1980, p. 219-228). Daí veio uma profusão de teologias contextuais e estudos de teologias locais (SCHREITER, 1985). Essa emergente consciência do caráter regional indica o abandono de um falso cosmopolitismo para encontrar, a partir de sua própria regionalidade, o advento de uma possibilidade de fato cosmopolita. Mas a persistente continuação de um regionalismo com pretensões de cosmopolitismo segue e vive de um empréstimo de fundos coloniais. Em outras palavras, o cosmopolitismo do mundo norte-atlântico era o cosmopolitismo de seu projeto global e de seu poder hegemônico. Enquanto a hegemonia continua em vigor, é do subalterno a capacidade de adentrar no discurso do outro. Nisso consiste o caráter assimétrico da convergência de que falo. O subalterno torna-se cosmopolita, enquanto revela o regionalismo mascarado dos poderes dominantes.

Sendo assim, se assim o é, em resumo, a tese é a seguinte, e aqui termino abrindo e não fechando este discurso: entre a América Latina e a América do Norte, seguem a dominar paradigmas díspares na construção da identidade cultural e social que se refletem nas respectivas teologias, mas a emergência de uma consciência pós-colonial permite à América subalterna adentrar o regime discursivo da América hegemônica como por camuflagem e dissimulação e nisso consiste seu caráter híbrido. Essa é a convergência de momento possível, mas efetiva.

Referências bibliográficas

ASSMANN, Hugo. Theology in the Americas. In: TORRES, Sergio; EALGLESON, John (Ed.). *Proceedings of the Detroit Conference*, 1975. New York: Orbis, 1976. p. 299-303.

ASSMANN, Hugo. Breves consideraciones al margen del informe final del encuentro de Oaxtepec. *Estudios Ecuménicos*, 38, 1979, p. 50-52.

BARNES, Julian. *A history of the world in 10½ chapters*. New York: Vintage, 1989.

BARTHES, Roland. *Fragmentos de um discurso amoroso*. Rio de Janeiro: Francisco Alves, 1986.

BERNAL, John Desmond. *Science in History*. New York: Hawthorn, 1965.

BHABHA, Homi. *The location of culture*. London: Routledge, 1994.

BUTTERFIELD, Herbert. *The origins of modern science:* 1300-1800. New York: Free Press, 1957.

CANLINI, Néstor García. *Culturas híbridas:* estrategias para entrar y salir de la modernidad. México: Grijalbo, 1990.

CERTEAU, Michel de. *The practice of everyday life*. Berkeley: University of Califórnia, 1984.

FREIRE, Paulo. *Pedagogia do oprimido*. Rio de Janeiro: Paz e Terra, 1975.

GUTIÉRREZ, Gustavo. *La fuerza histórica de los pobres:* Selección de trabajos. Lima: CEP, 1980.

HALL, Stuart. Cultural identity and diáspora. In: WILLIAMS, Patrick; CHRISMAN, Leds (Ed.). *Colonial discourse and post-colonial theory:* a reader. New York: Columbia University, 1994. p. 392-403.

HEGEL, Georg Wilhelm Friedrich. *Phänomenologie des Geistes*. Franfurt: Suhrkamp, 1977.

LEHMAN, Paul. *Ethics in a Christian context:* the transfiguration of politics. New York: Harper and Row, 1975.

MARIÀTEGUI, José Carlos. *7 Ensayos de interpretación de la realidad peruana*. Lima: Amauta, 1973.

MARTINS, José de Souza. *Caminhada no chão da noite*. São Paulo: Hucitec, 1989.

MARX, Karl. *Der 18te Brumaire des Louis Napoleon*. New York: Expedition, 1952.

MARX, Karl. *Das Kapital:* Kritik der politischen Ökonomie. Berlin: Dietz, 1962.

METZ, Johann Baptist. *Faith in history and society*. New York: Crossroads, 1980.

MILTON, John. *Paradise Lost*, livro 12.

MOLTMANN, Jürgen. An open letter to José Míguez-Bonino. *Christianity and crisis*, March 29, 1976, p. 57-63.

MORSE, Richard. *New world soundings:* culture and ideology in the Americas. Baltimore: John Hopkins, 1989.

MORSE, Richard. *A volta de Mcluhanaima:* cinco estudos solenes e uma brincadeira séria. São Paulo: Companhia das Letras, 1990.

MORSE, Richard. *O espelho de próspero:* cultura e ideias nas Américas. São Paulo: Companhia das Letras, 1988.

NEHRING, Andreas (Ed.). Elements for a typology of Latin American theologies. In: *Prejudice issues in Third World theologies.* Madras: Gurukul, 1996. p. 84-101.

NISBET, Robert. *The history of the idea of progress.* New York: Basic Books, 1980.

PAZ, Octavio. *El laberinto de la soledad.* México: FCE, 1981. Tradução inglesa The labyrinth of solitude. New York: Grove Weidenfeld, 1985.

SCHREITER, Robert. *Constructing local theologies.* Maryknoll, N.Y.: Orbis, 1985.

SCOTT-BUCCLEUCH, R. L.; TELES DE OLIVEIRA, M. (Ed.). *An anthology of Brazilian prose.* São Paulo: Ática, 1971.

SEGUNDO, J. L. *Signs of the times:* theological reflections. Maryknoll, N.Y.: Orbis, 1993. p. 67-80.

SHAKESPEARE, William. *The tempest.* New York: Penguin, 1970.

SPIVAK, Gayatri Chakravorty. Can the subaltern speak? In: WILLIAMS, Patrick; CHRISTMAN, L. (Ed.). *Colonial discourse and post-colonial theory.* New York: Columbia, 1994. p. 66-111.

SPIVAK, Gayatri Chakravorty. *A critique of postcolonial reason:* toward a history of the vanishing present. Cambridge: Harvard, 1999.

STRECK, Danilo Romeu. *Pedagogia no encontro de tempos.* Petrópolis: Vozes, 2001.

SUGIRTHARAJAH, R. S. *Postcolonial reconfigurations:* an alternative way of reading the Bible and doing theology. St. Louis: Chalice, 2003.

THISTLETHWAITE, Susan; POTTER ENGEL, Mary (Ed.). *Lift every voice:* constructing Christian theology from the underside.

TILLICH, Paul. *Theology of culture.* New York: Oxford UP, 1964.

WESTHELLE, Vitor. *The church event:* call and challenge of a church protestant. Minneapolis: Fortress, 2010. p. 94-105.

WESTHELLE, Vitor. Liberation theology: a latitudinal perspective. In: WALLS, J. L. (Ed.). *The Oxford handbook of eschatology.* Oxford: Oxford, 2008. p. 311-327.

WESTHELLE, Vitor. *Voces de protesta en América Latina*. Mexico: CETPJDR/ LSTC, 2000. p. 33-58.

WHITEHEAD, Alfred North. *Science and the modern world*. New York: Mentor, 1962.

A religião no início do milênio

J. B. Libanio

> "Uma chuva de deuses cai dos céus nos ritos funerais
> do único Deus que sobreviveu"
> (L. Kolakowski)

A saga da modernidade ocidental carrega profundo paradoxo. Ela nasce do Cristianismo e volta-se contra ele e contra todo o Sagrado. Filha, anuncia a morte da mãe. Esta, primeiramente, acontece no meio letrado, ao atingir, em seguida, as classes operárias.

Lá no século XVIII, antes mesmo da Revolução Francesa, Barão d'Holbach (1723-1789) se declarava ateu, anticristão, racionalista, materialista militante. Anuncia-se já uma avalanche ateia que se opõe à existência de um Deus para além dos sentidos e dos fatos:

> Não seriam os discípulos da natureza autorizados a dizer-lhe: só asseguramos o que vemos; só nos rendemos à evidência; nosso sistema é baseado só em fatos. [...] Fechamo--nos escrupulosamente no que nos é conhecido por meio de nossos sentidos, únicos instrumentos que a natureza nos deu para conhecer a verdade. Que fazem nossos adversários? Para explicar coisas desconhecidas imaginam seres ainda mais desconhe-cidos que as coisas que querem explicar; seres dos quais, admitem, não têm a menor noção. [...] Admitam, portanto, ó, teólogos! Que não apenas são sistemáticos absurdos, mas também acabam por ser atrozes e cruéis pela importância que seu orgulho e seu interesse põem em sistemas ruinosos, com os quais acabrunham a razão e a felicidade das nações. (D'HOLBACH, 1770, citado por LECOMPTE, 2000, p. 114 et seq.)

L. Feuerbach (1804-1872) lança a suspeita de que Deus não passa de uma projeção do ser humano, alienando-o de si mesmo. Descentra Deus e põe-nos no centro. Em vez de Deus ter-nos criado, nós O criamos. Gesta-se a categoria de Deus como alienação que terá enorme sucesso ateu, ao desfazer a imagem que se tinha dele. Assim ele afirma sem ambages:

Pelo Deus conheces o homem e, vice-versa, pelo homem conheces o teu Deus; ambos são a mesma coisa. O que é Deus para o homem é o seu espírito, a sua alma e o que é para o homem seu espírito, sua alma, seu coração, isto é também o seu Deus: Deus é a intimidade revelada, o pronunciamento do Eu do homem; a religião é uma revelação solene das preciosidades ocultas do homem, a confissão dos seus mais íntimos pensamentos, a manifestação pública dos seus segredos de amor. (FEUERBACH, 1988, p. 54 et seq.)

K. Marx avança e leva o ateísmo ao mundo da luta social e política. Salienta a função ambígua da religião. Forja o dito que se repetirá à saciedade: "A religião é ópio do povo". E propugna sua abolição:

O homem é o mundo dos homens, o Estado, a sociedade. Este Estado, esta sociedade produzem a religião, uma consciência invertida do mundo, porque são um mundo invertido... A abolição da religião enquanto felicidade ilusória do povo é necessária para sua felicidade real. (MARX, 1979, p. 94 et seq.)

Facilmente se deslocou o dito sobre a religião para Deus.

Nietzsche dá ao ateísmo enorme combatividade. Horroriza-o o mundo dos fracos, daqueles que não reconhecem o super-homem. Luta pela vida e julga o mundo sobrenatural, divino como sua negação:

Agora Deus morreu! Homens superiores: este Deus foi o vosso maior perigo. Não ressuscitastes senão depois que ele jaz na tumba. Só agora volta o esplêndido meio-dia, agora o homem superior torna-se soberano... Deus morreu: agora nós queremos que o Super-homem viva!

E em outro momento:

Não sigo o vosso caminho, ó, desprezadores da vida! Não sois, para mim, ponte que leve ao Super-homem! Por toda a parte, ecoa a voz dos que pregam a morte; e a terra está repleta de gente à qual deve pregar-se a morte. Ou, a "vida eterna", para mim, tanto faz – contanto que se suma depressa! Só o velho em suas orações não sabia que Deus tinha morrido. (NIETZSCHE, 1977, p. 51-62 e 29)

S. Freud interioriza e radicaliza o ateísmo. "[As ideias religiosas] são ilusões, realizações dos mais antigos, fortes e prementes desejos da humanidade. O segredo de sua força reside na força desses desejos" (FREUD, 1969, p. 43).

Essa morte de Deus se cantou em poesia. Assim o poeta alemão Heine pintou com cores vivas a agonia de Javé. "Nosso coração... está cheio de um frêmito de compaixão; pois é o próprio velho Javé que se prepara para a morte...

Não escutais o repicar dos sinos? De joelhos! Levam-se os sacramentos a um Deus que morre" (HEINE citado por DE LUBAC, 1983, p. 46).

No campo da metafísica, a morte de Deus significava, para o filósofo alemão Heidegger, o destino da metafísica ocidental que cortava o mundo no duplo plano sensível e inteligível, reservando ao mundo suprassensível o caráter de verdadeiro, ao sustentar e determinar o mundo sensível.

Criara-se um consenso antirreligioso no mundo dos cientistas naturais e humanistas:

> Os cientistas de hoje podem no máximo imaginar sob uma interpretação religiosa das leis naturais uma opinião pessoal aduzida do próprio pensamento, provavelmente de caráter mítico, certamente sem qualquer relação de necessidade lógica com a noção da lei da natureza mesma. Não há boa vontade nem zelo religioso que possam fazer retroceder este processo (WEIZSÄCKER citado por ZAHRNT, 1968, p. 173).

> Quase todos os antropólogos da minha geração – creio – sustentariam que a fé religiosa é uma ilusão, um curioso fenômeno que logo será extinto e que poderá ser explicado com expressões tais como "compensação" e "projeção", ou, como estabelecem algumas interpretações sociológicas, algo que diz respeito à manutenção da solidariedade social. (EVANS-PRITCHARD, 1986, p. 11)

A onda ateia filosófica e científica minara a fé em Deus no mundo ilustrado. As ideias ateias marxistas penetraram o mundo operário. Também aí a secularização e o ateísmo cresceram a olhos vistos.

O mundo rural resistiu mais tempo fiel à fé cristã. As duas guerras mundiais e o sucessivo milagre econômico, cercado pelo consumismo desvairado, terminaram por depositar as últimas pás de cal sobre o túmulo cristão.

Reação teológica

Não tardou e veio a reação teológica. Fala-se então da vingança do Sagrado. Três movimentos se manifestam. Um primeiro assume o caráter apologético de defesa da religião em espírito de combate à secularização, considerada primeiro passo para o secularismo e o ateísmo. Desoculta as raízes ateias do processo da morte de Deus e combate-as. O conservadorismo e o fundamentalismo se fazem presentes nas três religiões monoteístas. Até hoje existe essa forma religiosa de defesa, de rejeição da modernidade. Uma tese doutoral defendida na Universidade Federal de Juiz de Fora estudou, em profundidade, essa reação antimoderna católica, principalmente na figura de dois bispos brasileiros: Dom Sigaud e Dom Castro Mayer. E para entendê--los, tece o quadro antimoderno presente na Igreja até durante o Concílio Vaticano II (COPPE CALDEIRA, 2009). Tentei mostrar sua permanência até hoje, tanto na forma bem conservadora, quanto sob a veste pós-moderna (LIBANIO, 2009).

Outro grupo enfrenta o desafio e capta as intenções positivas da secularização. Aceita a morte do Cristianismo religioso e tenta salvar-lhe o núcleo da fé. Tornou-se *best-seller* e programático o livro do bispo anglicano J. T. Robison, *Honest to God* (1967). Uma carta de D. Bonhoeffer, escrita no cárcere nazista, vinda tardiamente a público, reafirmava a morte do *a priori* religioso diante do silêncio das pessoas em face dos hediondos crimes do nazismo. A dimensão religiosa estava condenada à morte. Essa secularização, porém, purificava a fé cristã de entulhos religiosos. F. Gogarten simboliza tal posição. Faz recuar a secularização à própria leitura bíblica do mundo e à prática de Jesus. "Deus nos liberta das mãos dos deuses... O mundo foi desdivinizado por Deus" (WEIZSÄCKER citado por ZAHRNT, 1968, p. 185). "A secularização segue ligada à fé cristã e a desdivinização do mundo provém da revelação de Cristo" (p. 192 *et seq.*).

Interessa-nos, neste texto, um terceiro grupo que já anunciava uma explosão do fenômeno religioso. P. Berger, que considerara a secularização como um tratado sobre o ateísmo (BERGER, 1969), já percebe rumores de anjo (BERGER, 1973) até dedicar ulteriores trabalhos ao fenômeno sagrado (BERGER, 1994). Da mesma maneira, H. Cox, que se debruçara sobre a secularização (COX, 1968), considera o fenômeno pentecostal como fundamental na passagem do milênio (COX, 1995).

Fato do fenômeno religioso

Citam-se alguns anunciadores do fenômeno religioso. K. Rahner escrevia: "Já se disse que o cristão do futuro ou será um místico ou já não será cristão" (RAHNER, 1980, p. 375 *et seq.*). Essa declaração tem-se tornado como uma quase profecia do atual surto religioso. A palavra mística traduz precisamente a busca espiritual.

"O século XXI será o mais religioso da história", atribui-se comumente tal afirmação a A. Malraux. No entanto, ele contesta que a tenha dito, por não saber nada disso. O que ele diz é mais incerto: "Não excluo a possibilidade de um evento espiritual em escala planetária."[1] "O problema capital do fim do século será o problema religioso."[2] "Não se trata de nada menos que de reintegrar os deuses face a mais terrível ameaça que a humanidade jamais conheceu."[3] A. Frossard testemunha: "no seu escritório, Malraux me confiou: Este próximo século será místico ou não será. Para ele, como para mim, o estado místico é o que permite ter-se acesso direto a Deus pela experiência."[4]

Basta simples elenco do que está acontecendo no mundo religioso para darmo-nos conta da amplitude do fenômeno. Recrudesce o fundamentalismo religioso em diferentes formas. Ele significa, como se indicou acima, a continuidade do movimento antimoderno no seio cristão. Em certos movimentos religiosos de caráter carismático, faz-se presente uma ala fundamentalista que combate toda inovação religiosa e determinadas formas religiosas divergentes, especialmente as afro-brasileiras. No mundo islâmico, o fundamentalismo reage contra a invasão secularizante ocidental. E veste-se de conotação política até expressões extremadas terroristas.

No Brasil, a expressão maior do grito religioso vem do lado evangélico. Espanta o gigantesco crescimento das igrejas pentecostais e neopentecostais. As estatísticas nos surpreendem. De 1890 para 2000, a porcentagem de católicos decresceu de 98,8% para 73,8%, enquanto a dos evangélicos cresceu de 1% para 15,4%. Hoje os números ainda favorecem mais os evangélicos, já que suas igrejas mostram-se "mais dinâmicas e agressivas na procura de novos fiéis, enquanto a organização da Igreja Católica parece ter agido com bastante lentidão diante das mudanças socioculturais" (ANTONIAZZI, 2002, p. 6-7).

As religiões orientais penetram estratos de classe ilustrada. Tal fato numericamente não parece significativo, mas simbolicamente denota um cansaço com a cultura e a religião ocidentais que se caracterizam pela atividade, operosidade, eficácia, competência, busca de resultados palpáveis em distinção da religião oriental da calma, do silêncio, da contemplação, da

---

1   Le Point – le 10 novembre 1975. Cit. in VERNETTE, Jean. *Nouvelles spiritualités et nouvelles sagesses*. Les voies de l'aventure spirituelle aujourd'hui. Paris: Bayard/Centurion, 1999, p. 25.

2   Preuves, mars 1955, cit. in VERNETTE. Jean. *op. cit.*, p. 25.

3   L'Express, 21 mars 1991, cit. in VERNETTE, Jean. *op. cit.*, p. 25.

4   Paris Match, le 29 août 1991, cit. in VERNETTE, Jean. *op. cit.*, p. 25.

gratuidade, da aparente ineficácia. Esse contraste atrai ocidentais saturados de razão ocidental moderna.

O novo clima religioso cultiva dimensões do ser humano, pouco exploradas no Ocidente e antes trabalhadas sob a influência oriental ou paracientífica. Assim se fala de maximização do potencial humano pela via da cientologia, da meditação transcendental, das técnicas de conscientização, de práticas de desinibição e ascese etc.

Nem falta certo ingrediente religioso fanático até as raias da loucura nessa mistura religiosa. Basta citar o caso acontecido na Guiana, em 1979, quando o líder religioso Jim Jones levou seguidores a suicídio coletivo. Entram em cena as seitas satânicas. Sob tal nome, agrupam-se diversas modalidades de expressão religiosa. Misturam-se elementos advindos das ciências, paraciências, feitiçaria, ocultismo e práticas estranhas. No fundo, existe a crença no poder de satanás para o bem e o para mal. E nesses cultos, procuram-se, com frequência, experiências de liberação em face de imposições sociais e culturais no campo do comportamento sexual, até apelando para relações estranhas e repugnantes com animais. Em alguns casos, chega-se a adorar o próprio demônio como ser de poderes espirituais extraordinários. E busca-se entrar em contato e comunhão com ele por meio de ritos macabros.[5]

No mundo católico, fervilham movimentos carismáticos de diferentes tonalidades. Sobressai a renovação carismática católica (RCC).

A RCC acordou muitos fiéis de religiosidade adormecida pelo cotidiano anódino da vida cristã. Confeccionou hinário festivo e jovial, trazendo fervor e alegria às celebrações. Retoma a dimensão sagrada perdida, ao empapar de nova religiosidade o cenário cultural. Reage ao movimento modernizante e secularizante na Igreja na esteira do Concílio Vaticano II. Ao dizer-se "carismática", ela se remete à experiência dos dons do Espírito Santo que abundaram na Igreja nascente, como S. Paulo retrata na epístola aos Coríntios. Valorizam-se nela experiências entusiásticas que apelam diretamente à emoção.

Parte da força de sedução vem-lhe dos *encontros comunitários*, esporádicos ou regulares. Alternam reuniões de grupos menores com megaeventos em estádios. As pessoas não se vinculam necessariamente entre si, mas valorizam a própria experiência de prazer espiritual. Nisso se mostram bem pós-modernas,

---

[5] Disponível em: <www.fimdostempos.net/seitas_satanicas.html>. Acesso em: 12 nov. 2009.

embora o enquadramento teológico e moral ressude tradicionalismo. A convivência nos encontros de oração não rompe facilmente o individualismo atual. Espiritualiza-o, deixando intocado o sistema capitalista consumista e materialista.

Fora do ambiente católico, reina atmosfera espiritual eclética. Convencionou-se chamá-la de Nova Era. Sem algum fundador ou guru especial, teve, nos inícios, na Califórnia, Estados Unidos, o centro de irradiação, alcançando praticamente o mundo ocidental (NATALE TERRIN, 1966, p. 49). Revela-se típico produto da pós-modernidade, de contornos penumbrosos, voltado para o uso privado por parte das pessoas. Transformou-se em magnífica oficina de reciclagem de produtos religiosos vindos de tradições as mais bizarras. Nova Era marca hoje o clima espiritual não só dos Estados Unidos, mas também entre nós. De extrema tolerância, sincrética e eclética, unida a certo hermetismo sedutor, avança no meio jovem de maior exigência cultural. Situa-se no lado oposto dos movimentos ortodoxos, rigoristas, fundamentalistas presentes.

"Brasileiros são *experts* em combinar elementos dessa cultura enormemente desorganizada. De acordo com nossas expectativas, é de esperar que a New Age interagirá de modo crescente com uma variedade de plataformas culturais" (HEELAS; AMARAL citado por D'ANDREA, 2000, p. 115). Bate com nossa tradição sincrética e com a porosidade de identidades, marca de nossa cultura religiosa (SANCHIS, 1997, p. 105-112).

A Nova Era fecha esse quadro espiritual, religioso, ao impor-lhe nova atmosfera religiosa na direção da própria interioridade e da comunhão com a natureza. Engata com a mística ecológica, potencializando-a. Ambas em busca de cura (AMARAL, 2001, p. 62) e de harmonia com as forças cósmicas (BOFF, 1993; BOFF, 1991, p. 11-14; BOFF, 1994). Tal clima religioso se impõe no Ocidente porque reage à febricitante agitação do mundo moderno, criando espaços de paz e felicidade. Talvez, nesse sentido, se entenda o êxito da literatura de autoajuda e do tipo Paulo Coelho.

Como observei anteriormente, a Nova Era representa uma tomada de posição em face da secularização. Sob certo aspecto, resulta dela como resgate da dimensão religiosa ocultada e reprimida. E explode de maneira nova e diferente da religiosidade tradicional e reacionária. Ela encaixa bem na fase avançada do capitalismo que mercantiliza tudo que encontra. E agora o faz com os produtos religiosos, ao oferecê-los como bens de consumo aos desejos do Sagrado.

Leituras do fenômeno

Esse estudo visa à relação entre as Ciências da Religião e a Teologia. O fenômeno religioso serve de pano de fundo para a reflexão. Ele mostra a crescente relevância da temática. Talvez não tivesse surgido interesse assim tão vigoroso pelas Ciências da Religião em debate com a Teologia se não estivéssemos envolvidos por tal atmosfera religiosa. Nesse contexto, as Ciências da Religião e a Teologia não se comportam igualmente. Para captar tal diferença, cabe aprofundar a natureza própria de cada uma delas.

Indicaremos, de início, duas atitudes fundamentais em face do estudo do fenômeno religioso e a conceituação de religião, religiosidade e fé, para, em seguida, aprofundar a distinção entre a episteme das Ciências da Religião e a da Teologia, seja nelas mesmas, seja comparativamente.

Episteme secular

Todo estudo implica relação entre sujeito e objeto. Alguém estuda alguma coisa. Há objetos que, por natureza, se situam diante de nós numa frieza quase total. Apenas nos envolvemos com ele. O geólogo recebe no laboratório um pedaço de rocha e põe-se a descobrir-lhe a origem, a datação. As descobertas lhe afetarão pouco a existência. Dificilmente entrará em crise existencial pela variável de milhões de anos de diferença na análise.

A religião, porém, não goza de tal neutralidade objetiva. Mexe com a subjetividade do estudioso. Que fazer? Há uma primeira abordagem possível. O estudioso se distancia de qualquer preocupação religiosa ou teológica. Opta por uma episteme secular no sentido bem restrito. Embora se trate do objeto das religiões e do Sagrado, a atitude epistemológica se caracteriza por postura básica secular, usando as ciências da religião naquilo que elas têm de próprio delas.

No entanto, ao observar os estudos de cientistas da religião, distinguimos duas posições subjetivas diferentes. Ainda que invoquem a neutralidade, uns partem de uma atitude apologética antiteísta por opção e convicção existencial. Haja vista a plêiade de neoateus, como L. Ferry, M. Onfray, A. Comte-Sponville, R. Dawkins, S. Harris e outros.

Um mínimo de suspeita crítica leva-nos a desconfiar de tal neutralidade. Dificilmente a postura anterior antiteísta não deixa de influenciar na travação dos argumentos.

Outros, porém, põem entre parênteses a postura subjetiva – ateia ou não – e adotam o "ateísmo metodológico". Não se propõem de antemão nenhuma atitude apologética negativa ou positiva, mas se interessam por lançar luzes, buscadas nas diferentes ciências, para iluminar o fenômeno religioso. Aqui, teríamos a verdadeira episteme secular "neutra". Evidentemente tal distância nunca conseguirá absoluta neutralidade. Vale então o princípio metodológico da linguística de "denotar a conotação". E isso significa ir narrando quanto possível os interesses que vão surgindo ao longo do estudo e as opções subjetivas tomadas para que um leitor de fora perceba claramente de onde e por onde caminha a análise. E quanto mais denotarmos as conotações, mais nos aproximamos da objetividade e neutralidade.

Episteme sagrada

As Ciências da Religião e a Teologia partem de posição fundamental de abertura e acolhida do Sagrado. Mesmo que a expressão não corresponda bem ao purismo metodológico, chamo tal episteme de sagrada. Entra na longa tradição do interesse pelas religiões, já presente desde o século V a.C. na Grécia clássica. O estudioso não se aproxima da religião como o geólogo de uma pedra. Ela é um objeto que o atrai, o seduz, lhe aparece existencialmente relevante para si e para outros. E tal postura básica, com opção implícita ou até mesmo explícita em face do valor e da credibilidade da religião, necessita de maiores esclarecimentos e distinções.

Ciências da Religião

Nascimento recente: século XIX

Na modernidade, a razão toma as religiões como objeto de estudos, analisa-lhes os elementos comuns, decifra-lhes as leis de evolução, precisa-lhes a origem e busca encontrar-lhes as formas primeiras (ELIADE, 1992). Avança na compreensão da experiência religiosa como experiência do Sagrado. Portanto, defrontamo-nos com dois objetos principais: a religião como instituição e a experiência religiosa ou do Sagrado. O primeiro cai antes sob o interesse sociológico, enquanto a antropologia e a psicologia trabalham o segundo. Não naturalmente de maneira estanque, mas preferencialmente.

Religião como instituição

Sirvo-me da definição de religião de H. Küng:

A realização socioindividual (em doutrina, costume, frequentemente ritos) de uma relação do homem com algo que o transcende e a seu mundo, ou que abrange todo o mundo, que se desdobra dentro de uma tradição e de uma comunidade. É a realização de uma relação do homem com uma realidade verdadeira e suprema, seja ela compreendida da maneira que for (Deus, o Absoluto, Nirvana, Shûnyatâ, Tao). Tradição e comunidade são dimensões básicas para todas as grandes religiões: doutrina, costumes e ritos são suas funções básicas; transcendência (para cima ou para dentro, no espaço e/ou no tempo, como salvação, iluminação ou libertação) é sua preocupação básica. (KÜNG, 1986, p. 5-10)

Temos os dois elementos fundamentais do aspecto institucional da religião: tradição e comunidade. A comunidade estrutura-lhe os elementos básicos que recebe da tradição em vista de relacionar o ser humano com o transcendente, o mistério, o Sagrado. Tudo o que ela organiza visa a tal finalidade.

Experiência religiosa ou do Sagrado

O conceito de experiência religiosa implica, antes, breve explicitação filosófica do que seja experiência. H. Vaz define-a como presença do objeto à consciência do sujeito sobre o qual a inteligência se volta. Ela "é a penetração e como a transfixão do objeto que, de um lado, liberta o conhecimento do caráter lábil, precário ou confuso da simples sensação e, de outro, suprime o vazio das formas puramente lógicas" (VAZ, 1998, p. 244). Ela articula dois polos bem definidos: o objeto, que é fenômeno ou que aparece, e o sujeito, que é ciência ou consciência que retorna sobre o objeto para penetrá-lo e igualmente penetrar-se da sua presença (VAZ, 1998, p. 244).

A experiência religiosa e a experiência de Deus se distinguem, já que a experiência religiosa não é, especificamente, uma experiência de Deus; a experiência de Deus não é, estruturalmente, uma experiência religiosa (VAZ, 1998, p. 249). A experiência religiosa, como experiência do Sagrado, define-se pela presença de um fenômeno que provoca na consciência um halo em torno do núcleo cognoscitivo da experiência. Rudolfo Otto descreve-a como experiência numinosa (de *numen* = deus): experiência terrífica, irracional, que provoca sentimento de pavor diante do Sagrado (*mysterium tremendum*) e que também fascina (*mysterium fascinans*) em face da perfeita plenitude do ser. O Sagrado opõe-se ao profano. O ser humano toma consciência do Sagrado porque ele se manifesta como algo de absolutamente diferente do profano, como uma Realidade Totalmente Outra, na linguagem de Mircea Eliade (hierofania). Diante dele, o ser humano se sente pequeno, um nada na condição criatural. Abraão percebia-se como pó e cinza diante de Javé (Gn. 18, 27).

O Sagrado rompe a continuidade na vida comum. Não pertence a esse mundo cotidiano. Mesmo que a coisa que o visibiliza faça parte da natureza, na qualidade sagrada, ela se distancia, ao entrar para outra ordem de experiência.

As diversas ciências humanas (psicologia, sociologia, história, antropologia, filosofia, etc.), ao abordarem os dois objetos (religião enquanto instituição e experiência do Sagrado), constituem-se Ciências da Religião. Importa-lhes compreender tanto a religião como o Sagrado e suas ramificações. Trata-se de realidades e experiências que atravessam a história da humanidade até o dia de hoje. Quanto mais ciências se debruçarem sobre elas, mais o espectro das Ciências da Religião cresce.

A episteme das Ciências da Religião define-se, portanto, pela busca de inteligibilidade do fenômeno religioso, enquanto uma dimensão estritamente humana e expressão social. A pós-modernidade tem trabalhado com a teoria da complexidade. Cada vez mais percebemos que a explicação causal linear não dá conta da realidade. O simples "causa e efeito" que funciona no cotidiano da vida pertence ao universo do sentido comum. Ele serve para as coisas normais. Entretanto, A. Gramsci já nos alertara para o risco ideológico do sentido comum. Ele se forja principalmente a partir da interpretação da realidade por parte das classes dominantes. Impregna-o, portanto, a ideologia dominante.

A religiosidade e a religião não escapam desse perigo. A solução se busca no uso das ciências na pretensão de neutralidade. E isso se obtém à medida que se recorre a mais ciências que mutuamente se critiquem. A teoria da complexidade desmascara as posições simplistas unicausais. Tanto dizer que a religião é ópio do povo ou projeção das carências humanas, quanto ver nelas unicamente a ação de Deus não dão conta do real. Na radical ambiguidade humana, a religião e a religiosidade carecem de análises aprofundadas que lhes distingam aspectos. E para tal, as Ciências da Religião dispõem de recursos teóricos.

Nenhuma delas possui a totalidade da verdade do fenômeno religioso e da religião enquanto institucional, mas contribuem com aspectos válidos analíticos. E mesmo depois de esgotarem todos os recursos teóricos, deixam aspectos descobertos. E a Teologia entra, então, nesse conspecto de considerações com sua especificidade. Não salta os dados das Ciências da Religião. Sabe que tem algo de original e diferente a trazer para iluminar esse complexo humano-existencial.

A Teologia traz a dimensão específica da revelação de Deus, enquanto as Ciências da Religião prescindem dela, sem pronunciar-se especificamente sobre ela. Portanto, as Ciências da Religião estudam tanto as religiões como a experiência religiosa, não enquanto se remetem a uma Revelação de Deus. Não a afirmam nem a negam. Permanecem no âmbito do Sagrado, enquanto exprimem a ambivalência do Sagrado: *fascinans et tremendum*.

Teologia

A Teologia modifica o olhar. Na base não está a experiência religiosa nem a religião como instituição, mas a fé no Deus que se revela. Olha toda e qualquer realidade, inclusive a experiência religiosa e a Religião sob a ótica da Palavra de Deus. Supõe a possibilidade e realidade da experiência de Deus. Sem ela, não há Teologia.

No artigo citado, H. Vaz define a experiência de Deus como a do Sentido radical, absoluto. Não é um Sentido entre outros, mas o Sentido dos sentidos.

Diante de tal experiência, a Teologia tem duas palavras. Parte da realidade factual da experiência de Deus que pertence à experiência de todo fiel e que os místicos tematizaram e trabalharam em grau eminente. Ela não só é possível, mas acompanha toda existência humana como pressuposto último. Inverte a afirmação de L. Feuerbach. Não é o homem que projeta fora de si uma experiência humana e a chama de Deus, mas é Deus que precede a toda experiência humana, como ser que o cria e o chama a uma vida de amizade, e se deixa experimentar enquanto realidade fundante.

Aqui, está o ponto de partida de toda Teologia. Nomear tal experiência como de Deus só se faz na fé. Diferentemente procedem as Ciências da Religião, que se debruçam sobre a mesma experiência, enquadrando-a nas categorias analíticas que possuem. Elas julgam assim obter inteligibilidade do fenômeno. A Teologia nega-lhes a pretensão de totalidade explicativa. Produz própria leitura, não no mesmo nível de concorrência hermenêutica, mas indica outra dimensão da existência. A problemática da relação entre Teologia e Ciências da Religião provém precisamente de situarem-se em nível de intelecção diferente e não simplesmente na diferença de objeto formal do mesmo plano interpretativo, como as diversas ciências da religião entre si.

Em face da experiência de Deus, a Teologia avança a reflexão teórica. Vê-a, além do ato concreto e fáctico, como horizonte transcendental contra o qual encontra sentido toda a realidade humana.

As Ciências da Religião interpretam o fato da religião e da experiência religiosa. A Teologia, ao apelar para a experiência de Deus, aprofunda a realidade de quem se revela e não simplesmente de quem a experimenta. Dessa maneira, vai mais longe.

A Teologia procede em dois momentos. Como está em jogo um Deus que se revela na história, persegue-lhe tal automanifestação nos fatos históricos. Recorre então à fonte de sua revelação. Depara com um Deus criador e libertador de um povo. E tal experiência foi consignada por testemunhas privilegiadas e se constituiu o Antigo Testamento. A Teologia alimenta-se então da revelação bíblica consignada na Escritura que chega à plenitude na pessoa de Jesus Cristo. Há, portanto, uma atitude fundamental de acolhida.

Quem acolhe, porém, tal revelação é um ser humano livre, racional, inteligente. A sua fé pede inteligência. Santo Anselmo vê nessa busca a função teologia. Definiu-a precisamente como *fides quaerens intellectum*, a fé que busca inteligência. E fé se entende como acolhida da revelação. Então a Teologia cristã se constitui no momento em que põe a razão a aprofundar tal experiência de acolhida da revelação.

Explicitando esses elementos básicos constitutivos da Teologia, cito algumas definições de Teologia cristã de teólogos conhecidos, em que se acentuam os dois polos básicos: de um lado, fé e Palavra de Deus e, de outro, a razão humana e a linguagem que a explicita, interpreta, aprofunda.

Teologia é a fé cristã vivida *em* uma reflexão humana (SCHILLEBE-ECKX, 1968, p. 92); Teologia é uma atividade da fé, ciência da fé e função eclesial (ALSZEGHY; FLICK, 1979, p. 13-38); Teologia é a atividade complexa do espírito pela qual o homem, que crê, busca melhor penetrar o sentido do que ele crê, para melhor aprofundá-lo e compreendê-lo (ADNES,

1967, p. 9); Teologia é uma ciência pela qual a razão do cristão, recebendo da fé certeza e luz, se esforça pela reflexão de compreender o que crê, isto é, os mistérios revelados com suas consequências. Em sua medida, ela se conforma à ciência divina (CONGAR, 1962, p. 127), faz com que a fé, mediante um movimento de inclinação espiritual e de reflexão, procure um entendimento do que crê, sem, por isso, deixar de ser fé (DARLAP, 1976, p. 13); trata de Deus, enquanto Ele se abre ao homem em sua Palavra, e esta Palavra é recebida na fé (DARLAP, 1976, p. 15); é a ciência de Deus a partir da revelação; é a ciência do objeto da fé; a ciência daquilo que é revelado por Deus e crido pelo homem (LATOURELLE, 1971, p. 16).

Como discurso sobre a fé, a Teologia se distingue das Ciências da Religião. Na base da Teologia, está uma palavra revelada acolhida como tal. E nas Ciências da Religião a experiência do Sagrado ou o estudo da religião como instituição, à luz das ciências humanas.

Relação entre Ciências da Religião e Teologia

Quanto ao objeto material, as Ciências da Religião são mais precisas e limitadas. Estudam o Sagrado na forma de experiência ou de instituição. Circunscrevem com clareza aquilo que querem estudar. A experiência do Sagrado acontece sob múltiplas formas, em lugares e tempos que caem sob nossa pesquisa. Em cada estudo, elas definem com exatidão aquilo que estudam. Mesmo delimitado, o objeto é amplo e permite muitas ciências para estudá-lo.

A Teologia abre-se ainda mais em relação ao objeto de sua reflexão. No fundo, não tem limite quanto ao tipo de objeto. As teologias adjetivas são infinitas. Teologia do trabalho, do lazer, da festa, da vida, do jogo, da esperança etc. Ela não se caracteriza, portanto, pelo objeto de sua reflexão.

Em termos clássicos, ela se faz Teologia pelo objeto formal, isto é, por interpretar qualquer realidade à luz da Palavra Revelada de Deus, entendida, transmitida e vivida pela comunidade de fé (Igreja).

A ótica da Teologia é a revelação de Deus. A Teologia, no sentido restrito, somente existe nas religiões de revelação. A ciência de outras religiões que se baseiam exclusivamente em experiências humanas, em tradições culturais, sem remontar a uma fonte revelada, não chamaríamos de Teologia.

A Teologia judaica se circunscreve à revelação de Javé, consignada no Primeiro Testamento. Os teólogos judaicos interpretam essa Palavra para a vida do povo, a fim de iluminar-lhe a vida e a história. Entendem a realidade na sua totalidade e na relação com o povo e com cada um à luz da experiência de Deus que o povo fez ao longo da sua história e consignou por escrito por obra de hagiógrafos. Para eles, essa obra retrata o testamento divino para os seres humanos.

A Teologia cristã avança sobre essa Teologia. Acolhe a totalidade do Antigo Testamento e o interpreta à luz da pessoa, ensinamento e vida de Jesus Cristo. Considera-o chave hermenêutica fundamental de toda a história da revelação e salvação. Os teólogos, ao longo dos séculos, refletem sobre essa fonte única da revelação no interior da tradição da comunidade em que vive.

Semelhantemente, os muçulmanos se remetem à revelação bíblica e à leitura interpretativa e complementar de Maomé. Baseiam-se também na Palavra de Deus do Alcorão. Esse é o prisma fundamental da Teologia.

As Ciências da Religião procedem diversamente. Trabalham com enorme variedade de conhecimento. O fenômeno religioso cai sob o olhar do historiador, tanto sob a forma de experiência quanto de instituição. Em ambos os casos, o historiador tem abundante material para pesquisas. Inclusive, experiências de santos cristãos, místicos, pessoas que invocam a fé como origem de sua experiência, podem ser estudadas por uma episteme histórica que desconheça a fé. Interessa-lhe explicar os dados históricos que explicam a emergência de tal experiência ou de tal religião.

Ao lado do historiador, o sociólogo debruça-se sobre as condições sociais de tal realidade, recorrendo ao instrumental de que dispõem. Semelhantemente, procedem o psicólogo e o antropólogo. Todos colocam entre parênteses a dimensão de fé, caso houvesse, numa posição de "ateísmo metodológico". E nisso procedem coerentemente com a própria episteme. Equivocariam se uma dessas ciências quisesse dar a cabal e total explicação do fenômeno religioso e da religião, como se detivesse a totalidade compreensiva do fato. A humildade metodológica consiste no reconhecimento do limite do ângulo sob o qual cada ciência aborda a temática.

O ateísmo existencial não cabe no espaço da ciência. Pertence ao mundo da decisão da liberdade e da vontade, embora procure sinais que lhe mostrem certa razoabilidade. Nunca, porém, a evidência científica. Invocá-la tanto para negar a dimensão teológica da experiência religiosa e da religião, quanto para prová-la, exorbita da própria episteme.

Cada ciência tem autonomia própria, embora limitada. Própria de modo que a outra a respeite. Limitada porque não dá conta da inteligibilidade total do dado estudado. Cada uma se deixa completar pela outra.

Quanto ao objeto formal, as Ciências da Religião divergem da Teologia pela sua enorme diversidade. A complexidade do real permite que cada faceta seja estudada sob um ângulo diferente.

No momento atual, em que o fenômeno religioso se tornou tão importante, as Ciências da Religião ocupam papel fundamental, que escapa à Teologia. Ilumina-o à luz de várias ciências humanas, enquanto a Teologia o considera unicamente sob o aspecto da Palavra Revelada de Deus.

A verdade total do real não se demonstra por uma única ciência. Ela cresce assintoticamente à medida que mais olhares se aproximam dele. O diálogo consiste precisamente no fato da complementaridade das perspectivas para que o real se torne inteligível e transparente à nossa inteligência. Se se trata de verdade, não cabe contradições entre os aspectos apresentados. Quando elas acontecem, significa algum equívoco do olhar. E o diálogo se impõe para esclarecer a dúvida ou a oposição.

A verdade da experiência religiosa, da religião, da fé tem natureza escatológica. Isso significa que ela já se alcança aqui na Terra com estudos, pesquisas, reflexões, e ainda não se alcança plenamente. Porque se vive o já e o ainda não mais uma razão para o diálogo, a fim de que se cresça no já da verdade em direção à sua plenitude final para além da história.

Conclusão

À guisa de conclusão, assumamos a metáfora da produção material para entender a natureza da ciência, nas pegadas de Althusser e Bachelar, como fez Cl. Boff na sua tese doutoral (BOFF, 1978).

A Teologia e as Ciências da Religião constituem-se prática teórica. Esta possui três elementos fundamentais. Antes de tudo, temos a matéria-prima que ela escolhe. Assim, uma fábrica de canos de aço usa o aço como matéria-prima. O segundo passo implica trabalhar essa matéria-prima conforme o objetivo da produção. Para isso, recorre aos meios de produção. No caso da produção de canos, existem as máquinas apropriadas, com todos os equipamentos necessários, e os operários. Ao trabalhar a matéria-prima com tais meios, a fábrica produz o resultado almejado, no caso, os canos.

Ao transferir a metáfora para a produção intelectual, perguntamos onde as Ciências da Religião e a Teologia buscam a matéria-prima. A natureza da ciência já nos insinua. Fundamentalmente as Ciências da Religião trabalham com o fenômeno religioso na dupla valência como experiência do sagrado e como instituição. A Teologia, por sua vez, diverge. Alarga a matéria-prima para qualquer realidade que sob qualquer prisma tem a ver com o destino, o sentido último e a salvação do ser humano. Já nesse nível percebemos grande diferença na matéria-prima entre Teologia e Ciências da Religião.

Perseguindo a metáfora, o depósito de material da Teologia ocupa espaço gigante enquanto as Ciências da Religião constroem pavilhões menores. Uma visita a ambos nos desnorteia. Encontraremos muitos objetos comuns, a ponto de não se saber bem em que fábrica se está, só pela visita dos galpões de material.

Entremos na fábrica. As máquinas e os operários estão a trabalhar. Então, nos damos conta da diferença. A Teologia tem imensa máquina com o título: Palavra Revelada nas Escrituras, lida na tradição eclesial e teológica. A única máquina que funciona. Os operários vestem o uniforme de sua tradição de fé. Trabalham sob a consigna do gerente maior que está a recordar continuamente que assumam pessoalmente tal tradição e atuem consciente, reflexa e explicitamente segundo ela. Enorme paradoxo. Para um gigantesco depósito de material, há uma única máquina a processá-lo com operários adestrados na perspectiva da mesma fé. Dentro dessa mesma visão maior de fé, existe pluralismo, fruto antes das interpretações e aproximações dos operários. Mantém com dificuldade uma unidade radical e principal num pluralismo secundário em dependência com as capacidades e situações diversas dos operários.

A fábrica Ciências da Religião contrasta. O depósito menor se abre para uma diversidade enorme de máquinas e operários. Cada setor trabalha o material de maneira diferente. Assim, cada Ciência da Religião tem máquina própria que elabora o mesmo material diferentemente.

Por causa da diferença, sobretudo das máquinas, mesmo trabalhando sobre a mesma matéria-prima, os produtos se diferenciam enormemente. E as vitrines expõem-nos para interesses e gostos diferentes.

As Ciências da Religião em todo esse processo, recorrem exclusivamente ao serviço de compreensão da razão. Tendem a que seu discurso permita o maior grau de verificabilidade objetiva. Embora façam parte das ciências humanas, sofrem enorme influência das ciências duras, com tendência às estatísticas, à matematização, à verificação empírica. A linguagem analítica predomina.

A Teologia, porém, distancia-se de tal tendência. Tem consciência do caráter altamente simbólico de sua linguagem. Permite que a verificabilidade de sua verdade seja testada, não pela empiria do laboratório, mas pela recepção da comunidade dos fieis, nos diferentes contextos culturais, históricos e geográficos.

A Teologia católica atribui importância ao magistério como critério de autenticidade dos ensinamentos. Em casos raros e solenes, como em concílios ecumênicos e definições dogmáticas, ele se atribui o último critério de verdade infalível dentro de parâmetros bem definidos. O teólogo, sem tal privilégio, como pessoa isolada ou corporativa, faz parte da comunidade de fé e interpreta aí dentro a fé do fiel. Nisso participa também de tal fonte de verdade última.

A linguagem simbólica da fé traz-lhe vantagens e problemas. O símbolo, na famosa expressão de Paul Ricoeur, "dá a pensar". Em vez de circunscrever o objeto do conhecimento e determinar nitidamente os contornos de intelecção, permite ao leitor liberdade de compreensão. Associa ao objeto lido experiências da própria vida. Interpreta para dentro da sua existência e da comunidade a verdade ouvida. E nesse jogo há amplo campo de manobra intelectual. A desvantagem consiste em não oferecer a mesma segurança dos discursos científicos. Vivemos numa sociedade ideologicamente marcada pela obsessão da segurança. Tem renunciado a liberdade em prol da segurança. Isso tem invadido também o campo da fé. Alguns fiéis preferem a segurança de algum ensinamento à liberdade da interpretação existencial que lhe traria vida e esperança.

As Ciências da Religião procedem diferentemente. Restringem-se quanto à matéria–prima, à experiência do Sagrado e a sua instituição. Com objetos e episteme objetivamente delineáveis, produzem conhecimentos de maior objetividade. A segurança pertence antes ao mundo do objeto que do sujeito. Quanto mais uma ciência diminui o espaço interpretativo do sujeito, reduz o campo da linguagem simbólica e, do outro lado, amplia o grau de objetividade científica, o uso da razão analítica e, se possível, instrumental, mais ela oferece segurança, certezas.

O ser humano, nesse campo, comporta-se de maneira paradoxal. No discurso reivindica liberdade, subjetividade ao extremo. No entanto, a segurança o seduz a tal ponto que a prefere ao trabalho interpretativo. Não encontra em si a segurança. Teme as ameaças que lhe vêm de fora. Por isso se atém a algo objetivo que lhe garanta estabilidade. Para desfrutar de firmeza interior, necessitaria de maturidade humana e espiritual, aliada a coragem existencial. Algo raro na atual cultura.

Então entra em jogo o contraste entre Teologia e Ciências da Religião. A Teologia, como tal, não visa a oferecer segurança dogmática. Para isso, existem catecismos. Ela permite, pelo contrário, ao fiel abrir à pluralidade de significados num espaço maior de unidade. Contrapõe a natureza verdadeira da unidade à obsessão pela uniformidade.

Em relação à Teologia, a linguagem das Ciências da Religião seduz pela objetividade, já que apela para o grau de cientificidade das suas diversas epistemes.

O diálogo não caminha na linha da segurança. Preferentemente, espera-se dele que, ao final, as pessoas tenham uma compreensão maior da totalidade do fenômeno religioso, da Religião como instituição e das exigências da fé. A Teologia tem a pretensão de esclarecer não unicamente o objeto intelectual da fé. Tarefa apoucada. Entende-se como serviço à fé na linha pessoal e comunitária.

Nada impede que ela tome emprestados das Ciências da Religião dados objetivos e científicos que lhe ajudem a esclarecer a totalidade do ato de fé. Com isso, ela se enriquece nesse diálogo. O discurso teológico não se isenta do risco do contágio ideológico. E não raro na história ele se deturpou e se transformou em linguagem do poder institucional, contrariando a sua natureza mais profunda. As Ciências da Religião contribuem para desmascará-lo nesse desvio epistêmico.

As Ciências da Religião igualmente não gozam de nenhuma inocência batismal. Assalta-lhes, como toda ciência, a tentação ideológica. O capitalismo avançado não poupa nenhuma realidade para transformá-la em mercadoria em vista de vendagem e compra. E no centro está o lucro. Por natureza, a

Teologia visita o reino da gratuidade. Toca-lhe, pois, denunciar a comercialização da religião e seus estudos e anunciar-lhe a última raiz de ligação entre o ser humano e o mistério, no qual reina a maior gratuidade.

Referências bibliográficas

ADNES, Pierre. *La théologie catholique*. Paris: Puf, 1967.

ALSZEGHY, Zoltan; FLICK, Maurizio. *Como se faz teologia:* introdução ao estudo da teologia dogmática. São Paulo: Paulinas, 1979. p. 13-38.

AMARAL, Leila. *Carnaval da alma*. Comunidade, essência e sincretismo na Nova Era. Petrópolis: Vozes, 2001.

ANTONIAZZI, Alberto. As religiões no Brasil segundo o Censo de 2000. *Jornal de Opinião* 13 (2002), n. 678, p. 6-7.

BERGER, Peter. *The sacred canopy:* elements of a sociological theory of religion. New York: Anchor Books, 1969. Tradução brasileira *O dossel sagrado:* elementos para uma teoria sociológica da religião. São Paulo: Paulinas, 1985.

BERGER, Peter. *Um rumor de anjos:* a sociedade moderna e a redescoberta do sobrenatural. Petrópolis: Vozes, 1973.

BERGER, Peter. *Una gloria lejana:* la búsqueda de la fe en época de credulidad. Barcelona: Herder, 1994.

BOFF, Clodovis. *Teologia e prática*. Teologia do político e suas mediações. Petrópolis: Vozes, 1978.

BOFF, Leonardo. *Ecologia, a mundialização, espiritualidade*. A emergência de um novo paradigma. São Paulo: Ática, 1993.

BOFF, Leonardo. Viver uma atitude ecológica. In: UNGER MANGABEIRA, Nancy. *O encantamento do humano*. Ecologia e espiritualidade. São Paulo: Loyola, 1991. p. 11-14.

BOFF, Leonardo. *Nova era:* a civilização planetária. Desafios à sociedade e ao cristianismo. São Paulo: Ática, 1994.

CONGAR, Yves. *La foi et la Théologie*. Tournai: Desclée, 1962.

COPPE CALDEIRA, Rodrigo. *Os baluartes da tradição:* a antimodernidade católica brasileira no Concílio Vaticano II. 2009. Tese (Doutorado) - Programa de Pós-graduação em Ciências da Religião, Universidade Federal de Juiz de Fora, Juiz de Fora.

COX, Harvey. *A cidade do homem:* a secularização e a urbanização na perspectiva teológica. Rio de Janeiro: Paz e Terra, 1968.

COX, Harvey. *Fire from heaven:* the Pentecostal spirituality and the reshaping of religion in the twenty-first century. New York: Addison-Wesley Publishing Company, 1995.

D'ANDREA, Anthony. *O self perfeito e a nova era.* Individualismo e reflexividade em religiosidades pós-tradicionais. São Paulo: Loyola, 2000.

DARLAP, Adolf Fries Heinrich. Introdução. In: FEINER, J.; LÖHRER, M. *Mysterium salutis.* Compêndio de dogmática histórico-salvífica, I/1. Teologia Fundamental. Petrópolis: Vozes, 1976.

DE LUBAC, Henri. *Le drame de l humanisme athée.* Paris: Cerf, 1983.

ELIADE, Mircea. *O sagrado e o profano.* São Paulo: Martins Fontes, 1992.

EVANS-PRITCHARD, Edward Evan. A religião e os antropólogos. *Religião e Sociedade,* 1986, março, 13/1.

FEUERBACH, Ludwig. *A essência do cristianismo.* Campinas: Papirus, 1988.

FREUD, Sigmund. *O futuro de uma ilusão.* Edição Standard brasileira das obras psicológicas completas de S. Freud. Rio de Janeiro: Imago, 1969, v. XXI.

HEELAS, P.; AMARAL, Leila. Notes on the "Nova Era". Rio and Environs. *Religion,* n. 24, p. 173-80.

HEINE, Heinrich. De l'Allemagne depuis Luther. *Revue des Deux Mondes* 4 (1834), p. 468.

D'HOLBACH. *Système de la nature.* Londres, 1770, parte II, p. 390-393.

KÜNG, Hans. Introdução: o debate sobre o conceito de religião. *Concilium,* 1986/1, n. 203, p. 5-10; hic p. 8.

LATOURELLE, René. *Teologia, ciência da salvação.* São Paulo: Paulinas, 1971.

LECOMPTE, Denis. *Do ateísmo ao retorno da religião:* sempre Deus? São Paulo: Loyola, 2000.

LIBANIO, João Batista. *Cenários de Igreja.* Num mundo plural e fragmentado. São Paulo: Loyola, 2009.

MARX, Karl. Contribución a la crítica de la filosofía del derecho de Hegel. In: MARX, Karl; ENGELS, Friedrich. *Sobre la religión.* edit. por ASSMANN, Hugo; REYES MATE, Manuel. Salamanca: Sígueme, 1979.

NATALE TERRIN, Aldo. *Nova Era.* A religiosidade do pós-moderno. São Paulo: Loyola, 1966.

NIETZSCHE, Friedrich. *Assim falou Zaratustra*. Um livro para todos e para ninguém. Rio de Janeiro: Civilização Brasileira, 1977.

RAHNER, Karl. Elemente der Spiritualität in der Kirche der Zukunft. In: *SchzTh*. Einsiedeln: Benziger, 1980, Bd. 14.

ROBINSON, John Arthur Thomas. *Honest to God*. London: SCM Press, 1967. Trad. port. *Um Deus diferente*. Lisboa: Morais, 1967.

SANCHIS, Pierre. O campo religioso contemporâneo no Brasil. In: ORO, Ari Pedro STEIL, Carlos Alberto (Org.). *Globalização e religião*. Petrópolis: Vozes, 1997.

SCHILLEBEECKX, Edward. *Revelação e teologia*. São Paulo: Paulinas, 1968.

VAZ, Henrique Cláudio de Lima. A linguagem da experiência de Deus. In: *Escritos de Filosofia I*. Problemas de fronteira. São Paulo: Loyola, 1998.

VERNETTE, Jean. *Nouvelles spiritualités et nouvelles sagesses*. Les voies de l'aventure spirituelle aujourd'hui. Paris: Bayard/Centurion, 1999.

WEIZSÄCKER, Carl Friedrich von. *Die Tragweite der Wissenschaft*, t. I. Stuttgart, 1964.

ZAHRNT, Heinz. *Die Sache mit Gott*. Die protestantische Theologie im 20. Jahrhundert, Munique: R. Piper, 1968.

Três novas abordagens da religião e da Teologia a partir da filosofia*

Eduardo Andrés Silva Arévalo

Pretendo mostrar, neste artigo, as contribuições de três filósofos contemporâneos que, a partir de sua condição de cristãos, nos permitem pensar a religião (e em particular o cristianismo), buscando uma renovação tanto do discurso teológico, quanto do das Ciências da Religião. Às contribuições da Fenomenologia de J.-L. Marion e da Hermenêutica de Paul Ricoeur incorporei as de Charles Taylor, em sua lúcida reflexão sobre a modernidade e nosso presente. Podemos dizer que nossa leitura percorrerá sucessivamente as perspectivas da filosofia política, dos novos horizontes da Fenomenologia e da transformação hermenêutica da filosofia da religião. Por um lado, trata-se de três abordagens filosóficas que, enquanto tais, têm o cuidado de não ser Teologia. Por outro lado, trata-se de três tipos de Fenomenologia que buscam falar do religioso mostrando o fenômeno, descrevendo-o e não reduzindo-o (evacuando-o), mediante o recurso a uma teoria (seja ela psicológica, sociológica ou de qualquer outro tipo) que o explica em função de outra coisa. Três abordagens filosóficas que, justamente pelo cuidado de não serem nem Teologia nem Ciências da Religião, podem, acredito, oferecer um valioso aporte para ambas.

Como fruto da conferência inaugural do 2º Congresso da ANPTECRE (Associação Nacional de Programas de Pós-graduação e Pesquisa em Teologia e Ciências da Religião), preferi privilegiar neste texto uma abordagem global, com o risco de ganhar em extensão e perder em profundidade, mas com a

---

* Texto originariamente escrito em espanhol com o título "Tres nuevas aproximaciones desde la Filosofía a la religión y a la Teología". Para as referências bibliográficas utilizadas pelo autor, conservaremos os títulos na língua que ele usa, mesmo havendo tradução para o português. Tradução de Geraldo De Mori.

vantagem de poder insinuar as múltiplas direções, aportes e perspectivas que nos mostram esses três mestres e que podem ser úteis para o trabalho de cada um.

Penso que as possibilidades de uma reflexão sobre a religião, seja a partir das ciências, da Filosofia ou da Teologia, estão relacionadas com a lucidez que temos para compreender o tipo de transformação pelo qual passa nosso mundo hoje. O recurso ao lugar-comum, segundo o qual "não só estamos em uma época de mudanças, mas em uma mudança de época", é estéril se não nos diz em que consistem essas mudanças. Elas podem ser ditas com distintos níveis de intensidade.

No primeiro nível, se fala da crise da modernidade ilustrada e dos mil sintomas de sua superação, que se busca captar com um grande número de etiquetas que tentam dizer nosso presente com prefixos e adjetivos que apenas conseguem desfazer-se daquilo que dizem superar: pós, trans, hiper modernidade ou modernidade líquida, reflexiva, tardia. "Talvez a modernidade já não nos proteja com sua aura nem nos ampare com suas promessas. Mas tampouco nos seduz um prefixo" (LANCEROS, 2005, p. 414). Aqui, fica claro o diagnóstico de uma crise da modernidade, uma crise de suas pretensões e, entre elas, a aposta numa secularização que acabaria com a religião. Com relação a isso, o recente aporte de C. Taylor, com sua obra *A secular age* (TAYLOR, 2007), nos parece esclarecedor e, ao distinguir três tipos de secularização, nos mostra as recentes transformações da identidade moderna, que, com tanta precisão narrativa, já havia esboçado nas obras *Fuentes del yo* (TAYLOR, 2006) e em sua *La ética de la autenticidad* (TAYLOR, 1994).

Num segundo nível, como resultado de um novo esforço de superar não só as etiquetas, mas também os debates entre modernos e pós-modernos ou entre liberais e comunitários, o que se põe em questão é a pretensão do sujeito de constituir a realidade e de ter certeza e transparência. Critica-se a exaltação do sujeito cartesiano e propõe-se uma virada dentro da virada copernicana, que significou este primado do sujeito: uma virada pragmático--linguística e hermenêutica. Aqui, o diagnóstico adquire precisão enquanto crise do *Cogito*, crise de uma filosofia do sujeito. A este respeito, P. Ricoeur deu uma contribuição notável, sobre a qual voltaremos no final. Seu aporte fundamental se deve ao fato de que, ao pôr em questão o *Cogito*, não se desfaz dele, mas, pelo contrário, o religioso se constitui em referência a esse *Cogito* ferido, mas frágil, embora continue sendo "capaz".

Num terceiro nível, fala-se que estamos num terceiro horizonte, que supera os horizontes da filosofia clássica e moderna. São inumeráveis os filósofos que o sustentam, desde Ortega e Zubiri, até Vattimo e Habermas. Ortega alcunhou a metáfora das "duas metáforas", insinuando um terceiro momento, paradigma ou horizonte do pensamento contemporâneo, depois das metafísicas (ou metáforas) da substância e do sujeito (depois do pensamento antigo-medieval e do pensamento moderno). Muitos sustentam, sem mais, que se trata é da superação da Metafísica. Tomaremos o exemplo de Marion, que nos propõe a Fenomenologia como substituta da Metafísica e nos apresenta sua Fenomenologia da Doação. Apreciaremos sua teoria do fenômeno saturado e sua relação com o fenômeno da revelação e as possibilidades de uma filosofia da religião, que, segundo Marion, só poderá sê-lo se for fenomenologia da religião.

Assim, nossa indagação sobre as possibilidades da religião e dos discursos científicos, filosóficos e teológicos sobre ela se deixará conduzir pelo aporte desses três filósofos contemporâneos. Na primeira parte, com Taylor, descreveremos o tipo de secularização que ocorreu e os modos de transformação do religioso dele derivado. Teremos assim certa descrição do que ocorre no Ocidente desenvolvido e que nos permite pensar melhor o que poderia acontecer na América Latina. Na segunda parte, a radicalidade fenomenológica de Marion põe em relação seus fenômenos saturados com o fenômeno da revelação, fenômenos que só poderão ser captados se superarmos as restrições impostas por Kant e Hegel, vale dizer, se a fenomenologia substituir definitivamente toda pretensão metafísica da modernidade. Na terceira parte, indagaremos a Fenomenologia Hermenêutica de Ricoeur e as possibilidades de uma hermenêutica filosófica da religião. É a partir de uma fenomenologia, que é hermenêutica e integra a filosofia analítica, que Ricoeur nos oferece vários aportes ao discurso religioso, sejam aos das ciências da religião, sejam aos da teologia.

Uma aproximação da Filosofia Política à religião e à Teologia: Taylor

C. Taylor, filósofo canadense, nos oferece em seus trabalhos uma indagação fundamentada sobre a identidade moderna e o mal-estar da modernidade, no que ele chamou de ética da autenticidade, e em sua valorização das políticas do reconhecimento e do multiculturalismo (TAYLOR, 1989, 1994). Partícipe do debate entre liberais e comunitaristas, ele nos brinda uma articulação entre o fundamental e o histórico em um liberalismo que se mostra hospitaleiro da diferença. O conjunto de sua obra nos permite refletir sobre as possibilidades atuais da religião e de uma modernidade católica (TAYLOR, 2002, 2004) em nosso tempo, que, em sua última obra, ele denominou de "idade secular".

Sua reflexão parece superar os debates entre liberais e comunitaristas, por ter participado dos mesmos, debates que tiveram seu análogo na filosofia continental, que opôs modernos e pós-modernos. Os esforços de atualização do pensamento moderno, feitos por Rawls e Habermas, recebem complementos importantes nas críticas de Taylor à concepção atomista da sociedade e à resolução meramente procedural em matéria de justiça. Críticas que se sustentam no reconhecimento de que além do justo é necessário também o bem: existem bens constitutivos e valorações fortes dos mesmos.

Em sua recente, magistral e monumental obra, *A secular age*, C. Taylor continua a descrição da identidade moderna, que havia realizado na obra anterior, *Fuentes del yo: la construcción de la identidad moderna*. Nessa obra ele havia mostrado que as mudanças culturais e religiosas conformam uma espécie de "genealogia da modernidade" (RICOEUR, 2008a, p. 155), com o apreço pela interioridade, com a afirmação da vida corrente e com a valorização das energias da natureza. Ao cristianismo, transformado em deísmo, como "fonte divina ao mesmo tempo transcendente e íntima" (RICOEUR, 2008a, p. 163), se unem outras duas fontes próprias da modernidade e em luta, como são o iluminismo e o romantismo: um conflito crescente entre a "autoafirmação de uma razão que se erige como soberana" e a "assunção das energias criadoras de uma natureza mais vasta que nós" (RICOEUR, 2008a, p. 163). A novidade de nossa situação presente é que esta última reivindicação, própria do romantismo da elite alemã do século XIX, chegou a permear as massas a partir dos anos 1960, dando origem à idade da autenticidade.

Teísmo, racionalismo e romantismo, como fontes confrontadas, competem em nós, oferecendo-se empréstimos cruzados e fragilizando nossa experiência moral e religiosa. Impõem novas "condições ao crer", que Taylor descreve superficialmente em sua última obra. À "herança não esgotada do helenismo e do judeu-cristianismo" se somam essas duas fontes morais modernas em conflito "entre a razão liberada e o recurso à criatividade" (RICOEUR, 2008a, p. 163), sendo a novidade recente a manifestação desta última.

Em meio a um debate, que não termina de se definir, acerca de se a religião está ainda em "retirada" ou em pleno "retorno", a obra de Taylor, *A secular age*, é, para mim, um aporte inelutável e ineludível.

Já há algum tempo, suas teses, inspiradas na "profecia da secularização", estão sendo crescentemente questionadas ou, pelo menos, relativizadas. Habermas, em seu recente trabalho sobre naturalismo e religião (HABERMAS, 2006), assinala que o caminho da secularização paradigmático e emblemático percorrido pela Europa se transformou, paradoxalmente, numa "via singular" (*Sonderweg*), num caminho único, que nem sequer foi percorrido pelos Estados Unidos, onde o moderno Estado constitucional se inventou para possibilitar um pluralismo religioso pacífico, e que alguns qualificam, não sem exageros, mas com bastante verdade, como um dos países mais religiosos do planeta. A "via singular" europeia, seu peculiar modo de secularização, que nem sequer foi acompanhado por seus sócios do Atlântico Norte, está muito distante da situação religiosa da Ásia, África e América Latina e da "crescente influência política das ortodoxias religiosas", que é o que preocupa a Habermas.

Portanto, a secularização pode ser dita de muitas maneiras. A obra *A secular age*[1] nos indica que podemos compreendê-la de três maneiras diversas, com três abordagens do conceito de secularização. Uma primeira interpretação sustenta que a secularização é o enfraquecimento do papel e do poder da religião na vida pública. Aqui a secularização tem a ver com a divisão dos espaços públicos, devendo permanecer neutra com a esfera pública (o Estado), com a privatização do religioso, com as teses da separação Igreja-Estado, com a liberdade religiosa etc., que inspiram os princípios moderno-liberais. Um segundo significado que se dá à secularização é o que a compreende como diminuição da massa de fiéis e o declínio da prática religiosa, resumido na frase "menos gente vai à Igreja". Diante dessas duas interpretações, que, segundo Taylor, são excessivamente sociológicas e que ele denomina como "teoria da subtração" ("pressupõe que, inevitavelmente, a religião perde terreno com a chegada da modernidade" – GALLAGHER, 2009, p. 20), ele propõe uma terceira interpretação, um olhar que lhe parece mais conforme com a complexidade da mudança cultural. A secularização se interpreta como uma mudança nas condições do crer. Uma mudança que tem que ser descrita a partir da questão:

---

[1] Dois excelentes resumos desta obra, dos quais nos servimos, encontram-sem em Yaksic (2009, manuscrito a ser publicado); Gallagher, (2009, p. 19-25).

como, a partir de um mundo encantado, hierárquico, heterônomo, governado por Deus (em que cada coisa tinha seu lugar na cadeia do ser, incluído o ser humano, que pode ser chamado *porous self*, o eu poroso), chegamos a outro mundo, desencantado, caracterizado pela racionalidade instrumental, o lugar de um humanismo exclusivo e a casa do *buffered self* – o eu voltado sobre si mesmo, fechado (YAKSIC, 2009, p. 3-4)?

Taylor explora essa terceira versão da noção de secularização a partir da história desse processo. Segundo ele, aí se encontra a narrativa e a pergunta fundamental. De algum modo, ele desmonta as outras duas aproximações, seja porque a separação Igreja-Estado havia partido do cristianismo, seja porque a fé persiste, só que há que saber olhar... como e onde. Se só olhamos a partir de nossos templos, nos quais diminuem os fiéis, observa ele, podemos tecer um juízo equivocado.

Para Taylor, a era secular emerge quando um humanismo autossuficiente – um humanismo com outro objetivo que a plenitude humana vista como se dando do outro lado da história – se torna disponível, não só para as elites, mas também para as massas. A grande pergunta do livro é: o que ocorreu no Ocidente onde, em 1500, era impossível não crer e, em 2000, crer não é só uma alternativa a mais, mas uma alternativa das mais complexas?[2] Em outras palavras, como chegou a situar-se um humanismo exclusivo (plenitude humana desse lado da história) como alternativa disponível para as massas?

A secularização não é uma perda da religião, nem tampouco seu retorno, é uma mudança cultural nos modos de pensar, que transforma a experiência religiosa. Uma mudança "nas condições do crer", um novo *shape* para a experiência. Quase a metade da obra, que corresponde à quinta parte (p. 537-776), "On the modern conditions of belief", explora essas novas condições, esses novos dilemas, conflitos e mal-estar. O filósofo canadense continua e aprofunda assim a reflexão esboçada tanto nas conclusões de sua obra *Fuentes del yo: la construcción de la identidad moderna*, como no fino discernimento que realiza em *La ética de la autenticidad*. Para além dos opositores e defensores aguerridos, sua brilhante análise dos três mal-estares da modernidade – o individualismo, a hegemonia da racionalidade instrumental e a perda da liberdade política diante do mercado e das de burocracias estatais – lhe permite reconhecer os

---

[2] "Por que, em nossa sociedade ocidental, foi virtualmente impossível não crer em Deus no ano 1500, enquanto no ano 2000 muitos de nossos contemporâneos se encontram na situação em que não crer não só é fácil, mas também ineludível?" (TAYLOR, 2007, p. 25).

Três novas abordagens da religião e da Teologia a partir da filosofia

ideais e os valores que se estão afirmando por detrás de processos que para outros são somente decadência. De maneira análoga, aprecia, nos matizes e complexidades da secularização compreendida como "novas condições para a crença", valores e novas possibilidades nos quais outros veem somente uma crise ou um fim da religião. "O principal traço desse novo contexto é que pôs fim ao conhecimento ingênuo da transcendência" (TAYLOR, 2007, p. 21). Para Taylor, a busca religiosa continua, a fé persiste e a crença encontra novas formas de se expressar, pois o próprio desse tipo de busca é afirmar que a plenitude humana se encontra além da história.

Defendemos que o humanismo exclusivo se vê ameaçado pelas teorias que negam a primazia do humano. É o naturalismo denunciado por Habermas, que, em nome da explicação causal, torna homogêneo o curso que vai de micro ao macrocósmico, reduzindo, por um lado, o social ao individual, o psíquico ao biológico, o biológico ao físico, e o físico ao químico e, por outro, via estatística, economia neoclássica, estruturalismo, neodarwinismo ou teoria de sistema, desconhece a liberdade das pessoas em comunidades. Em sua defesa do humano, o humanismo exclusivo tem um bom aliado no humanismo transcendente (a plenitude humana se encontra além da história), que apregoa o cristianismo e as religiões. É, acredito, o aporte magistral da encíclica de Bento XVI, *Caritas in veritate*, que, ao insistir que o econômico, por estar inserido no político e ambos referidos a uma antropologia, que se nutre de uma antropologia teológica, nos mostra que, no intento de subordinar o econômico ao político (vale dizer, no esforço de um humanismo – exclusivo ou não – seguir crendo que a liberdade e a deliberação devem conduzir as forças espontâneas da ordem ou da desordem), um humanismo transcendente (uma antropologia teológica) é um bom aliado.

Nas conclusões de suas *Fuentes del yo: la construcción de la identidad moderna*, Taylor nos indica que uma das três áreas de tensão ou de ameaça de ruptura na cultura moral moderna, cuja construção com tanto empenho e prolixidade nos descreveu, é um instrumentalismo desvinculado. Este tem sua base numa "razão desvinculada e autorresponsável" que "dá crédito a uma visão do sujeito como um eu não situado, inclusive pontual", "como se fôssemos por natureza agentes separáveis de tudo o que não é meramente dado: uma alma desencarnada (Descartes), ou uma capacidade pontual para se autorrefazer (Locke) ou um puro ser racional (Kant)" (TAYLOR, 2006, p. 694). Taylor considera essa ontologia errada e valoriza o que "uma grande parte da filosofia mais penetrante do século XX, como a de Merleau-Ponty e Heidegger, esforçou-se por refutar, ou seja, essa imagem do sujeito desvinculado" (TAYLOR, 2006, p. 694 e 785, nota 27). Marion e Ricoeur fazem parte dessa penetrante filosofia do século XX e partilham dessa crítica ao eu desvinculado: o *Cogito* está no interior do ser (não está separado da rede extensa, a ponto de pretender ser o envolvente do ser). Um sujeito vinculado, afetado, um "adonado".[3] O ar de família talvez esteja no reconhecimento de que a vinculação pressupõe o arraigar-se, uma anterioridade que nos é dada. A referência a tudo o que é dado nos convida a dar a palavra a Marion.

Uma aproximação fenomenológica da religião e da Teologia: Marion

Jean-Luc Marion, fenomenólogo francês contemporâneo, pertence à terceira geração do movimento fenomenológico que, inspirada em Husserl e Heidegger, impactou a Europa continental do pós-guerra com autores como Merleau-Ponty, Patoèka, Sartre, Scheler, Levinas (segunda geração). Nas últimas décadas, na França, talvez a partir da descoberta de Levinas, surgem, entre outros, os trabalhos de P. Ricoeur, M. Henry, J.-L. Marion, D. Janicaud, J.-F. Courtine e C. Romano.

Tomamos a Marion como exemplo, dos muitos que sustentam que estamos num novo horizonte filosófico (o terceiro), depois dos horizontes determinados pelos paradigmas do ser e do sujeito. Esse novo horizonte parece propício à religião e ao cristianismo, a ponto de a reflexão fenomenológica francesa recente ter sido catalogada como "virada teológica da fenomenologia" (JANICAUD, 1991), acusando, com isso, os trabalhos de Levinas, Henry, Chrétien, Marion e, inclusive, Ricoeur. Mostraremos os aportes de Marion, um dos mais explicitamente inculpados, na apresentação que faz desse terceiro horizonte e na proposta que faz de a Teologia deixar de pensar-se em referência à Metafísica para pensar-se em referência à Fenomenologia. A seguir, apresentaremos sua Fenomenologia da Doação e a noção de fenômeno saturado (acontecimento, ídolo, carne, ícone), bem como as consequências teológicas dessa reflexão no tratamento da filosofia da religião e da revelação.

---

[3] Termo espanhol, sem um real correspondente em português, que é a tradução do termo francês: 'adonné' = ser dado a. [N. T.].

Sua obra pode ser "abordada sob três ângulos distintos" (GREISCH, 2002, p. 291),[4] uma trilogia, com estudos de história da filosofia, outros mais sistemático-teológicos e outros mais fenomenológicos. Assim, o primeiro conjunto é histórico. "Tem como centro de gravidade o pensamento de Descartes e a história do cartesianismo. Seu núcleo está formado por três obras que indicam o percurso de combatente universitário do autor" (GREISCH, 2002, p. 292): *Sur l'ontologie grise de Descartes* (1975), *Sur la théologie blanche de Descartes* (1981), *Sur le prisme métaphysique de Descartes* (1986); e os dois volumes que compilam estudos consagrados a Descartes: *Questions cartésiennes I* (1991), *Questions cartésiennes II* (1996, 1ª ed.) – MARION, 1975, 1981, 1986, 2002. O segundo grupo é mais "sistemático", de corte teológico, com "as provocadoras teses" (GREISCH, 2002, p. 292) contidas em: *L'idole et la distance* (1977), *Dieu sans l'être* (1982), *Prolégomènes à la charité* (1986, 1ª ed.), aos quais se pode acrescentar *La croisée du visible* (1991) – MARION, 1977, 1982, 1991, 2007). Finalmente, o terceiro ciclo é "fenomenológico" e está estruturado pela trilogia: *Réduction et donation* (1989), *Étant donné* (1997) e *De surcroît* (2001) – MARION, 1989, 2005, 2001, 2003, 2005). A essas obras, que o próprio Marion denomina "um tríptico, que deve compreender-se como tal" (MARION, 2005, p. 11), podemos acrescentar *Le phénomène érotique* (2003) e a coletânea de artigos *Le visible et le révélé* (2005). Esse terceiro conjunto fenomenológico é o que nos interessa particularmente aqui, estruturado na base de duas teses que Marion apresenta sinteticamente:

> Já há dez anos temos tentado contribuir com essa tarefa mediante a proposição de duas teses. A primeira é que o horizonte da fenomenalidade é determinado não somente além da objetividade, mas também além do ser, até a doação mesma (Gegebenheit já dizia Husserl). Doação não significa evidentemente um novo retorno à causalidade eficiente (um agente que produziria o dado), mas o modo da fenomenalidade do fenômeno enquanto que ele se dá de si mesmo e por si mesmo, sob a figura de um acontecimento irrepetível, imprevisível e inconstituível. E isso para todo fenômeno, inclusive se, na aparência, depende da simples objetividade. Daí a tese de que certos fenômenos realizam a doação, a ponto de exemplificá-la como fenômenos saturados. Saturados no sentido de que por oposição aos fenômenos pobres ou comuns (para os quais a intuição plenificante consegue sempre introduzir-se em um conceito que a abraça e a contém), sua intuição excede, amplamente, a amplitude de todo conceito possível; e no sentido de que, longe de

---

[4] Apresentamos aqui a classificação que o autor faz da obra de Marion.

carecer de significado (de racionalidade), exigem mais de um, inclusive um número indefinido, de acordo com uma hermenêutica sem fim. Os fenômenos saturados se organizam em quatro tipos principais: o acontecimento, o ídolo, a carne e o ícone (rosto). (MARION, 2005, p. 11-12)

Antes de apresentar sua Fenomenologia da Doação, mostraremos por que Marion sustenta que é a Fenomenologia, e não a Metafísica, a filosofia mais apropriada para a religião e a Teologia. Depois de apresentar o fenômeno saturado, mostraremos sua vinculação com a revelação.

A Fenomenologia como substituta da Metafísica para a Teologia e a Fenomenologia da Religião como substituta da filosofia da religião[5]

"A Fenomenologia pode contribuir, de um modo privilegiado, ao desenvolvimento do que se denomina filosofia da religião? Dito de outro modo, a filosofia da religião pode prolongar-se em uma Fenomenologia da Religião?" (MARION, 2005, p. 13). Responder positivamente a essa questão implica a dupla exigência de "justificar a religião diante da Fenomenologia como um fenômeno possível, e justificar a Fenomenologia diante da religião como um método conveniente" (MARION, 2005). Essa possível conveniência entre ambas nos obriga a refletir sobre o que significa religião e em que consiste o método fenomenológico.

Para Marion, a religião só alcança sua figura mais plena estabelecendo-se por e como uma revelação, em que uma instância, transcendental à experiência, se manifesta, mesmo que, experimentalmente:

E a revelação não escapa à sua pura e simples desqualificação metafísica, limitando-se estritamente ao que admite a razão (Kant) ou identificando-se simplesmente ao trabalho do conceito (Hegel): nos dois casos ela deve renunciar à sua especificidade: anunciar um acontecimento, enunciar uma palavra que ultrapassa as condições de possibilidade da experiência e anula as exigências do princípio da razão. (MARION, 2005, p. 16)

A metafísica lhe impõe umas restrições que a obrigam a renunciar à racionalidade para ser fiel à revelação ou a repudiar a revelação, submetendo-se

---

[5] Questões que Marion aborda, respectivamente, em "Métaphysique et phénoménologie: une relève pour la théologie" e em "Le possible et la révélation", capítulos de *Le visible et le révélé*, 2005.

ao conceito. Restrições que não lhe impõe a Fenomenologia, já que a revelação se dá como um acontecimento que *aparece* [...], e, mais ainda, como fenômeno por excelência, "da religião em sua essência, a saber, como revelação. A única filosofia apropriada para abordar a religião seria então a fenomenologia" (MARION, 2005, p. 17).

A fenomenologia levanta a proibição que impõe a razão suficiente e libera a possibilidade a fenômenos eventualmente marcados de impossibilidade. "Entre outras possibilidades, os fenômenos religiosos reaparecem de novo, em filosofia, como *fatos* justificados de direito porque dados de *fato*" (MARION, 2005, p. 19). O princípio dos princípios da Fenomenologia lhe permite: "[...] o que aparece é como e segundo o que se dá"; "tanto de aparência, tanto de ser" (MARION, 2005, p. 20).

Convém agora precisar a que nos referimos ao falar de Fenomenologia, pois ela não tem a mesma acepção em Filosofia do que nos teólogos ou nos filósofos da religião. Em geral, estes últimos fazem da Fenomenologia "uma simples aproximação descritiva do real, independente de todo método, como se bastasse desdobrar um dado em sua pura objetividade para expor sua verdade. Assim, procedem os pioneiros R. Otto, e sua análise do *Sagrado* (1918), M. Eliade, e seu estudo sobre o *Sagrado e o profano* (1956), o teólogo H. U. von Baltasar, e sua *Fenomenologia da verdade* (1952). E. Husserl, ao contrário, e precisamente no momento em que nascia essa leitura da filosofia da religião, define a fenomenologia na obra *Ideias I* (1913) como "uma disciplina puramente descritiva que explora o campo da consciência transcendentalmente pura à luz da pura intuição". Mais que descrever uma objetividade (filosofia da religião), a Fenomenologia, como tal, se desenvolve no método dito da redução e se dirige à *vivência da consciência*, rumo "à intuição doadora originária como uma fonte de direito para o conhecimento" (FALQUE, 2008, p. 30).

Ao trabalho de Husserl de reintegrar o fenômeno todo intuído enquanto intuído – o que legitima a validade da vivência religiosa enquanto que dada intuitivamente – se soma o de Heidegger, que "integra à fenomenalidade tudo o que se mostra somente como índice, enquanto que assim ainda se realiza a mostração – e ele legitima a possibilidade de uma fenomenologia do inaparente em geral" (MARION, 2005, p. 21). Em sintonia com a definição provisória da revelação que se indicou – a saber, revelação como instância transcendente à experiência que, porém, se manifesta experimentalmente –, "é necessário admitir que ela se inscreve entre os fenômenos, portanto, na experiência (Husserl) de um objeto intencional invisível e indireto, portanto, transcendental à experiência (Heidegger)" (MARION, 2005, p. 22). Essas observações permitem a Marion concluir categoricamente:

> [...] a religião se torna manifesta e a revelação, fenomenal. O que a filosofia da religião tende a fechar, a fenomenologia da religião poderia abri-lo. A fenomenologia não oferece somente um método à ontologia (Heidegger), mas a toda região de fenômenos não diretamente e logo imediatamente invisíveis – portanto, em primeiro lugar à religião enquanto revelação. Brevemente, a fenomenologia seria por excelência, o método de manifestação do invisível através de fenômenos indiciais – o método também da teologia. (MARION, 2005, p. 22)

A Fenomenologia da Doação

A Fenomenologia supera as restrições que impõe a razão suficiente e permite a substituição da Metafísica, se convertendo em uma nova filosofia primeira, que oferece um novo paradigma filosófico à Teologia. Tudo isso sempre e quando ela for radicalmente fenomenológica, pois "a Fenomenologia mesma não tem nada de unívoco, ao ponto que ela pode, todavia, permanecer (parcialmente ao menos) metafísica" (MARION, 2005, p. 184). Para escapar a esse perigo, Marion propõe sua "Fenomenologia da Doação", que supera os esforços respectivos de Husserl e Heidegger:

> Marion distingue três níveis fenomenológicos – cada vez mais originários – de redução no plano filosófico: 1) o transcendental – operado por Husserl – desde a atitude natural (colocar entre parênteses) à fenomenológica, a fim de prestar atenção ao sentido em e para a consciência, a qual se move na relação intencional sujeito constituinte-objeto constituído; 2) o existencial-ontológico – de Heidegger –, o qual atende à doação do ser – em sua diferença com os entes – ao ser-aí (já não concebido como sujeito transcendental constituinte, mas como aí-do-ser), que deixa ser aos entes enquanto se dão "em si e a partir de si'; 3) a redução à doação (Gegebenheit) mesma, enquanto está sendo dada ao donatário, suspendendo (não anulando) tudo o que não seja doação, e descobrindo desse modo que todo o anterior foi e/ou está sendo dado. (SCANNONE, 2008, p. 17)

Nas sintéticas palavras de Marion, as reduções distinguidas em *Réduction et donation* e que posteriormente foram postas na obra *Étant donné*, são, respectivamente, "a redução transcendental do fenômeno ao objeto, levada a cabo pelo *Eu*, segundo Husserl; em seguida, a redução, pelo *Dasein*, do fenômeno ao ente, segundo Heidegger; finalmente, uma terceira redução, que retoma, valida e desqualifica, ao mesmo tempo, as duas primeiras: a redução do fenômeno ao que é dado nele. É essa terceira redução, precisamente, que lhe permite concluir: "A tanta redução, tanta doação" (MARION, 2008, p. 14). Retoma-se assim o princípio husserliano da doação como "princípio dos princípios": "toda intuição originariamente doadora é fonte de direito do conhecimento, tudo o que se oferece a nós na intuição originária (por assim dizê-lo, em sua realidade carnal) deve ser recebido exatamente como se dá" (Edmond Husserl citado por MARION, 2005, p. 20-21).

Marion propõe assim uma Fenomenologia da Doação, uma fenomeno-logia na qual a doação é o princípio último e primeiro, ao estabelecer que a doação precede, inclusive, o aparecer pelo qual "o que se mostra, previamente, se dá" (MARION, 2005, p. 10).

> A doação fixa por princípio que nada precede ao fenômeno, a não ser sua própria aparição a partir de si: o fenômeno advém sem outro princípio que ele mesmo. Então, o princípio da doação, dá primazia ao fenômeno. Trata-se não tanto de um primeiro princípio, mas de um último princípio. (MARION, 2005, p. 29)

Que a primazia seja dada à doação e que os *entes* sejam considerados como *dados* significa nada menos que se transgride a definição de fenôme-no como "adequação entre intuição e intencionalidade (significação)". Isso porque a doação precede e é condição de possibilidade da intencionalidade. E pela inversão da intencionalidade o fenômeno se impõe com um *excesso* de intuição tal que "não poderia reduzir-se às condições do eu que as fixa como objeto intencional", ou seja, um "fenômeno saturado" (LÓPEZ, 2008, p. 35).

O fenômeno saturado e a revelação

Esta "contraexperiência (transcendental)", pela relação invertida entre intencionalidade e intuição [...], permite a Marion elaborar uma tipologia de fenômenos segundo o grau de intuição: (1) nos "fenômenos pobres", a intenção pode prever a intuição em seus *a priori* formais e categoriais, é a fe-nomenalidade própria dos objetos lógicos e matemáticos; (2) nos "fenômenos comuns", a intencionalidade prevê a intuição, mas já não mais como formais, mas sim como individuais – trata-se da fenomenalidade própria dos objetos (por exemplo, o *corpo* tomado como *res extensa* no espaço e tempo dos obje-tos); (3) nos "fenômenos saturados", a intuição excede a intencionalidade, tais fenômenos são esboçados por Marion segundo a tábua kantiana das categorias: (a) categoria da quantidade (o evento histórico *imprevisível*), (b) categoria da qualidade (a obra de arte pictórica *insuportável*), (c) categoria da relação (a autoafetação na carne *absoluta*) e (d) a categoria da modalidade (o rosto do outro *in-objetivável*) – LÓPEZ, 2008, p. 36.

O próprio Marion vincula seus fenômenos saturados ao trabalho de outros destacados filósofos contemporâneos. Assim, o *ícone* nos remete ao outro de Levinas, a *carne*, a Michel Henry, o *ídolo*, a Merleau-Ponty e a Derrida, o evento ou *acontecimento*, a Ricoeur (e poderíamos mencionar também Claude Romano).

Daniel López nos mostra como essa inversão fenomenológica, essa contraexperiência, esse excesso da intuição com relação à intenção, dá primazia ao chamado. Quando a redução chega à doação,

> a estrutura formal da fenomenalidade é a do chamado, em que o eu (antes que transcendental constituinte ou o Dasein) é interpelado enquanto ouvinte instituído pelo chamado que dá o dom mesmo segundo o horizonte incondicionado do chamado. Essa estrutura se verifica em cada descrição dos fenômenos saturados, porque, ao inverter a intencionalidade, o excesso de intuição provoca o eu à resposta: numa hermenêutica infinita (evento), numa convocação a ver (ídolo), na autoafetação (carne) ou na responsabilidade (ícone). (LÓPEZ, 2008, p. 36)

Na Fenomenologia da Doação, destaca-se a estrutura do chamado e da resposta, pois o próprio é ser convocado e recebido para a resposta.

> Assim (1) a convocação do chamado impõe o nome que identifica pessoalmente, porque o nome próprio, na realidade não é próprio, mas porque me foi dado, e pelo qual, o me precede o eu, enquanto o eu se chama com o nome com o qual me chamam outros e responde: "eis-me aqui", exposto ao chamado e convocado no mais originariamente meu. E (2) a individuação toca também ao que chama, porque pelo mesmo chamado, o que chama fica exposto à resposta que se exerce, por sua vez, como convocação, como um cruzar de olhares. E esta exposição e assignação mútua numa resposta insubstituível para cada um (cruzar de olhares), seria talvez a aparição do fenômeno do amor. (LÓPEZ, 2008, p. 38)

Seguindo Pascal, Marion pensa que essa terceira ordem da caridade, distinta da ordem dos corpos e da ordem do espírito (liberdade e consciência), é própria da revelação, e dela deve ocupar-se a Teologia, e a partir dela tem que se pensar uma eventual filosofia cristã (MARION, 2005, p. 110-117).

Nos primeiros desenvolvimentos da temática do fenômeno saturado (1992), a revelação ocupava o quarto lugar, confundindo-se com o ícone. Na versão definitiva de *Étant donné* (1997), "o fenômeno de revelação", que concentra nele só os outros quatro tipos de fenômenos saturados, em uma saturação de quinto tipo – saturação da saturação, paradoxo do paradoxo –, é distinto dos outros quatro.

> Esta separação entre, de um lado, o fenômeno saturado em sua quádrupla banalidade e, do outro lado, o fenômeno de revelação (portanto a possibilidade da revelação), permite manter nossa distinção entre Fenomenologia (inclusive a da doação) e Teologia (inclusive a revelação). (MARION, 2005, p. 183-184)

Para além das vacilações de seus desenvolvimentos, os detratores de Marion não creem nessa separação e o acusam reiteradamente de não distinguir a Fenomenologia da Teologia. São essas incompreensões que o levaram a introduzir em *Étant donné* uma espécie de prólogo com o título "Respostas preliminares". Nesse texto, ele pede a seus "leitores benevolentes" que acreditem nele, que,

> em princípio, só queremos dizer o que tentamos dizer e não o oposto do que temos dito. Assim, quando dizemos que a doação reduzida não quer nenhum doador para o que se dá, não insinuamos que reclama um doador transcendente; quando dizemos que a Fenomenologia da Doação ultrapassa por definição a Metafísica, não subentendemos que esta Fenomenologia restaura a Metafísica; e, finalmente, quando opomos o "adonado" à subjetividade transcendental, não estamos sugerindo que o "sujeito" renasce na doação. (MARION, 2005, p. 11)

Scannone resume bem essa relação entre o fim do sujeito transcendental e as possibilidades da revelação:

> Depois da crise da razão moderna e da virada da virada copernicana, já não se compreende o homem e seu pensar como sujeito transcendental, mas como donatário e testemunha de uma doação, pelo qual a fenomenologia atual parece ser um método congruente com a revelação, enquanto ambas reconhecem a prioridade do dom e de sua acolhida como "se dá em si e a partir de si" (Heidegger), sem condicionamentos por horizontes prévios nem redução aos a prioris da subjetividade. (SCANNONE, 2008, p. 16)

Foi justamente a compreensão de sujeito, consciência e intencionalidade, que suscitou um debate na recepção do pensamento de Marion. Segundo seus defensores, a questão do sujeito não foi superada, mas re-significada. Pois o sujeito não fica nem destruído nem suprimido, mas invertido naquilo que a redução transcendental reivindicava: em sua primazia constitutiva, porque previamente sua mesmidade lhe foi dada na doação. Assim, mais que um sujeito nominativo, o receptor da doação se encontra sob a figura do "testemunho" e, ele mesmo, "dado" (adonné). E radicalizando ainda mais a redução, se o sujeito, testemunho e dado, ingressa na lógica da doação e sua redução, o mesmo deve dar-se como dom. (LÓPEZ, 2008, p. 37)

Diante dessa inversão da subjetividade, que parece ser a única a permitir que a Fenomenologia do In-aparente ou da Revelação seja "uma epifania do mistério *como* mistério", a Fenomenologia Hermenêutica de Ricoeur parece sustentar não só que a crise do *Cogito* não é razão para desfazer-se do sujeito, mas que a religião e a revelação têm como destinatário um homem "capaz".

Uma aproximação fenomenológico-hermenêutica da religião e da Teologia: Ricoeur

Nesta terceira parte, apresentaremos a reflexão de Ricoeur. Os fenômenos saturados, que consistem em um excesso de intuição com relação à significação, nos recordam sua famosa consigna: "O símbolo dá a pensar". O que Ricoeur nos diz sobre a filosofia da religião e sobre uma hermenêutica da revelação nos parece relevante. Após uma sintética apresentação de alguns pontos fundamentais de sua Fenomenologia Hermenêutica, procurarei mostrar os aportes da mesma na "elaboração de um paradigma hermenêutico da filosofia da religião" (GREISCH, 2001), que em seu caso tem a ver com um homem "capaz" e que responde a um chamado que lhe vem das Escrituras.

A fenomenologia de Ricoeur: a questão do sujeito

Podemos reconhecer três momentos no longo itinerário de Ricoeur: o primeiro tem por eixo a hermenêutica dos símbolos, que ele desenvolveu nos escritos dos anos 1960. O segundo é consagrado aos escritos dos anos 1970 e 1980, nos quais o acento se desloca mais e mais fortemente rumo à mediação textual. O terceiro eixo segue a abertura da hermenêutica aos problemas da filosofia prática, que, nos últimos escritos, desembocaram numa "fenomenologia do homem capaz", em uma hermenêutica do si mesmo. Três momentos de um itinerário que o faz gerar uma hermenêutica ao redor dos símbolos, outra ao redor dos textos e uma terceira ao redor da ação humana.

Um itinerário com uma produção vastíssima, de mais de 55 anos (*Le volontaire et l'involuntaire* foi publicado em 1950 e *Parcours de la reconnaissance*, em 2004), no qual podemos, ao mesmo tempo, reconhecer três fontes. Ricoeur caracteriza sua reflexão como devedora de três tradições, com seus distintos traços: "ela está na linha de uma filosofia *reflexiva*; permanece sob o influxo da *fenomenologia* husserliana; quer ser uma variante *hermenêutica* desta fenomenologia" (RICOEUR, 1965, 1986, p. 25).

A filosofia reflexiva foi posta em questão tanto pela psicanálise como pelo estruturalismo. Ricoeur acolhe essa crítica a um sujeito e a uma consciência imediata e transparente a si mesma, deslocando a reflexão abstrata rumo a uma reflexão concreta, mediada e histórica. O preço a pagar é o reconhecimento de um *Cogito* "ferido", a transformação do sujeito.

A tradição hermenêutica, por sua vez, foi duramente questionada pelos defensores do pensamento crítico e pelos que sustentavam a cruzada da desconstrução. Ricoeur é capaz de acolher o melhor desses questionamentos e, por isso, se converte em mestre da tradição hermenêutica. O preço que se paga aí é a transformação do objeto que, submetido à crítica e à suspeita, nos distancia tanto da objetividade e certeza epistemológica, como do relativismo que dá a mesma validade a qualquer sentido.

Por um lado, diante da transparência da consciência a si mesma, pretendida tanto pela filosofia reflexiva como pela Fenomenologia, a hermenêutica aporta o reconhecimento da opacidade do sujeito. Por outro, a crise do sujeito na filosofia contemporânea continental não é razão para desfazer-se da ideia de um sujeito que é responsável por suas palavras e suas obras.

> Prescindir da clássica noção de sujeito como um Cogito transparente não significa que tenhamos que prescindir de toda forma de subjetividade. Minha filosofia hermenêutica tentou demonstrar a existência de uma subjetividade opaca, que se expressa a si mesma através do desvio das incontáveis mediações de signos, símbolos, textos e da práxis humana ela mesma. (RICOEUR, 1984, p. 33)

Ricoeur volta à temática do sujeito sob a forma de uma "hermenêutica do si mesmo". Com isso, ele abre a passagem entre o "sujeito exaltado", de Descartes, e o "sujeito humilhado", de Hume e Nietzsche; nem o *Cogito* que se funda a si mesmo, nem o anti*cogito*. O abandono da ambição fundacional, atribuída ao *Cogito*, não o induz a somar-se aos que pretendem sepultá-lo, declarando-o definitivamente quebrado (*brisé*). Ele empreende um caminho antropológico mais proveitoso, uma espécie de terceira via, que, com o nome de *hermenêutica do si*, tenta dar sentido à ideia e à expressão de um *Cogito* ferido (*blessé*), esboçada em suas obras anteriores. Sua hermenêutica do si mesmo é uma indagação que submete todas as mediações da linguagem, da ação, da narração e da ética a um *si* que será sucessivamente chamado *locutor, agente, pessoa de narração, sujeito de imputação moral* etc. (RICOEUR, 1990, p. 18). É a testificação do *si* em todos os níveis: linguístico, práxico, narrativo e prescritivo.

Por um lado, o *enxerto do problema hermenêutico no método fenomenológico, o caminho longo* através de todas as mediações, não o faz abandonar nem a filosofia *reflexiva*, nem a qualificação de *fenomenologia* a seu intento hermenêutico. Sua crítica à filosofia moderna não implica seu abandono, por uma suposta superação pelo que vem depois. Por outro, essa transformação qualitativa da consciência reflexiva, esse quebrar o recinto fechado e encantado da consciência do eu, esta afirmação de que "o *Cogito* está no interior do ser e não o contrário", essa "segunda revolução copernicana" (cf. RICOEUR, 1960, p. 487) não esquecem o que é fruto adquirido da primeira. A revolução cartesiana descobre que a originalidade da consciência, em relação a toda natureza pensada objetivamente, é tal que nenhuma cosmologia pode englobar mais essa consciência. Uma abordagem hermenêutica que faça implodir os limites da subjetividade não esquece que essa já implodiu os limites da objetividade natural. Sua crítica à filosofia moderna não é tentada com uma impossível volta atrás.

O paradigma hermenêutico da filosofia da religião

Qual é a contribuição desta Fenomenologia Hermenêutica à filosofia da religião?

Somos devedores da leitura que J. Greisch fez a esse respeito. Podemos partir de um trabalho que o jovem Ricoeur fez sobre P. Thévenaz, um filósofo protestante: "o filósofo, segundo ele, não tem o cargo de falar *sobre* Deus, e menos ainda de falar desde o ponto de vista de Deus" (RICOEUR, 1994, p. 246). O primeiro caso é o da teologia filosófica;[6] e, no segundo caso, a

---

[6] A renúncia de Ricoeur à teologia filosófica é analisada com detalhe por Greisch, como também a distinção entre filosofia da religião e filosofia religiosa (Cf. GREISCH, 2001, p. 405-411). Com relação à primeira "É necessário renunciar à teologia filosófica?, o sentido de uma "suspensão agnóstica", Greisch nos diz que Ricoeur "Nunca se aventurou na clássica teologia filosófica (provas, atributos divinos, teodiceia): "uma filosofia na qual a nomeação efetiva de Deus está ausente e na qual a questão de Deus enquanto questão filosófica, permanece em uma suspensão

filosofia rivaliza com a teologia, "rivalidade da qual a *Religionsphilosophie* de Hegel nos oferece o exemplo mais poderoso" (GREISCH, 2001, p. 431). Para Ricoeur, a filosofia da religião e, em particular, uma filosofia hermenêutica da religião deve distinguir-se de ambas. É uma filosofia que deve confessar sua impotência, vale dizer, "renunciar a chegar a ser filosofia do divino, filosofia divina" (RICOEUR, 1994, p. 246). Segundo Thevénez, há aí um aporte que o Deus cristão ofereceu à reflexão filosófica: "A inteligência grega não tinha necessidade de situar-se em relação a Deus: ela era Deus. Deus era a inteligência... é no contato com o Deus cristão que o homem vai aprender a refletir de maneira nova sobre sua humanidade e não mais sobre suas possibilidades de divinização" (citado por GREISCH, 2001, p. 432). "A uma filosofia divina ele oporá constantemente uma filosofia responsável *diante de Deus*, uma filosofia na qual Deus não é mais o objeto supremo da filosofia, mas o lugar no qual ele está implicado a título de polo do chamado e da resposta do ato filosófico mesmo." (RICOEUR, 1994)

Essa conclusão que Ricoeur subscreve nos permite ordenar seus aportes, pois a polaridade chamado-resposta é totalmente analogável à polaridade mundo do texto-mundo do leitor, chave de sua hermenêutica. Essa polaridade é também a chave que estrutura as duas últimas lições que constituíram a *Gifford Lectures*, que estão na base de *Soi-même comme um autre*. Nelas, que não foram incluídas na obra publicada, se indagava em cada um dos polos: o das Escrituras, o grande código que convoca (que chama), e o do sujeito convocado (que responde).

Um sujeito que responde a um chamado: instruído e refigurado pelas Escrituras

Tomaremos como guia as conferências teológicas com as quais Ricoeur conclui suas *Gifford Lectures*, pronunciadas em Edimburgo, em 1986. Nelas se articula a relação entre o texto interpretado e a comunidade interpretante, pondo em jogo as noções centrais de mundo do texto e mundo do leitor[7]

---

que se pode chamar de agnóstica" (SMCA, p. 34). Suspensão agnóstica que não pode ser confundida com um agnosticismo dogmático. Tem o sentido da *epoché* husserliana mais que uma desafecção. Pode-se verificar isso em três exemplos: a prova anselmiana, a questão da nomeação de Deus e o problema da teodiceia.

[7] Nessas conferências se encontram todos os frutos de sua hermenêutica dos textos (sua hermenêutica da distanciação que indaga o caráter paradigmático do texto) e todas as aquisições de *Temps et récit*, com a noção de chave de identidade narrativa.

(que teologicamente são analogáveis às categorias fundamentais de revelação e fé, se destacamos nesta última a noção de apropriação). Essas conferências são também o cume de sua antropologia, a "hermenêutica do si mesmo", desdobrada também em *O si mesmo como um outro*.[8]

Sabemos que a noção de identidade narrativa é um dos frutos maiores de sua trilogia *Temps et récit*. Essa ideia, aplicada aos textos bíblicos, nos diz que há um *si* que se instaura pela mediação das Escrituras e que este se aplica a si mesmo as múltiplas figuras da nomeação de Deus (cf. RICOEUR, 1994, p. 271). Por um lado, uma "espécie de instrução e de interpelação emana da *rede simbólica* tecida pelas Escrituras bíblicas" (SMCA, p. 35). Por outro, se pode explorar os traços pelos quais a compreensão do si mesmo responde ao chamado que provém de dita instrução e interpelação. "A relação entre chamado e resposta – nos confessa Ricoeur – era o laço forte que mantinha juntas estas duas conferências que qualifiquei de gêmeas" (SMCA, p. 36).

Trata-se de dois momentos, o do chamado e o da resposta de um "*si* formado e conformado segundo os paradigmas bíblicos" (RICOEUR, 1988, p. 83). Um *si* que se compreende a si mesmo ao olhar-se nas Escrituras, como diante de um espelho, e que se sente convocado por elas a determinadas respostas que o constituem como tal. As Escrituras conformam um enredado simbólico,[9] incluída a dimensão narrativa, diante do qual o *si* judeu e cristão se compreende a si mesmo. O dado bíblico estabelece um espaço simbólico "que *nos* interpreta na medida em que nós *o* interpretamos" (RICOEUR, 1988, p. 95-96). Nem se trata da recepção passiva de um dado externo, ao qual devemos adequar-nos, nem da *hybris* de um *si* que se põe absolutamente fora de toda relação, mas de uma "interpretação na qual o *si* é, ao mesmo tempo, o interpretante e o interpretado" (RICOEUR, 1988, p. 98).

---

[8]   No prefácio a *Soi-même comme un autre*, explicando por que não incluiu no livro as duas últimas conferências "teológicas" que faziam parte das *Gifford Lectures*, Ricoeur diz que essas conferências, que ele qualifica de gêmeas, "dependiam da hermenêutica bíblica que proposta em *Du texte à l action*" (SMCA, p. 35). Ao não ser incorporadas em sua obra de maturidade, essas conferências teológicas foram publicadas separadamente na *Revue de l'Institut Catholique de Paris*. A primeira, publicada tardiamente (n. 45, jan.-mars 1993, p. 59-75) com o título "Phénoménologie de la religion", deu origem a dois artigos mais desenvolvidos publicados em *Lectures 3*: "Phénoménologie de la religion" (p. 263-271) e "L'enchevêtrement de la voix et de l'écrit dans le discours biblique" (p. 307-326). A segunda foi publicada anteriormente (n. 28, oct.-déc. 1988, p. 83-99) com o título "Le sujet convoqué: à l'école des récits de vocation prophétique". Recordemos que seus títulos originais ("Le soi dans le miroir des Écritures" e "Le soi mandaté") se transformaram, ao serem publicadas com o título "O entrecruzar da voz e da escritura no discurso bíblico" (uma versão intermediária levou o significativo título de "Fenomenologia da religião") e no sujeito convocado, com o subtítulo "À escuta dos relatos de vocação profética".

[9]   *Grille symbolique*, nos diz Ricoeur. Cf. SMCA, p. 83.

Essa relação entre um sujeito e as Escrituras, ou seja, um sujeito que se autocompreende graças a elas e que é convocado por elas, está em congruência com a noção central de *refiguração*, que *Temps et récit* nos apresenta. A mediação da leitura que a refiguração exige, e que implica uma confrontação entre o mundo do texto e o mundo do leitor, tem sua aplicação teológica no círculo que se estabelece entre a palavra inspirada e a comunidade confessante.

O chamado: as Escrituras que fundam a identidade das comunidades que o recebem

Nessas comunidades, nomear Deus passa pelo canal das Escrituras bíblicas. É por elas que a experiência religiosa acede não somente à expressão, à articulação linguística, mas a essas configurações específicas de discurso delimitadas com mais ou menos precisão pelo cânon bíblico, judeu e, logo, cristão. Ainda que experiência religiosa, a fé bíblica é *instruída* – no sentido de formada, esclarecida, educada – na rede de textos que a pregação reconduz cada vez à palavra viva. Essa pressuposição, não somente linguística, mas textual da fé bíblica, precede tudo o que poderia ser dito ulteriormente sobre a relação entre o Livro e o espelho. O *si*, informado pelas Escrituras, poderá ser, como se dirá, um si que responde, porque, de certa maneira, os textos precedem a vida. Se eu posso nomear Deus, por imperfeito que isso seja, é porque os textos que me foram pregados já o nomearam. Para empregar outra linguagem, já evocada acima, se dirá que a fé tem seus "clássicos", que a distinguem na eleição cultural de todos os outros clássicos. E essa diferença importa à nossa investigação sobre o si, na medida em que os "clássicos" do judaísmo e do cristianismo diferem sobre um ponto fundamental de outros clássicos, desde os gregos aos modernos: enquanto esses alcançam seus leitores, um por um, e sem outra autoridade que aquela que eles querem conferir-lhes, os "clássicos" que informam a fé judaica e cristã o fazem através da autoridade que eles exercem sobre as comunidades que se colocam sob a regra – o cânon – desses textos. É assim que esses textos fundam a identidade das comunidades que os recebem e os interpretam. É sobre o fundo dessa identidade que um si que responde pode se desdobrar (RICOEUR, 2008b, p. 52).

A exploração do que P. Beauchamp denomina as *três escrituras* hebraicas é usada por Ricoeur para ilustrar o caráter fechado e aberto do Livro mesmo, que sucessivamente vai fechando, desestabilizando e ampliando a identidade que o próprio Israel adquire. Um processo presidido pela dialética entre o fechamento e a abertura. Cada uma dessas escrituras exige um correlato diverso, sucessivas figuras de um povo que se vai enriquecendo ao ser modificado.

> Da instrução pela Lei e pelo relato das origens, aquele recebe a estabilidade de uma identidade ético-narrativa; do oráculo profético, recebe a insegurança de uma identidade entregue ao ritmo da morte e da ressurreição; da sabedoria, enfim, recebe vocação para pôr de acordo sua singularidade com a universalidade das culturas. (RICOEUR, 1994, p. 324-325)

Esse fechamento da *tradição* e essa abertura da *imaginação*, no encontro contínuo entre uma comunidade de fé e o mundo revelado nas Escrituras, nos dão a chave para a estruturação do que temos chamado de poética teológica. A tradição veicula e interpreta continuamente a revelação. A imaginação permite que a fé seja apropriação viva e criativa da palabra. O que Ricoeur nos ensina sobre a tradição e a imaginação em sua poética do relato enriquece nossas categorias básicas de revelação e fé e nos permite sua releitura desde essa dimensão criativa da linguagem que ele denomina poética. Aplicações a uma hermenêutica teológica de uma hermenêutica filosófica que se concentrou na indagação das relações entre narratividade e historicidade. Dialética entre sedimentação e inovação, na tradição, e entre a regulação e a criação (criação regulada), na imaginação, análogas à presença da ficção na história e da história na ficção. Dialética e entrecruzamento que torna possível que a história invente a realidade e que a ficção a imite.

Desde então, o poeta e o historiador estão a serviço do crente, pois necessitamos, ao mesmo tempo, de visões e testemunhas visíveis para fundar e renovar nossa tradição e nossa imaginação. De suas maneiras respectivas, ambas, poesia e história, contribuem à junção do humanamente possível. Tal como a hermentêutica ricoeriana, em torno aos símbolos, nos mostrou que Freud e Hegel representam a arqueologia e a teleologia do sujeito (cf. RICOEUR, 1965), a história e a poesia representam a memória e a esperança. Juntas, constituem a única maneira de *ser-no-tempo* do ser humano. Só os seres humanos são nutridos pela memória e pela esperança.[10]

---

[10] Um trabalho teológico sobre nosso autor nos sugere que, para Ricoeur, "von Rad e Moltmann representam memória (tradição) e esperança (promessa), respectivamente. Para Ricoeur, o testemunho bíblico é ele mesmo dialeticamente constituído pela memória e pela esperança." (VANHOOZER, 1990, p. 289, nota 6)

A resposta: as figuras religiosas do si mesmo que respondem ao chamado

O acento se pode pôr em tentar dizer: "através de que *chave simbólica* o si se compreende a si mesmo na tradição judaica e cristã", mas também em "*qual si* se compreende assim" (RICOEUR, 2008c, p. 77). Para fazê-lo, Ricoeur elege "uma série descontínua de *figuras do si*, relativas a contextos culturais diferentes de interpretação" (RICOEUR, 2008c, p. 77). O *si* ali é constituído e definido por sua posição de respondente com relação às proposições de sentido saídas da rede simbólica descrita precedentemente. Um *responsive self* é um *si* que responde, um *si* em relação, não um *si* ab-soluto, não o *si* da *hybris* filosófica, que se põe absolutamente.

O primeiro tipo de *si* que responde nos é oferecido pelos relatos de vocação profética. O chamado profético, embora variado e amplo, tem uma estrutura na qual à confrontação com Deus, que se apresenta como palavra imemorial que envia, se segue a resposta do profeta, que parte em geral de uma objeção, que deve ser iluminada pela segurança confiada que dá o "eu estarei contigo". Esse *si* mandado, mandatado, ordenado, tem relação com a estrutura comum a todos os escritos veterotestamentários, a saber, sua "estrutura dialogal, que confronta às palavras e aos atos de Deus a resposta que lhes dão os homens" (RICOEUR, 2008c, p. 79). É também um paradigma que a comunidade cristã, seguindo a judaica, levou em conta para interpretar-se a si mesma. "A compreensão do acontecimento crístico, à luz da palavra profética, pertence, nesse sentido, a esta história da interpretação do si mandatado" (RICOEUR, 2008c, p. 85).

Um segundo paradigma do si que responde, mais próximo ao si mandatado do AT, é aquele da conformidade à figura crística, que aparece pela primeira vez nas cartas de São Paulo. "Refletindo como em um espelho a glória do Senhor, somos transformados nesta imagem" (2 Cor. 3, 18). É sobre a reinterpretação da glória de Deus, que inclui a figura do "Servo sofredor", *figurada* pela pessoa de Cristo, que Paulo enxerta esse tema da transformação do homem cristão nessa imagem. "Abre assim a metáfora central do *si* cristão como *cristomorfo*, ou seja, à imagem da imagem por excelência" (RICOEUR, 2008c, p. 87). Uma metáfora fundamental que pode ser seguida na *imitatio Christi*.

A terceira figura, a do "mestre interior", segundo Santo Agostinho, proporciona uma referência significativa no pensamento ocidental, no caminho da "interiorização da relação de correspondência entre o polo divino do chamado e o polo humano da resposta". Para além de todas as influências platônicas e neoplatônicas, o componente bíblico transforma essa relação mestre-discípulo, na qual toda verdade interior e superior se identifica com Cristo, que "habita no homem interior". A figura crística foi assimilada à Sabedoria eterna que nos ilumina, pois "a luz e o Verbo são o mesmo" (RICOEUR, 2008c, p. 92).

A última figura do si que responde, o testemunho da consciência, é a mais interiorizada, "ao ponto de constituir-se em instância autônoma na cultura moral saída da *Aufklärung*, principalmente na *Crítica da razão prática*, de Kant, prolongada pela *Fenomenologia do espírito*, de Hegel" (RICOEUR, 2008c, p. 92). A consciência "abre novas possibilidades de interpretação para a estrutura dialogal da existência cristã... sem romper com o *si* que responde inaugurado pelos relatos de vocação profética" (RICOEUR, 2008c, p. 93).

Uma teologia da consciência exige, ao mesmo tempo, uma reinterpretação simultânea do fenômeno da consciência como do querigma cristão. Fazemos a primeira graças a uma apropriação crítica da análise heideggeriana da consciência: "A autonomia da consciência kantiana é ali temperada pela confissão do não senhorio sobre si que caracteriza uma instância sem embargo radicalmente *própria*, cada vez minha, segundo a forte expressão de Heidegger." (RICOEUR, 2008c, p. 95) Fazemos o segundo quando "a transcendência do querigma aparece ali simetricamente temperada pelo processo incessante de interpretação do espaço simbólico aberto e delimitado pelo cânon bíblico. Nesse espaço simbólico, se inscreve o 'Grande Código'(...) que *nos* interpreta na medida em que nós *o* interpretamos." (RICOEUR, 2008c, p. 95) Essa teologia da consciência diz a verdade quase inteiramente por fazer, apesar do lugar que a consciência ocupou em Lutero e das preciosas reflexões teológicas sobre a consciência do teólogo luterano Gerhard Ebeling.[11]

Para nós, que viemos depois da *Aufklärung*, a tensão se agudiza entre o polo da consciência "autônoma" e a *obediência* da fé.

---

[11] Ebeling formula suas reflexões no quadro de um pensamento teológico dominado pela noção de acontecimento de palavra (*Wort-Ereignis, Word-Event*): Se o acontecimento de salvação é, por excelência, um acontecimento de palavra, a consciência interessa teologicamente, pois ela mesma é um acontecimento de palavra em virtude de sua estrutura de chamado (p. 96). Ricoeur é mais cuidadoso ao mostrar o caráter dialético do *coram seipso* e do *coram Deo*. Se a salvação é *word-event*, a comunicação desse acontecimento de palavra não ocorre sem uma interpretação da rede simbólica inteira que constitui o dado bíblico. "Interpretación en la cual el si es a la vez interpretante e interpretado." (p. 98)

É na mesma media que o si é capaz de julgar por ele mesmo, "em consciência", que ele pode responder de maneira responsável à Palavra que lhe vem da Escritura. A fé cristã não consiste em dizer simplesmente que é Deus quem fala na consciência. Esta imediatez desconhece a mediação da interpretação entre a autonomia da consciência e a obediência da fé. (RICOEUR, 2008c, p. 99)

Essa articulação entre a autonomia da consciência (que descobrimos pelo espírito da ilustração) e a simbólica da fé (cuja estrutura mediada e simbólica descobrimos segundo o espírito da hermenêutica) constitui, segundo Ricoeur, a condição moderna do "si mandatado".

O cristão é aquele que discerne a "conformidade à imagem de Cristo" no chamado da consciência. Esse discernimento é uma interpretação. E essa interpretação é o resultado de um combate pela veracidade e pela honestidade intelectual. "A síntese não está totalmente dada e não está nunca feita entre o veredicto da consciência e o cristomorfismo da fé." (RICOEUR, 2008c, p. 99) A síntese segue sendo um risco.

A título de conclusão

Neste trabalho nos limitamos a uma apresentação sumária da reflexão de três pensadores, que nos parecem relevantes para repensar a religião e a Teologia. É uma tarefa pendente não só aprofundar suas considerações filosóficas, mas explicitar também seus aportes para a filosofia da religião e para a teologia,[12] perguntando-nos sobre a vigência de suas reflexões sobre a religião na América Latina (cf. SCANNONE, 2009). Apesar de a filosofia ter uma pretensão de universalidade, as reflexões desses três filósofos não deixam de ser condicionadas por sua situação de origem. Muito mais ainda se se trata de reflexões fenomenológicas e hermenêuticas. Há que se indagar se tais reflexões, surgidas no Ocidente desenvolvido e norte-atlântico, são pertinentes para pensar a peculiaridade da religião e da teologia nos países do sul.

Para além das evidentes diferenças dessas aproximações filosóficas, todas coincidem em afirmar que as significativas transformações em curso são produto de uma crise. Nos três casos, a crise afeta, com distintos níveis

---

[12] Um trabalho mais completo sobre os aportes de Ricoeur realizamos em: SILVA, 2000, p. 167-205. Estando pendentes de nossa parte considerações análogas sobre Taylor e Marion, remetemos ao trabalho já citado de: López, 2008.

de profundidade e amplitude, a modernidade ilustrada (suas profecias de secularização, sua metafísica, sua exaltação do *Cogito*) e dá origem a algo novo (a massificação do romantismo numa ética da autenticidade, que implica novas formas de crer; um terceiro horizonte de pensamento, no qual a Fenomenologia e, em particular, a Fenomenologia da Doação permite acolher os fenômenos religiosos e, entre eles, a revelação cristã; a transformação da subjetividade, que não implica sua negação, mas a afirmação de um sujeito capaz e vulnerável, que pode ser novamente interpelado). A situação de crise se produz porque, diante das transformações em curso, não temos a certeza para distinguir com clareza o que está morrendo e o que está nascendo. Os três sustentam que, nas possibilidades que oferece essa novidade, seja ela qual for, há espaço para que irrompa novamente a novidade do religioso.

Taylor nos narra o processo de constituição da consciência moderna (dos séculos XVI ao XX) e o processo de secularização vivido. Mas sustenta que as teorias da subtração têm perdido vigência para compreender esse processo. Se não é inevitável que a religião perca terreno com a chegada da modernidade ou com sua transformação romântica, haverá que repensar as novas condições do crer nessa idade secular. Se o que declina é o sujeito desvinculado e se recupera sua situação, sua carne, seus vínculos, suas tradições e identidade, as crenças e as religiões encontrarão novas formas de se expressar.

Do seu lado, Marión nos oferece sua Fenomenologia da Doação e nos convida a prestar atenção nos fenômenos saturados. Sua proposta supõe a superação não só da metafísica clássica da substância, mas também da filosofia moderna do sujeito. Supõe transcender, transformar, superar a subjetividade e os limites que nos impuseram tanto Kant quanto Hegel. Com essa liberação da proibição que impõe a razão suficiente, a menção de Deus na filosofia não se faz recaindo numa metafísica especial ou na ontoteologia, mas ampliando a possibilidade da Fenomenologia, pois nesta não se pode proibir nada do que se dá.

Para Ricoeur também o que está em questão é o sujeito. Suas reflexões neste ponto são complementares à crítica que faz Taylor ao eu desvinculado ou Marión ao sujeito transcendental: "não é o *Cogito* que põe o ser, mas este se dá ao *Cogito*" (cf. SCANNONE, 2009, p. 195). Porém, a transformação do sujeito não implica sua eliminação. A implosão dos limites impostos pela subjetividade não nos faz esquecer que já se implodiram os limites da objetividade natural. O *Cogito* ferido, frágil, vulnerável, segue sendo um ser humano capaz de responder a um chamado. A interpelação que vem da linguagem, o chamado do outro, a refiguração por meio da Escritura não se faz à custa da autonomia nem da consciência: não se faz à custa do que foi adquirido e conquistado pela modernidade. Pois aquilo que se nos dá – seja o rosto do outro, a religião ou a revelação – nos interpreta, na medida em que os interpretamos. Como não há Fenomenologia sem hermenêutica, provavelmente o maior fruto que podemos obter desses pensadores é o pôr em relação suas contribuições.

Referências bibliográficas

FALQUE, Emmanuel. *Dieu, la chair et l'autre*. D'Irénée a Duns Scot. Paris: Puf, 2008.

GALLAGHER, Michael Paul. La persistencia de la fe. Charles Taylor y la secularización. *Mensaje*, 578, mayo 2009, p. 19-25.

GREISCH, Jean. *Le Buisson ardent et les Lumières de la Raison*. L'invention de la philosophie de la religion Tome II. Les approches phénoménologiques et analytiques. Paris: Cerf, 2002.

GREISCH, Jean. *Paul Ricoeur*. L'itinérance du sens. Grenoble: Million, 2001.

HABERMAS, Jürgen. *Entre naturalismo y religión*. Barcelona: Paidós, 2006.

JANICAUD, Dominique. *Le Tournant théologique de la phénomenologie française*. Combas: L'éclat, 1991.

LANCEROS, Patxi. Modernidad/Posmodernidad. In: ORTIZ-OSÉS; LANCEROS, Patxi (Ed.). *Claves de hermenéutica*. Para la filosofía, la cultura y la sociedad. Bilbao: U. Deusto, 2005.

LÓPEZ, José Daniel. *Teología y fenomenología*. La fenomenología como método crítico y sistemático para la teología. Córdoba: UC de Córdoba, 2008.

MARION, Jean-Luc. *Étant donné*. Essai de une phénomenologie de la donation, Paris: Puf, 1997. Tradução para o espanhol: *Acerca de la donación*. Una perspectiva fenomenológica. Buenos Aires: UNSAM, 2005.

MARION, Jean-Luc. *Le visible et le révélé*. Paris: Cerf, 2005.

MARION, Jean-Luc. *Sur l'ontologie grise de Descartes:* science cartésienne et savoir aristotélicien dans les Regulae. Paris: Vrin, 1975.

MARION, Jean-Luc. *Sur la théologie blanche de Descartes:* analogie, création des vérités éternelles et fondement. Paris: Puf, 1981.

MARION, Jean-Luc. *Sur le prisme métaphysique de Descartes:* constitution et limites de l'onto-théo-logie dans la pensée cartésienne. Paris: Puf, 1986.

MARION, Jean-Luc. *Questions cartésiennes I:* méthode et métaphysique. Paris: Puf, 1991.

MARION, Jean-Luc. *Questions cartésiennes II:* sur l'ego et sur Dieu. Paris: Puf, 2002.

MARION, Jean-Luc. *L'idole et la distance:* cinq études. Paris: Bernard Grasset, 1977.

MARION, Jean-Luc. *Dieu sans l être.* Paris: Arthème Fayard, 1982.

MARION, Jean-Luc. *Prolégomènes à la charité.* Paris: La Différence, 1991.

MARION, Jean-Luc. *La croisée du visible.* Paris: Puf, 2007.

MARION, Jean-Luc. *Réduction et donation:* recherches sur Husserl, Heidegger et la phénoménologie. Paris: Puf, 1989.

MARION, Jean-Luc. *Étant donné:* essai d'une phénoménologie de la donation. Paris: Puf, 2005.

MARION, Jean-Luc. *De surcroît:* études sur les phénomènes saturés. Paris: Puf, 2001.

MARION, Jean-Luc. *Le phénomène érotique*: six méditations. Paris: Grasset, 2003.

MARION, Jean-Luc. *Le visible et le révélé.* Paris: Cerf, 2005.

RICOEUR, Paul. *Le Volontaire et l'Involuntaire.* Paris: Aubier, 1950.

RICOEUR, Paul. *La Symbolique der mal.* Paris: Aubier, 1960.

RICOEUR, Paul. *De l'Interprétation.* Essais sur Freud. Paris: Seuil, 1965.

RICOEUR, Paul. *Du texte à l'action.* Essais d'herméneutique II. Paris: Seuil, 1986.

RICOEUR, Paul. Le sujet convoqué. À l'école des récits de vocation prophétique. *Revue de l'Institut catholique de Paris,* 1988, n 2.

RICOEUR, Paul. The creativity of language. In: KEARNEY, Richard. *Dialogues with contemporary continental thinkers:* the phenomenological heritage: Paul Ricoeur, Emmanuel Levinas, Herbert Marcuse, Stanislas Breton, Jacques Derrida. Manchester: Manchester University Press, 1984. p. 15-35.

RICOEUR, Paul. *Soi-même comme un autre.* Paris: Seuil, 1990.

RICOEUR, Paul. *Lectures 3.* Aux frontières de la philosophie. Paris: Seuil, 1994.

RICOEUR, Paul. *Lo justo 2:* estudios, lecturas y ejercicios de ética aplicada. Madrid: Editorial Trotta, 2008a.

RICOEUR, Paul. Le soi dans le miroir des écritures. In: _____. *Amour et justice.* Paris: Points (Seuil): 2008b.

RICOEUR, Paul. Le soi "mandaté" o my profhetical soul. In: _____. *Amour et justice.* Paris: Points (Seuil): 2008c.

SCANNONE, Juan Carlos. Prólogo. LÓPEZ, José Daniel. *Teología y fenomenología.* La fenomenología como método crítico y sistemático para la teología. Córdoba: UC de Córdoba, 2008.

TAYLOR, Charles. *Sources of the self.* The making of the modern identity. Cambridge, Mass: Harvard University Press, 1989. Trad. esp. *Fuentes del yo:* la construcción de la identidad moderna. Barcelona: Paidós, 2006.

TAYLOR, Charles. *A secular age.* Cambridge: Harvard University Press, 2007.

TAYLOR, Charles. *The ethics of authenticity.* Cambridge: Harvard University Press, 1989. Trad. esp. La ética de la autenticidad. Barcelona: Paidós, 1994.

TAYLOR, Charles. *Multiculturalism and 'the Politics of Recognition'.* Princeton: Princeton Universuty Press, 1994.

TAYLOR, Charles. *Varieties of religion today:* William James revisited. Cambridge: Harvard University Press, 2002.

TAYLOR, Charles. *A Catholic modernity?* New York: Oxford University Press, 1999.

TAYLOR, Charles. *Modern social imaginaries.* Durham and London: Duke University Press, 2004.

VANHOOZER, Kevin. *Biblical narrative in the philosophy of Paul Ricoeur.* A study in hermeneutics and theology. Cambridge University Press, 1990.

YAKSIC, Miguel. On the modern conditions of belief. Charles Taylor's *A secular age* (2009), 19 p., manuscrito por publicar.

Sobre epistemologias e diálogos: Fenomenologia, diálogo inter-religioso e hermenêutica

Gilbraz Aragão

Para Paulo Coelho, 61 anos, já virou tradição. Desde 1987, ele celebra, com uma grande festa em 19 de março, o dia de São José, patrono da Igreja Católica, protetor das famílias e também santo de devoção do autor. Na última quinta-feira, não foi diferente. A comemoração aconteceu no charmoso restaurante Bouillon Racine, de arquitetura art noveau, no Quartier Latin, em Paris. Paulo, que mora parte do ano na capital francesa, reuniu 130 pessoas, entre amigos de várias partes do mundo e alguns leitores, em uma noite marcada por muita música e oração. (...) Logo na entrada, os convidados foram recepcionados com champanhe e bossa nova, tocada ao vivo. Paula Braconnot, assistente pessoal do escritor, abriu a celebração a São José, cantando "Aleluia". Depois, foram feitas orações ao santo em português, inglês, francês, espanhol, italiano e árabe. Paulo saudou os presentes explicando a importância da demonstração de fé em São José. "Em minha vida, sempre acreditei no sentido divino dos acontecimentos e fui um grande trabalhador", disse ele. Antes da oração, lembrando que São José também é o protetor dos trabalhadores, ele acrescentou que a França, exatamente naquele dia, estava em greve geral devido às milhares de demissões causadas pela crise econômica internacional. (...) Afirmou também ter ficado bastante satisfeito ao saber que trechos de O alquimista estavam sendo lidos pelo exército norte-americano em árabe para crianças iraquianas. "Sinto muita alegria porque a minha obra está conseguindo aproximar duas culturas diferentes e abrindo as portas de um diálogo que pode significar a paz para milhões de pessoas no Iraque e nos Estados Unidos", declarou. (Revista Contigo, ed. 1.749, 26/3/2009)

Contrato epistemológico ou pacto diabólico

Outro dia, vi na vitrine de uma livraria religiosa de Paris um livro de Sociologia da Religião que prometia fazer sucesso, discorrendo sobre a des--inculturação do catolicismo francês (HERVIEU-LÉGER, 2003). O cristianismo tem um discurso sobre o humano, a natureza e a vida em sociedade que impregnou a cultura francesa e desdobrou-se em movimentos libertários seculares, que a caracterizaram. Porém, hoje, o catolicismo vive um cisma cultural e não faz mais parte das referências comuns do universo dos franceses. Seus códigos e seus valores, suas representações e seu pessoal saíram ou estão saindo do campo social. Tal livro oferece essa observação do catolicismo na França, onde a mensagem cristã não é mais relevante, haja vista a profunda contradição com a sociedade individualista, uma perda de confiança por parte das famílias e, finalmente, um declínio da instituição eclesial. Quatro de cinco crianças eram batizadas no seu primeiro ano, no final da década de 1960; é o caso de uma criança em duas, em 2000 – e esta proporção já não será de um terço em 2020. Com a declaração desses números, o catolicismo francês parece exculturado, ainda mais quando as alternativas e as reações de socialização dessa fé são frágeis, sobretudo entre os jovens.

Mas, pelo agora visto nessa novena parisiense de Paulo Coelho, há mais coisas entre a Terra e os céus do que sonham as vãs sociologias... Ou a sociologia errou ou o catolicismo não anda muito "católico"! Que mundo é esse em que 20 anos já tornam uma festa "tradicional"? E se os franceses mesmos não fazem mais procissão nem festa para os seus santos, nem celebram mais os seus "onomásticos" (o novo Missal Dominical da França até suprimiu sutilmente as referências aos santos padroeiros tradicionais do país e incluiu referências ecumênicas às festas judaicas, muçulmanas e protestantes!), o catolicismo santeiro habitual é revivido ali, então, em uma reza brasileira para São José! E o nosso mago esotérico, devidamente comendado pela Legião de Honra de Jacques Chirac, faz novena para um santo católico na secularizada Paris, em restaurante chique do Quartier Latin! Reza-se em várias línguas, tal qual em um novo Pentecostes, e se evoca proteção, ao santo dos trabalhadores, até para os excluídos pela crise internacional... Mais: a pérola do evento inusitado, descrito e retratado em revista de consultório, citada à epígrafe, aparece quando Paulo Coelho se diz alegre porque o seu *Alquimista* está sendo lido em árabe para crianças iraquianas, pelos invasores americanos. Que religiosidade é essa?! Quem são os agentes das novas preces desse mundo e com que intenções as entoam? Como lançar luz, tornar mais consciente – e permitir que seja mais consequente – essa nova formatação religiosa?

A cultura francesa influenciou muito, sobretudo no século XIX, a renovação do jeito brasileiro de pensar, com o Romantismo e o Realismo, mas também com a piedade ultramontana das "devoções brancas". Talvez estejamos assistindo agora a um despertar francês (e da sua típica curiosidade em relação ao "outro") pela cultura (e religiosidade) brasileira – das quais o midiático Paulo Coelho é apenas a ponta do *iceberg*. Vamos aqui "viajar" para a França, até porque acabamos de celebrar o "ano" dessa matriz cultural no Brasil (também no que respeita à compreensão do fato religioso – basta pensar na sociologia dos fundadores da USP). Isso tanto para esclarecer um pouco essa religiosidade de lá e de cá, quanto para discutir, no "caminho", sobre o campo epistemológico das Ciências da Religião entre nós. Sabemos que ele é interdisciplinar e recebe colaborações teóricas (e estudantes) das áreas de história e de hermenêutica,[1] das disciplinas de Sociologia, Antropologia e Psicologia, bem como de Filosofia, Linguística e Teologia. Exige, contudo, que os seus respectivos aportes metodológicos sejam redimensionados epistemologicamente com base na comparação empírica dos fatos e na busca hermenêutica de significados, através de uma lógica dialogal (as Ciências da Religião se articulam em torno da cultura epistemológica das controvérsias).[2] De modo que pesquisadores daquelas diversas áreas são bem-vindos às pós-graduações em Ciências da Religião e podem produzir trabalhos com enfoques desde as suas graduações, bastando que se coloquem questões atingíveis fenomenologicamente[3] e trabalháveis hermeneuticamente.[4]

---

[1] As tensões entre uma influência mais histórico-fenomenológica nas "Ciências da Religião" e outra mais antropológico-hermenêutica na "Ciência das Religiões" podem ser percebidas claramente quando se compara a produção de duas coleções para a área na mesma Editora Paulinas, em nosso país: "Religião e Cultura" e "Repensando a Religião", respectivamente.

[2] M. Dascal, provavelmente o filósofo brasileiro mais conhecido no exterior, é um exemplo perfeito de como a história da filosofia e a ciência cognitiva podem, através de um diálogo constante, levar a novos resultados profundos na reflexão sobre as questões fundamentais de mente, linguagem, comunicação, cognição etc. Dascal é um grande especialista em filosofia do século XVIII, especificamente de Leibniz, mas, para ele, estudar grandes pensadores do passado não é ser um antiquário intelectual, mas sim uma maneira de tratar dos problemas fundamentais da filosofia e da nossa vida intelectual, hoje e aqui, no começo do século XXI. Para tanto, Dascal esboça uma cultura epistemológica das controvérsias, que interessa muito à(s) Ciência(s) da Religião: "Um campo específico em epistemologia contemporânea desdobrado a partir das investigações kuhnianas é o estudo conceitual e empírico-histórico das controvérsias, tal como vem sendo desenvolvido por Dascal e seu grupo de pesquisa em controvérsias científicas, teológicas e filosóficas no período compreendido entre os anos de 1600 e 1800 na Europa ocidental. Focalizando o que chamaria de crises como sendo o eixo central do modo como se dá a construção das teorias em ciência, e a resolução (ou não) destas via apreciação da dialética dos argumentos (a controvérsia em si, no caso de um estudo empírico em particular), penso que seria consistente descrever o seguinte cenário específico: o campo científico de estudos do fenômeno religioso é um caso clínico típico de controvérsia, e se tratado como tal poder-se-á, talvez, esclarecer (no sentido de torná-las mais iluminadas) algumas das mais importantes questões epistemológicas (e metodológicas) em questão na nossa prática." (PONDÉ, 2001, p. 17)

[3] Para esclarecer as relações entre Fenomenologia e Ciências da Religião, indico Dreher (2003); também o texto de Brandt (2006, p. 122-151); além do artigo de Giorgi (2008, p. 386-409).

[4] Para aclarar o recurso hermenêutico das Ciências da Religião, sugiro Paden (2001), Terrin (2003) e Geffré (2004).

O conceito de Ciências da Religião, cunhado por M. Müller (1823-1900), deu origem a uma área acadêmica[5] que busca esclarecer a experiência humana do Sagrado. Sobre a base da história geral das religiões ergue-se o estudo comparativo das religiões, que aborda as religiões e seus fenômenos com questionamentos sistemáticos. Ele forma categorias genéricas e se esforça para apreender o mundo dos fenômenos religiosos de tal modo que transpareçam linhas fundamentais, sobretudo fazendo uso da fenomenologia. Enquanto a história das religiões constitui a base das Ciências da Religião, a pesquisa sistemática das religiões deve mostrar semelhanças e diferenças de fenômenos análogos (sobre o Sagrado) em diversas religiões e apresentar a hermenêutica dos "textos" sacros em seus contextos. As relações entre religião e suas condições contextuais são então aclaradas por distintas disciplinas, conforme o esquema que proponho abaixo:

Campo epistemológico das Ciências da Religião

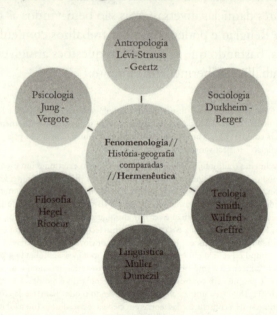

Assim, por exemplo, a Sociologia da Religião ocupa-se das relações recíprocas entre religião e sociedade, incluindo também a dimensão política. A Psicologia da Religião dedica-se a processos religiosos que devem ser

---

[5] Vale a pena analisar as discussões apresentadas a esse respeito em Usarski (2007). Uma ótima introdução ao nosso campo de estudos também pode ser encontrada em Cruz (2004).

SOBRE EPISTEMOLOGIAS E DIÁLOGOS: FENOMENOLOGIA, DIÁLOGO INTER-RELIGIOSO E HERMENÊUTICA

compreendidos a partir da peculiaridade do elemento psíquico. A Geografia das Religiões investiga as relações entre religião e espaço, sendo que este se entende não apenas em sentido físico, mas também cultural. E por aí vai... Assim, também, a filosofia participa do campo epistemológico das Ciências da Religião, desde que não reduza teoricamente o religioso a mero epifenômeno e busque sistematizar os fatos religiosos com maiores preocupações de objetividade; e a teologia,[6] desde que se redefina metodologicamente como uma interpretação das tradições de fé e não se limite a expor uma doutrina religiosa. Desse modo, com as questões certas e os procedimentos adequados, podemos construir juntos a sinfonia polifônica do esclarecimento possível sobre as experiências religiosas. E mais: se o que caracteriza as Ciências da Religião é esse voltar à natureza e aos fenômenos, porque muitos discursos filosóficos e teológicos e até mesmo ditos científicos, pela psicossociologia, tornaram-se por demais teóricos e autorreferenciados, então a temática do pluralismo religioso e do diálogo inter-religioso traz hoje um dinamismo cultural que exige e permite que a gente circunscreva o campo das pesquisas sobre religiões pelos balizadores da comparação fenomenológica e da interpretação hermenêutica.

A crítica feita à Fenomenologia é que, por estar comprometida com o sentido da experiência religiosa, não teria condições de fazer "ciência". A crítica feita à ciência empírica é que não é possível uma aproximação a um objeto que não implique um pressuposto interpretativo. Essa é uma tensão que precisamos aprender a administrar criativamente. Ainda agora perguntamos em nosso *blog*[7] qual destas questões é própria das Ciências da Religião (e não da Teologia, Filosofia ou História): a Bíblia tem razão? Os espíritos incorporam de verdade? Qual o sentido deste fato religioso? Deus existe mesmo? Essa é uma experiência religiosa verdadeira? Que estruturas de produção explicam tal religiosidade? Então, 55% das pessoas votaram acertadamente na pergunta "Qual o sentido

---

[6]   O campo epistemológico das Ciências da Religião colabora para uma ressignificação da Teologia enquanto ciência que desenvolve a interpretação de mitos, ritos e símbolos de tradições de fé – o que implica tanto a caracterização dos conceitos teológicos como símbolos, quanto a redescoberta de conteúdos racionais em narrativas míticas. Coopera também para uma nova hermenêutica dos símbolos da tradição cristã, por exemplo, pelo realismo que se impõe a quem participa em um campo transdisciplinarmente aberto à história comparada das religiões e à crítica psicossocial do fenômeno religioso. Para um aprofundamento das relações entre Ciências da Religião e Teologia, ver os artigos de Ethiene Higuet (http://www.metodista.br/ppc/correlatio/correlatio09/a-teologia-em-programas-de-ciencias-da-religiao) e de Afonso Soares (http://ciberteologia.paulinas.org.br/portals/24/01ATeologiaEmDialogo.pdf).

[7]   http://crunicap.blogspot.com.

deste fato religioso?". Questões como "A Bíblia tem razão?" ou "Esta é uma experiência religiosa verdadeira?" são mais restritamente teológicas. "Deus existe mesmo?" é um problema filosófico. "Que estruturas de produção explicam tal religiosidade?" e "Os espíritos incorporam de verdade?" correspondem a certas linhas de pesquisa da sociologia e da psicologia, historicamente datadas. Mas nem sempre é fácil fecharmos o consenso sobre o campo epistemológico apropriado das Ciências da Religião. As diferenças principais estão na divergência epistemológica: existe uma ciência da religião com método interdisciplinar próprio ou apenas aplicações dos métodos das ciências humanas e sociais ao tema da religiosidade?! Esconder-se-ia em todas as religiões uma essência, ainda que fenomenológica, da religião ou devemos nos contentar com a apreensão da diversidade de tradições locais dos fatos religiosos?

Estamos diante de um campo epistemológico mais do que "inter", transdisciplinar,[8] que foi muito recentemente esboçado entre nós no Brasil (cf. TEIXEIRA, 2001) e que ainda não é completamente desenvolvido pelo mundo afora, mas que não tem o mesmo ponto de vista e processamento sobre o fenômeno das religiões a que nos habituamos em nossas formações de filósofos e teólogos, antropólogos, psicólogos e sociólogos... Para mim, recorrendo a uma analogia literária, todo pesquisador em Ciências da Religião precisa fazer um pacto (metodológico) com o "diabo" (caso seja crente) ou com o "divino" (caso seja agnóstico). Recorrendo ao *Fausto*, de Goethe,[9] uma tragédia que inaugura a cultura moderna, creio que precisamos voltar à natureza da realidade e a uma mudança nos métodos de estudos, como fez Fausto, não apenas para ampliar sua ciência, mas para reaprender a viver. O saber que serviria para entender esse mundo o distancia dele. A leitura leva a um afastamento, a uma alienação que faz crescer a vontade de Fausto de eliminar essa distância, de voltar à natureza, banhando-se no seu orvalho verdejante. Goethe começou a escrever sua obra em pleno século XVIII, isto é, no século do Iluminismo. Por um lado, esse movimento promovia a emancipação do ser humano pela razão; por outro, essa razão tornou-se um instrumento repressor

---

[8] A pluridisciplinaridade diz respeito ao estudo de um objeto de uma mesma e única disciplina por várias disciplinas ao mesmo tempo. A interdisciplinaridade diz respeito à transferência de métodos de uma disciplina para outra. A transdisciplinaridade, como o prefixo "trans" diz respeito àquilo que está simultaneamente entre as disciplinas, através das diferentes disciplinas e além de qualquer disciplina. Seu objetivo é a compreensão do mundo presente, para o qual um dos imperativos é a unidade do conhecimento (cf. SOMMERMAN, 2006).

[9] Sirvo-me de Goethe (2002). Cabe ressaltar que Goethe e os românticos tiveram influência sobre Eliade, Otto, Jung, Sholen, Corbin e outros autores que são referências clássicas em nossa área de estudos e estão vinculados pelo Círculo de Eranos, onde se desenvolveu uma hermenêutica simbólica do sentido (ver WASSERSTROM, 2003).

para justificar o autoritarismo "burguês" que procurava reprimir as tradições não produtivistas do ser humano. Fausto, então, quer trocar os livros pela vivência imediata da natureza, já que os seus conceitos não servem mais para a intermediação entre o homem e seu mundo.

Para mergulhar na vida, Fausto é obrigado a abandonar toda a sua teoria cinzenta e acaba trocando o desequilíbrio da erudição pelo desequilíbrio da sensualidade, trocando o saber do passado pelo viver do presente. A tragédia de Fausto é de não saber viver. As Ciências da Religião, não se enganem, podem ser uma sedução meio diabólica para nos tornarmos mais sensuais e naturais, mais atentos aos fe-"noumenos" do que ao "noumeno", para nos soltarmos das amarras das nossas teorias e ciências "divinas" e nos perdermos em passeios primaveris pelos centros e terreiros, pelos pagodes e assembleias do nosso povo, para olharmos as suas tradições de fé com um outro apreço e/ ou uma certa desconfiança. O problema é quem vamos encontrar em nossas "casas" quando voltarmos desse "passeio de páscoa", racional-inebriado, pela paixão carnavalesca do povo, pelos santos festivos da nossa gente! "Quem castiga nem é Deus, é os avessos", já dizia Guimarães Rosa (RONAI, 1983, p. 13). Portanto, cuidado com o pacto que vocês farão com Mesfisto nesse campo de estudos – porque, certamente, terão de fazê-lo. Desejo, de todo modo, que isso traga sapiência e sirva para o maior fausto da vida – e a maior glória de "Deus", que, segundo dizem, serve-se até das tramas do "coisa-ruim".

Nos limites do inclusivismo religioso

Por que o pluralismo e o diálogo constituem um dinamismo cultural que exige e favorece a circunscrição do campo das pesquisas sobre religiões pelos balizadores da comparação fenomenológica e da interpretação hermenêutica? No âmbito cristão, sobretudo, o desafio da inculturação da fé e do diálogo entre as religiões vem ganhando relevo, até porque a sua supremacia numérica vem decrescendo no mundo. No missal romano antigo, com efeito, éramos convidados a rezar todos os dias pelos católicos e somente uma vez ao ano pelo resto da família humana, na Sexta-Feira Santa. Nesse dia se rezava pelos "cismáticos", pensando-se nos cristãos ortodoxos do Oriente, pelos "heréticos", pensando-se nos protestantes, pelos "judeus pérfidos" e, pelos "pagãos", pensando-se nos adeptos das outras religiões do mundo. E se pedia que o Deus Todo-poderoso retirasse a iniquidade dos seus corações e que, deixando seus ídolos, eles se voltassem para o verdadeiro Deus, o Deus vivo, e para o seu Filho único, Jesus Cristo, nosso Deus e Senhor. Tal liturgia projetava os católicos como "filhos da luz" e deixava o restante da humanidade nas trevas. Olhando o mundo por essa perspectiva, pareceu justo que as nações cristãs da Europa tivessem submetido e colonizado os outros continentes: isso abria as portas para a missão da Igreja. A teologia subjacente enfatizava, na mais perfeita boa consciência, que nós reconhecemos Jesus como o Salvador do mundo, o único Mediador entre Deus e os homens (Tm 1,2-5). Tornou-se famoso o ditado de Cipriano, "Extra Ecclesiam Nulla Salus", muito embora, o Concílio de Trento tenha chegado a formular a noção de "batismo de desejo", como válvula de escape teológico para a salvação dos pagãos do Novo Mundo.

Frente a essa fase exclusivista e eclesiocêntrica de até pouco tempo,[10] levantou-se o inclusivismo de K. Rahner e H. de Lubac, lembrando que o Verbo de Deus ilumina todo ser humano nascido neste mundo (Jo 1,1-9), que Jesus anunciou as bem-aventuranças como caminho de santidade oferecido a todo ser humano (Mt 5) e que Deus reconciliou em Cristo todas as coisas na terra e nos céus (Cl 1,20). O Concílio Vaticano II lembrou as "sementes do Verbo" presentes em todas as culturas e religiões, e, desde então, ficou conhecida a teoria de Rahner sobre os "cristãos anônimos". Até então, acreditava-se de fato que Deus havia revelado em Jesus Cristo e até o último apóstolo, pelo Espírito, um depósito de informações verdadeiras frente às quais deveríamos ter fé – enquanto consentimento racional e aderência sentimental –, tratando de adequar-nos moralmente a tais verdades. Inclusive, não foram poucos os missionários a encontrarem as "pegadas de São Tomé" nas "terras de missão" de há 500 anos: era como se explicava que a cultura e a religião dos outros pudessem ter algo de bom, fazendo-se referência ao apóstolo que ninguém sabe direito para onde foi.

Depois do Vaticano II, deve-se conceber a Revelação (cf. QUEIRUGA, 2007) como uma verdadeira pedagogia divina: é o Espírito Santo que nos permite interpretar os "sinais dos tempos" e, numa certa altura do esperançoso compromisso prático para com a defesa da vida no mundo, acreditar que aquele grito que despertou a nossa práxis amorosa é sagrado, ou seja, percebermos que dentro da nossa relação amorosa fala-nos processualmente uma Palavra – Revelação – diferente, que causa diferença na vida. De forma que

---

[10] Para uma retrospectiva e prospectiva do diálogo entre religiões, ver: Basset (1996).

a Palavra de Deus não está presente só nos "livros sagrados", nem somente na literatura cristã. Existem teólogos, assim, que consideram Jesus não como expressão "constitutiva", e sim "normativa" da graça salvífica. J. Dupuis, M. Amaladoss e E. Schillebeeckx não insistem, por essa razão, na inclusão das outras religiões no cristianismo, mesmo ficando "inferiores" ao cristianismo. Para eles, nas religiões, acontecem autênticas manifestações de Deus, completadas e levadas à perfeição no mistério de Jesus Cristo. Há até quem afirme que "o mistério de Cristo inclui todas as manifestações de Deus na história, não apenas as realizadas em Jesus". Jesus seria a manifestação de Deus em toda sua profundidade, mas não em toda sua extensão, por conta da *kénose*, ou esvaziamento, que deriva da sua encarnação particular.

> Ao contrário da tese exclusivista tradicional "Fora da Igreja não há salvação", ou melhor pontuando a tese inclusivista mais recente, "Fora do Cristo não há salvação", Schillebeeckx propõe (...) uma tese mais radical ainda: "Fora do mundo não há salvação". Para esse autor, "quem ofende e profana este mundo comete, sob o ponto de vista teológico, um pecado contra o Criador do céu e da terra, contra Aquele que muitos indivíduos chamam, ainda que com nomes diferentes, Deus". A salvação, para Schillebeeckx, não pode vincular-se exclusivamente às religiões e às igrejas, mas reporta-se ao mundo e à história, que para ele são a base de toda realidade salvífica. (TEIXEIRA, 1995, p. 113)

Atualmente, essa fase ou tendência cristocêntrica, que é a atitude predominante entre missiólogos e, no Conselho Pontifício para o Diálogo Religioso, é questionada pelo pluralismo místico e ético, desenvolve um modelo soteriocêntrico de consideração do fenômeno religioso. J. Hick, P. Knitter, R. Panikkar e H. Küng perguntam se a atitude de considerar os outros como "cristãos" – mesmo contra a sua vontade – é tão "cristã" assim. Hick chega até mesmo a defender que o Jesus histórico não advogou para si o ser Deus, Filho de Deus, segunda pessoa da Trindade, encarnado: o título Filho de Deus era usado mais com o significado metafórico de um "servo especial de Deus" e acabou se transformando no conceito metafísico de "Deus Filho", através da tradição joanina e do contexto helênico pós-bíblico. Busca-se, pois, uma criteriologia inter-religiosa[11] para se viabilizar o diálogo, a partir da colabora-

---

[11] Veja-se Vigil (2006). Como fazer uma teologia cristã significativa para um destinatário multirreligioso? O livro de Vigil ajuda a pensar nisso, como igualmente o conjunto de quatro outros livros que ele organizou com os colegas da Associação de Teólogos do Terceiro Mundo, aprofundando e desenvolvendo os argumentos ali apresentados: *Pelos muitos caminhos de Deus: desafios do pluralismo religioso à teologia da libertação* (2003); *Pluralismo e libertação: por uma teologia latino-americana pluralista a partir da fé cristã* (2005); *Teologia latino-americana pluralista da*

ção de cada experiência de Deus para a salvação humana da vida no mundo. Mas tal criteriologia ressente-se da falta de uma observação científica dos fatos religiosos e de um exercício interpretativo dos fenômenos humanos de religiosidade, sem o que não poderá avançar. O mosaico de religiosidades no qual se transformou o fenômeno de construção e/ou manifestação do Sagrado em nossas cidades globalizadas faz pensar sobre a estrutura de unidade por entre e para além de todos os seus pedaços: o que os reúne? Qual o processo histórico que amarra e cimenta com sentido as suas experiências? Haverá uma essência comum às religiões, ainda que em nível distinto das suas distintas enunciações? É possível uma religião pretensamente universal dialogar com outra em condições de simetria?

Na piedade cristã se diz normalmente que Cristo é o centro de toda a história e essa é uma afirmação de fé válida no âmbito do cristianismo. A filosofia, contudo, há algum tempo preocupa-se em encontrar, a partir de razões empíricas, válidas do ponto de vista científico e mais abrangentes, qual teria sido o tempo axial da história humana. K. Jaspers (1980) e outros situam este ponto em torno do ano 500 a. C., dentro de um processo espiritual ocorrido entre 800 e 200 a. C.: é um período no qual simultânea e independentemente ocorre, em três zonas do planeta sem conexão entre si (Ocidente, Índia e China), um amadurecimento que representa um avanço na gestação do ser humano e dos seus simbolismos. As religiões pré-axiais são cósmicas, fundidas com a natureza e com a raça. As que surgem no tempo axial, as grandes religiões hoje existentes, são de salvação ou de libertação, orientando-se soteriologicamente através de um chamado profético e ético – certamente relacionado com as revoluções culturais decorridas da antiga sedentarização pela agricultura (cf. ARMSTRONG, 2008).

Pois bem, neste mundo em que, com relativa facilidade, os escritores brasileiros (mas também travestis, presidentes e até teólogos) atravessam o Atlântico para vender e comprar na Galeria Lafayette, para circular nas Sorbonne's e no *trottoir* parisiense, será que algo está mudando na religião? Será que a globalização humana e o pluralismo cultural que começamos a vivenciar hoje, carreados pelos modernos meios de locomoção, pela evolução

---

libertação (2006) e *Teologia pluralista libertadora intercontinental* (2008). Uma quinta obra está prevista, *Teologia multirreligiosa e pluralista da libertação*, o que atesta a necessidade e oportunidade dessa reflexão pluralmente soteriocêntrica, como exercício do direito a uma fé esclarecida.

das comunicações e pelas novas formas de energia e produção, estão nos levando a um novo tempo axial? Emerge cada vez mais com força entre estudiosos da religião, e mesmo teólogos (VIGIL, 2006, p. 347 *et seq.*), a hipótese de estarmos entrando em um processo de transformação da figura histórica tradicional das religiões. Ganhamos consciência de que todos os povos e a terra inteira estão ligados, de sorte que juntos é que devemos encarar nossa comum missão de salvar a vida. Sendo assim, não daria para entender que um só povo ou religião ou Igreja, um só sexo ou raça ou classe sejam a luz do mundo. Os conceitos clássicos das teologias e de certas "ciências" que estudam a religião estão meio caducos.

Se recorrermos a um pouco de observação fenomenológica e de interpretação hermenêutica, logo perceberemos que uma nova comunidade de alcance mundial está em processo de formação, o que suscita o cultivo do diálogo intercultural e inter-religioso em meio à busca por uma vida sustentável para todos; e uma ética mundial, quem sabe, e uma espiritualidade universal – cultivada particularmente segundo cada tradição de fé. Mais até, a mudança do conceito religioso de missão: ao invés de converter o mundo e implantar a minha Igreja, ajudar na disponibilização das mensagens de todas as tradições espirituais, para quem delas necessite em seu processo de formação (e transcendência) humana e humanizante (cf. HICK, 2005, p. 141 *et seq.*). Há, inclusive, quem já proponha (SMITH, 2006; AEBISCHER-CRETTOL, 2001), sem mais ou menos, como base para a Teologia (ou "apologética da experiência universal de transcendência"), toda a história religiosa da humanidade – com todos os seus "textos" sagrados! Será que as nossas religiões tradicionais, mesmo falando na "paz do Senhor", *shalom* e *salamaleico*, não estão falhando na promoção da misericórdia e da concórdia, a ponto de ser necessário o recurso ao *Alquimista* de Paulo Coelho para se "aproximar duas culturas diferentes e abrir as portas de um diálogo que pode significar a paz"?!

Precisamos descer das nossas torres. Até quem fala em Fenomenologia entre nós, por exemplo, limita-se muitas vezes a reproduzir os clássicos do Sagrado observado em sociedades arcaicas, esvaziando assim a contribuição dessa metodologia de pesquisa para a compreensão da religiosidade que se afigura em nosso mundo complexo. Para que uma pesquisa possa ser qualificada de fenomenológica (cf. GIORGI, 2008, p. 386-409), o seu relatório deve realmente demonstrar o emprego da natureza intencional da consciência;

a utilização da redução fenomenológica em sua acepção exata, o que inclui compreender os dados de base como "presenças" ou "fenômenos" no sentido restrito do termo; práticas descritivas minuciosas, em oposição a termos teóricos, construídos ou explicativos; a busca, por meio do procedimento das variações livres e imaginárias, de estruturas ou de essências próprias à área científica, e também a preocupação constante da significação da experiência descrita. Em outras palavras, precisamos "passear sempre de novo na natureza", observando como as coisas se apresentam e buscando interpretá-las:

> O conceito de contextos plurais nos remove da velha pista de duas opções – em que a religião bíblica e a ciência ocidental competem para representar o mundo real – para um universo mais amplo de multiplicidade. Ele ajuda a superar algumas das controvérsias do modelo único e totalizador de visões de mundo, e sugere imagens da coexistência de significados. Com a exaustão da ideia de que uma interpretação qualquer representa a verdade final sobre o mundo, ou de qualquer método isolado para organizar e explicar dados é absoluto, a interpretação em si permanece sempre aberta, autoquestionadora e em movimento. (PADEN, 2001, p. 215)

Vamos então fazer um ensaio ilustrativo dessa volta aos fatos e às interpretações. Ouvi um jesuíta, F. Varillon, bradar uma sentença desconcertante: "Quand j'essaie d'imaginer Dieu, je le vois en prière devant moi" ["Quando tento imaginar Deus, eu o vejo em prece diante de mim"]. O "Ser Supremo", como dizem os enciclopedistas franceses, deve viver mesmo de joelhos com nossas loucuras – ainda mais porque muitas são perpetradas pelo "povo de Deus" ou por causa do "seu santo nome". Ainda um dia desses estava estudando a escravidão negra (da África subsaariana foram arrancados oito milhões de escravos para o Mediterrâneo/Arábia e 10 milhões ou mais para as ilhas atlânticas e as Américas – estes últimos devidamente batizados). Descobri que L. Vaulthier, já em 1846, contratado para urbanizar a cidade do Recife, reclamava horrorizado dos muitos cadáveres de negros que eram jogados na maré e ficavam boiando nas praias, sob a indiferença dos nossos concidadãos. Mas agora, a partir de 2004, por três vezes e totalizando quase um semestre, eu mesmo pude viajar à França daquele arquiteto e encontrei, na mídia da sua nação civilizada e que inclusive a "Mãe Igreja" teve como "filha dileta", justamente uma grande campanha do "Comité Contre le Esclavage Moderne", denunciando o tráfico das europeias orientais como empregadas e prostitutas. Há muitos crimes e existem até "comitês abolicionistas" locais, feito no tempo de Joaquim Nabuco. Como pode?!

São José no Quartier Latin e
Xangô na Île de France

Por falar em servidões e desvarios, se os franceses não estranharam o nosso São José no Quartier Latin e a novena lá de Paulo Coelho, ninguém ali, naquela minha estada em subúrbio francês, entendeu muito por que fui estudar a lógica quântica em Paris, para resolver um problema teológico do Recife: como os cristãos podem e devem dialogar com os xangozeiros?! Não deviam se admirar tanto, porque desde 1998 mais de mil parisienses se reúnem em julho para a Lavage du Sacré-Coeur, uma celebração típica do nosso candomblé no charmoso 18ème Arrondissement – com direito a babalorixá brasileiro e até a despacho para Exu: farofa de azeite-de-dendê ao lado de garrafas de cachaça e água Perrier. Seria mais claro, de todo modo, embora ainda mais escandaloso para a mentalidade francesa, se tivesse simplesmente ido estudar as religiões negro-africanas na região da Île de France (notadamente no município de Trappes, a 30 minutos de trem das luzes de Paris e justo ao lado dos cristais de Versalhes, onde acabei ficando hospedado sob altos auspícios – leia-se: num sótão – do Comitê Episcopal França-América Latina).

O jornal dali tem uma página inteira de anúncios dos serviços de "pais de santo" (*marabouts*, que é como os muçulmanos chamam os ascetas e o jornal, às vezes, traduz como "médiuns") do vodu franco-africano, com fotos e tudo: "invocando os elementos naturais" e exercendo a vidência, eles reaproximam os amantes (vejam que apurado: "se seu amor o(a) deixou, ela(ele) vai correr atrás de você como um cachorro para o seu dono"), resolvem problemas sexuais e financeiros e questões de bloqueio pessoal, emagrecimento e queda de cabelos, encontram empregos e garantem proteção contra os inimigos, sorte no jogo ou desenvolvimento nos estudos, cuidam de *stress* e angústia, conseguem que se tire a carteira de motorista e outros trabalhinhos mais (espero não estar dando ideias para modernizar os afamados panfletos da Mãe Verônica, no catimbó do Recife!). Todavia, essa religiosidade tradicional africana não tem muita visibilidade social, é marginalizada (só não sei qual a diferença para o culto bretão – dos indígenas de lá – que os artistas chiques do Cercle Celtique da cidade tentam reavivar, em ritmo New Age, na sua "Fest noz de Printemps").

Não teria dificuldades para encontrar substitutivos menos escuros e ruidosos para tratar na silenciosa Trappes. Existem muitos edifícios residenciais do serviço social para imigrantes e assim o terreno é (?!) fértil para o diálogo inter-religioso. São 30 mil pessoas, mais da metade é muçulmana (estão passando de uma sala de culto para uma grande mesquita) e a outra metade é quase toda não crente: os "pagãos", como se diz no presbitério – em que moram dois padres e um seminarista, sendo que outro padre, "operário", mora nos apartamentos populares, onde vive igualmente uma comunidade de religiosas. Restam, porém, uns 800 católicos apenas (200 pagam o dízimo!), que frequentam no *village* dos tempos romanos a bela Igreja de São Jorge (reconstruída dos bombardeios da Grande Guerra nesse outrora parque ferroviário e hoje cidade-dormitório). Havia também uma sinagoga que eu vi, mas foi incendiada (pelos muçulmanos?) e não se tem mais notícia dos judeus – cujos filhos, inclusive, foram muito hostilizados nas escolas pelos meninos árabes, antes da Guerra do Iraque.

É muito engraçado, porque, se você vai domingo à missa das 10h45min (os franceses são neuróticos por precisões… A propósito, na mesma hora, os tais "pagãos" se reúnem no bar em frente, para sua "liturgia" – disseram-me que é assim mesmo nas pequenas cidades francesas), pode pensar que está numa igreja em Salvador da Bahia: se não bastasse o painel do padroeiro Ogum (opa, quero dizer, São Jorge, que aliás é bem discreto – pois o catolicismo francês tem "devoções cristocêntricas"), a maioria dos paroquianos é de origem africana também e forma um coral exótico de negros que se veste com roupas berrantes – para desespero da circunspeção francesa. Além desse grupo, há uma comunidade Tamoul da Índia, que trouxe a sua santa toda iluminada e milagrosa (até os muçulmanos hindus vão para a festa dela): Nossa Senhora da Saúde de Vailankani. Eles portam suas vestimentas folclóricas nas celebrações e inclusive aquele pinguinho entre os olhos das mulheres (o "terceiro olho hindu", segundo o líder da comunidade, a "marca da casta", segundo as meninas – que de fato o fazem diferentemente, segundo a casta e com a função de interdito nas relações). E, finalmente, há uma grande comunidade portuguesa (bem beata e reacionária, razão pela qual os franceses – ali também – a desprezam): colocaram igualmente em um cantinho da igreja sua imagem de Fátima e possuem uma missa especial no domingo cedinho, em português (brasileiro na verdade, já que era celebrada pelo nosso amigo Felipe). Os lusófonos tentaram me arrebanhar, mas eu escapei "à francesa": "terra de sapos, de cócoras com eles", já dizia minha mãe.

Os franceses mesmo, de maneira geral, ainda buscam uma bênção para se enterrar (e tem padre que reza muito – coisa boa – para que não surjam as imprevisíveis *pompes funèbres*, porque bagunçam as sagradas agendas). Entretanto, quase ninguém se casa na Igreja e praticamente mais nenhum francês dessa região é batizado criança (por isso alguns padres novos querem abandonar o sistema paroquial – "não somos funcionários públicos para ficar dando atendimento a quem sequer procura" – e ir para onde existem as comunidades: "como no tempo de São Paulo"). Contudo, a paróquia é bem organizada e participativa ali: os assistentes dos grupos de Ação Católica possuem a chave do presbitério e uma delas tem até mandato e salário episcopal, a catequese é feita pelos próprios pais da molecada por quatro anos, com muita assistência pedagógica da *aumônerie* e normalmente para os sacramentos da iniciação juntos (existe um "ritual para batismo das crianças em idade escolar"): na vigília da páscoa em que participei, em clima bem Taizé, oito catecúmenos foram batizados (e comungaram e "professaram a fé").

E tinha os muçulmanos por todos os lados, com suas túnicas pomposas, sempre a me saudarem na rua – "salamaleico!" (descobri assim que o IBGE de lá não me classificaria nunca como "branco" – e às vezes me senti um perfeito "alienígena"). Fui até participar de um protesto das mulheres muçulmanas, "contra a discriminação e o desprezo". Eram mais de 200, com véus e faixas – eu era dos poucos homens solidários atrás delas, mas mesmo assim me proibiram de fazer fotos: "porque seus maridos não queriam!" Não dá para entender também, não é? Pior foi no dia em que cheguei a Trappes, vindo do carnaval de Olinda: na esquina da matriz, cruzei com quatro moças completamente cobertas com a burca – até tive medo de ter trazido o carnaval comigo! Na paróquia, há um grupo de mulheres católicas que realiza encontros de diálogo com as mulheres muçulmanas, nos quais "trocam receitas e falam de religião": disseram-me que a questão do véu é uma opção que as moças fazem para serem mais respeitadas pelos rapazes – e também para conseguirem horários especiais nas piscinas públicas e se desculparem pelas faltas nas aulas de biologia!

De todo modo, é um problema para a *laicité* francesa (estive na cela que foi do arcebispo de Paris, antes do seu fuzilamento pelos anticlericais da Revolução, e pude sentir um pouco o que tal palavra significa). O único "culto" desejável é àquela moça, Marianne, que sobrenomeia a República francesa: já chegou a ocupar o lugar de Notre-Dame nas catedrais (e sua efígie está até aqui em nossas patacas tupiniquins – como se não bastasse o lema positivista de lá em nosso pendão auriverde). Não são aceitas manifestações públicas dos "comunitarismos" religiosos, nem nos espaços, nem nos documentos da República – também as freiras precisam tirar o véu para a foto da identidade e as crianças católicas são orientadas pelos pais, por exemplo, a colocarem os crucifixos por dentro da roupa na hora da escola. Uma pequena digressão: é pena que, a despeito da *égalité* propalada aos ventos, as autoridades não combatam com tanta ênfase os "comunitarismos" econômicos: os ricos reservam para si as melhores escolas, onde os pupilos ostentam os celulares e as grifes da sua "crença". Mas é uma sociedade "pós-religiosa" mesmo: a casa dos padres não tem sinais sagrados e nem nas refeições se faz uma oração (isso tudo é guardado para a capelinha arrumada na garagem). Os antigos edifícios religiosos pertencem ao Estado, que deles cuida mais para o turismo, além de destiná-los também ao "culto público" de preferência do lugar. Enquanto aqui a gente ainda fala na "inculturação" do evangelho, ali se fala abertamente de "exculturação" do catolicismo.

A despeito disso, o canal estatal de televisão (o programa de maior audiência é a previsão do tempo!) tem a manhã dominical inteiramente dedicada às *emissions religieuses*: começa pelos budistas, 8h30min, depois vêm os muçulmanos, depois os judeus, depois há um estudo cultural-literário da Bíblia, depois os protestantes, depois os católicos – que têm o maior tempo, porque são maioria na França (o Islã é a segunda religião do país, embora seja a mais *quent* – mas as últimas "estatísticas oficiais de culto" datam de 1870, já que a laicidade republicana não permite questão religiosa no censo!). Os católicos, de quando em vez, trazem os ortodoxos e, uma vez por mês, fazem uma primeira parte do programa ecumenicamente, com os protestantes. A coisa acaba pelo meio-dia. A única fé que não aparece e nem se encontra em canto nenhum é o kardecismo – enquanto no Brasil o "espiritismo do francês Alan Kardec" ainda é a "última novidade de Paris".

Entre e além das religiões

A propósito, atendendo aos impulsos da minha veia eremítica de menino criado na serra, fui uma vez em peregrinação solitária para uma abadia cisterciense – Port-Royal – que simplesmente não existe mais. Não que eu estivesse interessado também em lugares "paranormais" ou então em fenômenos de "antimatéria" da física einsteniana: é que a abadia foi arrasada por Luís XIV – não ficou nem uma pedra no lugar. Trata-se do resultado da pugna dos jesuítas contra os jansenistas que ali se abrigavam, numa ascese que decorria das ideias pessimistas de salvação do bispo Jansenius. Mas fui lá naquele ermo em busca de inspiração: porque ali viveu como um "solitário", "depois da conversão", B. Pascal – "Há mais mistérios entre o céu e a terra do que pensa a nossa vã filosofia." Ele era um cientista e matemático (inventou até um predecessor da calculadora), mas tornou-se filósofo existencialista e apologeta do cristianismo por conta das suas angústias religiosas.

E eu gostaria justamente, na minha (angustiosa) pesquisa, de relacionar ciência e fé, como fez Pascal – porém com um pouquinho mais de otimismo quanto à salvação do que tinha sua família religiosa. No *Préface au traité du vide*, diante das descobertas realizadas pelas ciências naturais em sua época sobre o vácuo, Pascal indicou como devem se combinar tradição e experiência, teologia e física. Eu tentava agora conseguir mostrar como um cristão pode entender a salvação de um xangozeiro, por exemplo, no seguimento d'Aquele que "não encontrou tamanha fé em Israel". E retomei a Teologia da Revelação (especialmente a da Criação), para expandi-la com base no novo modelo de conhecimento transdisciplinar que vem da física quântica (cujo expoente, o físico B. Nicolescu, encontra-se em Paris, no Centre International de Recherches et d'Études Transdisciplinaires).[12] Essa lógica permite lidar com o paradoxo da pluralidade de absolutos, de unicidades e de universalidades. Nela considera-se a complexidade da realidade e da verdade, exorcizando o princípio soberano da identidade vitoriosa sobre toda diferença, acolhendo o paradoxo para além do princípio de não contradição, e, sobretudo, servindo "o Outro".

"O Outro", não mais como o "terceiro excluído" da velha lógica filosófica e teológica (o pensamento de Nicolescu, efetivamente, é nomeado "la logique du tiers inclus"), mas enquanto poder criador a quem se deve respeitar, enquanto revelador grito do oprimido que inspira a criatividade amorosa (tanto em mim quanto no Pai Edu), esse deve ser o princípio originante da fé – e da razão (por exemplo, fui a uma missa especial no porão dos Trapeiros de Emaús de lá e encontrei católicos, ateus assumidos e falantes – isso mesmo: partilhando o evangelho! – e até alguns muçulmanos, que celebravam a sua solidariedade comum com o mais pobre). Ele, "o Outro", é o "terceiro" que, incluído, pode permitir uma "Sinfonia dos Dois Mundos", como sonhava

---

[12] Sua obra principal: Nicolescu (2002).

Dom Hélder, para além da exclusão e da violência. Continuo pensando que esse impulso da filosofia do conhecimento permitirá um revigoramento da teologia do diálogo inter-religioso, permitirá a redescoberta da identidade cristã na relação com expressões distintas dentro da riqueza multiforme, plural, da verdade transcendente (o Deus criador é anterior e exterior a nós todos e a todas as nossas expressões religiosas).

Mas uma conclusão a que cheguei, ao menos, é de que poderia muito bem inverter os termos do meu estudo e analisar os conflitos e desafios étnico--religiosos da França cartesiana ou "nicolesquiana", com base na "morenidade democrática" brasileira ou, melhor ainda, na "lógica simbólica da gratuidade e convivialidade". Esta se esboça magnificamente na América Latina, ainda que em "textos orais" das nossas culturas populares (aliás, fiquei com outra impressão do *esprit de système* francês depois de encontrar os signos zodiacais e outros bichos nos formosos vitrais de Chartres – e descobrir também o arrazoado sobre horóscopo na *Somme Théologique*). Mas, seja como for, acho que meu trabalho (cf. ARAGÃO, 2006, p. 75-110) acabou servindo tanto para os "xangôs" do Recife como para os da França, e inclusive acredito mesmo que esse meio que retiro "Trappista", com todos esses deuses que há por ali, ajudou-me a relativizar os problemas daqui com os orixás.

Voltei ao Recife com outros olhos. Compreendi que todas as megacidades pós-modernas são cada vez mais constelações descontínuas de fragmentos espaciais, peças funcionais e segmentos culturais. As cidades, onde se refugia agora grande parte da população do planeta, estarão cada vez mais física e socialmente conectadas com o globo e desconectadas do local: o altar do nosso Mosteiro de São Bento de Olinda viajou, com seguro, em plena "guerra do terrorismo" e pôde ser visto por turistas de todo o mundo em Nova York, mas dificilmente inspirará, algum dia, a devoção dos católicos da Ilha do Maruim, uma favela próxima (por sinal, os nossos monges pós-modernos apresentaram há pouco o seu canto gregoriano numa catedral em Paris, quando as escolas das cercanias do seu mosteiro careceriam de uma iniciação musical que fosse). Em nosso mundo de hoje já se verifica uma supremacia da representação midiática e informacional sobre a experiência direta das coisas. O altar de São Bento, por exemplo, nem fez muita falta no Mosteiro da gente, porque em seu lugar ficou uma enorme fotografia que o reproduzia em tamanho natural, virtualizando – e, assim, tornando mais "real", moderno e atrativo para muitos – aquele caminho já virtual para o "céu", que é o altar. Uma cidade, então, multiplica-se em tantos quantos possam ser os enquadramentos que dela façam os postais e os guias e os *sites* de turismo.

Por causa da natureza da nova sociedade baseada em conhecimento, organizada em torno de redes e formada de fluxos (cf. CASTELLS, 1999), a cidade informacional não é uma forma, mas um processo. Não é mais um núcleo habitacional que se vai estendendo em bairros a partir de novas instituições e empresas econômicas e culturais: a cidade pós-moderna está em permanente reorganização, a partir dos fluxos de informação que predominam (móveis com brasão maçônico na anticlerical Recife, por exemplo, compõem agora, por ironia do destino, o salão nobre da nossa próspera universidade jesuítica). A cidade hoje é um processo caracterizado pelo predomínio estrutural do "espaço de fluxos". Ou seja, pela organização de um circuito de impulsos eletrônicos (microeletrônica, telecomunicações, processamento computacional, sistemas de transmissão e transporte em alta velocidade – também com base em tecnologias da informação), pela constituição de centros de funções estratégicas e de comunicação, pela organização espacial das elites gerenciais (e não das classes e, muito menos, dos governos) que exercem a direção desse espaço. As cidades se mudam seguindo essas elites, que se transferem para onde despontam novas ilhas de lazer e tecnoinformação.

Basta ver como os *points* da cidade são mutantes, como o nosso "marco zero" virou palco e os cabarés do "Recife antigo' – e os seus quartéis e armazéns – cederam lugar aos *cibercafés* e *pubs*, no entorno do nosso novo "Porto Digital" (cujos cabos de fibra ótica desenterram e se apoiam nas muralhas coloniais da antiga Ilha do Recife). Nessas cidades que começam a surgir, a cultura da realidade virtual associada a um sistema multimídia eletronicamente integrado contribui para a transformação também do tempo, no sentido da simultaneidade e intemporalidade. A história agora acontece em um tempo único: o tempo mundial. Mas a trama do tempo despe-se de sua máscara linear, sequencial, objetiva e anônima. Seus diversos focos organizam-se, recentram-se continuamente onde cada pessoa é convidada a construir uma narrativa singular do presente: vejam-se os *blogs*, os *twitters* ou os diários virtuais na internet.

Constrói-se uma cultura que é simultaneamente do eterno e do efêmero, porque alcança toda a sequência passada e futura das expressões culturais e porque cada organização depende do contexto e do objetivo da construção cultural solicitada: enquanto as enciclopédias francesas organizaram o conhecimento humano por ordem alfabética ou tábua cronológica, a mídia eletrônica fornece hoje acesso à informação, expressão e percepção, de acordo com os impulsos do seu consumidor ou decisões do produtor, quebrando a ordenação normal dos eventos. A eliminação da sequência cria tempo não diferenciado, o que equivale à "eternidade". Por outro lado, a ocorrência dos tempos é sistematicamente misturada, o que permite a realização de transações de capital em frações de segundos, empresas com jornada de trabalho flexível, tempo variável de serviço e lojas convenientemente abertas 24h, indeterminação do ciclo da vida e busca da eternidade por intermédio da negação da morte, guerras instantâneas ao vivo na televisão (que se confundem com os onipresentes jogos eletrônicos, a fundirem e rimarem diversão com dominação) e, enfim, cultura do "tempo virtual".

Revolução teocultural

No contexto desse "admirável mundo novo", qual o sentido daqueles textos de observações que fiz, em Paris e no Recife, sobre uma nova religiosidade em curso?! A modernidade esperava o fim do sobrenatural e veio a irresistível individualização do religioso, que constrói espaços de fluxos mais que naturais para descobrir a dimensão sagrada da vida, acolhe tempos virtuais para se religar com a eternidade. A história não acabou com a dinâmica das religiões nem com a necessidade religiosa. Nessa mundialização pós-moderna, o Sagrado tornou-se um fio transversal, pondo em contato sociedades tradicionais com uma espécie de superorganização sociocultural. Culturas e religiões estão se mundializando, porque as vias de informação nos apresentam ofertas espirituais dos quatro cantos do mundo, de maneira que é inevitável uma convergência das preocupações com a condição humana, em todas as tradições. O mundo se ressacraliza e os contatos inter-religiosos e interculturais podem trazer ventos benfazejos. Em vez de falar de religiões simplesmente, como comumente entendemos a expressão, o melhor termo para descrever essa dinâmica seria, quem sabe, "revolução teocultural" (cf. BANON, 2008). A mundialização possui força teleológica e mesmo teologal, ao provocar mudanças na ordem existencial e cultural de todos nós: estamos às vésperas de uma era de grande pacifismo e cooperação, pela possibilidade do reconhecimento de uma espiritualidade transreligiosa, conjugada com o debate científico transdisciplinar – ou então de um confronto mundial sem proporções.

Essa efervescência religiosa que comecei exemplificando, fenomenologicamente, estou resenhando, hermeneuticamente, não se explica pela fragmentação das religiões nem pela nostalgia do Sagrado. Essa revolução teocultural resulta da livre circulação das pessoas, da abolição das fronteiras, da mundialização das culturas, da globalização da oferta espiritual e da confrontação das sociedades e das experiências históricas. Entramos em um novo ciclo religioso, em uma nova era axial, em que as religiões migram ou circulam rapidamente, são recriadas em miríades de dosséis personalizados e vão se adaptando aos vitrais das catedrais geoculturais aonde chegam. Ao caírem fronteiras religiosas institucionais, a revolução teocultural se fortalece. A mundialização informacional decreta a morte do ciclo mágico-agrícola subjetivista e relativiza a ordem objetivista da tecnociência moderna. Esse processo cultural torna obsoleto o sistema dualista de pensamento, antagônico e monológico, nascido com a pré-história e permite o surgimento de um tempo de possível reconciliação, dialógica, da diversidade.[13] Mas a revolução teocultural agrupa expectativas as mais diferentes, às vezes contraditórias, e tal pluralismo e diversidade pode transformar o mundo em um paraíso ou num inferno.

A coexistência equitativa em um mesmo espaço geográfico e temporal de uma diversidade de culturas, de tradições e de religiões, é uma verdadeira revolução, enriquecedora, humanizante e única na história humana. Mas pode ser que nem tanto: há indícios de movimentos profundos de busca transreligiosa de espiritualidade, mas, por vezes, o sagrado que aparece mais é de novo selvagem, buscado por adesão seletiva, com um conteúdo autossistematizado para atender aos interesses emocionais do momento ou ainda à busca mágica de prosperidade:

> Todos os deuses, todas as crenças, todos os sistemas religiosos serão aceitos ao mesmo tempo. Como os antigos romanos, toleramos todos, exatamente por não acreditar a fundo em nenhum deles. Nossa fé se reduziu à crença numa energia cósmica qualquer, uma "força". O sobrenatural foi naturalizado sob influência da mentalidade científica (...). Livres dos grandes sistemas religiosos, estamos livres também para ver em cada uma de suas fábulas um "sinal" daquela "força" (...). (FILHO, 2002)

A novena de São José do Paulo Coelho pode ser uma expressão do velho recurso mágico ao santo, mas pode também ser seguimento da sua vida

---

[13] Veja-se Dufour (2000). Aqui se corrobora a ideia de que uma razão ternária, que faz da representação da morte na vida o fundamento de sua ordem simbólica e do laço social, é alternativa sobejamente mais interessante ao pensamento binário, que pretende a erradicação da morte na história das culturas.

exemplar e emancipadora. Alguns católicos perceberam que podiam passar da dependência do milagre "sobrenatural" que traz benefício do "santo", para a crença na possibilidade de sermos igualmente "santos" e capazes de fazer das nossas vidas um milagre "mais que natural" para a vida dos outros – pelo amor, que é (de) Deus! Como interpretar melhor o fenômeno religioso atual? Nunca como hoje as ciências e as teologias religiosas descobrem-se necessitadas e possibilitadas para o diálogo, pois não haverá um mundo novo sem paz entre os povos e não haverá paz entre os povos se não houver paz entre as religiões – mas não haverá paz entre as religiões se não houver conhecimento e diálogo entre elas. Às vezes, se diz que as religiões mais trouxeram violência na história que favoreceram a paz, o que pode ser constatado por muitos fatos de rivalidade fratricida, de fanatismo e de exclusão. É por isso que gosto de saudar a aproximação entre as teologias e as ciências, a abertura para a consideração e comparação interpretativa dos fatos. Tal aproximação surge como uma colaboração ao conhecimento que favorece o diálogo entre as religiões e as culturas – que precisam ultrapassar suas vontades de conquista para colocarem-se a serviço da humanidade, reconhecendo que trazem sons diferentes para sonhos iguais.

Em verdade, nem é somente sobre religião que se deve tratar no diálogo inter-religioso – e nem mesmo diretamente sobre Deus –, mas sobre o projeto divino em vista de fazer deste mundo um paraíso amoroso. Somente mudando o "nível da realidade", passando do teórico-doutrinal para o da práxis ética e/ou do silêncio espiritual, é que o diálogo entre religiões é possível. Somente ultrapassando a própria experiência de Deus e buscando a ética que se esconde no humano – e nos reúne a todos de maneira sagrada – é que uma religião pode dialogar com outra e colaborar com o encontro de culturas. A relatividade que advém dos (des)encontros desse percurso não pode ser acusada imediatamente de relativista. Aliás, não parece ser mais possível aceitar-se a religião em sua forma tradicional, que é a da heteronomia, baseada em magistérios *ex cathedra*, inadmissíveis desde que a modernidade fundou a liberdade da razão. Mas convém meditá-la novamente em seu conteúdo, enquanto mensagem de amor:

> Em 1996, apareceu um livro particularmente representativo do novo horizonte intelectual, "O Homem-Deus ou o Sentido da Vida", de Luc Ferry. É certo, diz o autor, que a modernidade acarretou uma "perda de sentido", mas ela pode ser compensada graças aos recursos fornecidos pela própria modernidade. A modernidade, com efeito, significa uma humanização do divino, a ascensão irreversível do secularismo. Foi um

SOBRE EPISTEMOLOGIAS E DIÁLOGOS: FENOMENOLOGIA, DIÁLOGO INTER-RELIGIOSO E HERMENÊUTICA

extraordinário progresso para o espírito humano, porque permitiu ao homem, enfim, pensar por si mesmo. Mas a modernidade também comporta um movimento oposto, que Ferry chama de divinização do humano. A humanização do divino implica o fim das transcendências "verticais", autoritárias, situadas fora e acima do sujeito. Nesse sentido, a modernidade é o reino da imanência. Mas é possível, também, nas entranhas da imanência, pensar algo que a transborda, um estar fora dela, um extravasamento em direção a transcendências "horizontais", livremente consentidas, puramente humanas. É a divinização do humano. A força motriz da transcendência horizontal é o amor, que leva os sujeitos a ultrapassarem sua interioridade monádica para alcançarem o Outro. (...) Ferry chama de "humanismo transcendental" essa perspectiva que parte da imanência moderna para chegar a uma transcendência cujas condições de possibilidade são dadas pela própria modernidade. Humanismo, porque não é mais possível recuar para posições pré-modernas, em que o homem ocupava um lugar secundário com relação ao divino. Mas humanismo transcendental, porque instaurador de valores que excedem uma definição puramente imanentista do humano. O homem não é o produto cego de uma rede de causalidades que se dão à sua revelia, e é por isso que essa imanência se abre para a liberdade e para a esperança. (...) Como o cristianismo, o novo humanismo sustenta a existência de valores transcendentais a partir do amor; acha que esses valores não podem sempre ser explicados pela razão; acredita que esses valores são religiosos no sentido etimológico de "religare", de criarem um vínculo entre todos os homens; afirma que eles constituem um domínio que deve ser visto como sagrado; e pensa que eles fundam um vínculo com a eternidade e com a imortalidade, porque são valores pelos quais vale a pena lutar e morrer, e portanto se situam além da vida terrena. (ROUANET, 2002)

Abordagem integral

Nessa altura, eu me pergunto, diante dos desafios exigidos pela realidade do pluralismo cultural e pelo comprometimento com o diálogo inter-religioso, se não seria possível ampliarmos e aprofundarmos mais o campo epistemológico das Ciências da Religião pelo recurso a uma "Abordagem Integral". Essa associaria tanto as crenças mais tradicionais das grandes religiões, quanto os princípios culturais e científicos modernos e pós-modernos, mostrando um novo lugar para a religiosidade no mundo, o de uma espiritualidade trans-religiosa, em diálogo com uma ciência transdisciplinar. Novamente: como tornar mais consciente – e consequente – essa religiosidade da revolução teocultural em processo? Então, no livro *Espiritualidade integral* (WILBER, 2006), o filósofo americano K. Wilber nos permite pensar em um pluralismo metodológico integral. Qualquer ocasião da realidade possui uma dimensão "dentro" e uma "fora", bem como uma dimensão individual e uma coletiva.

117

Em conjunto, isso nos dá a visão interna e externa do indivíduo e do coletivo. Em geral, esses quadrantes são representados por eu, você/nós, ele e eles (uma variação dos pronomes de 1ª, 2ª e 3ª pessoas; outra variação é o Bom, o Verdadeiro e o Belo; a arte, os princípios morais e a ciência – ou seja, a verdade objetiva da ciência externa, ou do ele/eles; a verdade subjetiva da estética, ou do eu; e a verdade coletiva da ética, ou do vós/nós).

Cada uma dessas zonas não é apenas uma perspectiva, mas uma ação, uma injunção, um conjunto concreto de ações em uma área do mundo real. Por meio das diversas perspectivas, cada injunção gera ou revela os fenômenos compreendidos. E essas oito perspectivas fundamentais, representadas na figura abaixo (tirada de WILBER, 2006, p. 58), também envolvem oito metodologias fundamentais:

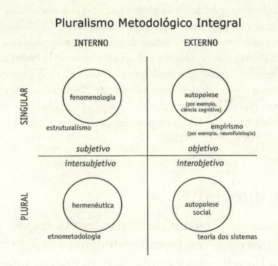

Se a gente começa a analisar um fenômeno, por exemplo, do quadrante superior esquerdo, a experiência de um "eu" pode ser vista de dentro ou de fora. De dentro, terei a percepção de 1ª pessoa vivenciando uma experiência de 1ª pessoa, como introspecção, meditação, contemplação, o que é, sobretudo, trabalhado pela *fenomenologia*. Mas posso abordar uma experiência assim de fora, tentando ser mais objetivo e aplicando uma abordagem científica para a consciência, como a teoria dos sistemas e, principalmente, o *estruturalismo*. Do mesmo modo, no quadrante inferior esquerdo, posso abordar o estudo de um "nós" do lado de dentro ou do lado de fora: de dentro, estão as tentativas que fazemos para chegar a uma compreensão mútua sobre as coisas – e *hermenêutica*

é a arte e ciência dessa interpretação entre "nós". Mas também posso estudar esse "nós" do lado de fora, como antropólogo cultural ou arqueólogo foucaultiano, enfim, usando alguma *etnometodologia*. E assim por diante...

A modernidade costumava ressaltar não apenas um determinado nível de desenvolvimento, mas os quadrantes do lado direito da prova externa objetiva. A pós-modernidade, contudo, concentrava-se não apenas em um determinado nível de desenvolvimento, mas no quadrante inferior esquerdo da verdade intersubjetiva e na construção social da realidade. As culturas tradicionais pré-modernas, que em geral não tinham nem mesmo consciência explícita desses três quadrantes (eles só foram diferenciados com a chegada da modernidade), não estavam à altura das produções da modernidade (por exemplo, ciência moderna) e pós-modernidade (por exemplo, multiculturalismo) nesses domínios. Porém, elas eram especializadas em uma área, que foi esquecida, ignorada ou, talvez, até mesmo reprimida pela modernidade e pela pós-modernidade, o interior do indivíduo – o quadrante superior esquerdo com todos os seus estados e estágios de consciência, percepção, e experiências espirituais. Porém, ao posicionarmos as grandes culturas tradicionais em um modelo integral – que aceita as antigas verdades de percepções pré-modernas, modernas e pós-modernas – podemos resgatar, de modo notável, suas antigas ideias. (WILBER, 2006, p. 66)

Portanto, as verdades profundas e preciosas (tanto quanto limitadas) das tradições religiosas e sapienciais pré-modernas podem ser resgatadas quando a gente compreende que o que elas dizem e mostram diz respeito ao quadrante superior esquerdo – e por isso não devem ser responsabilizadas por desconhecerem os outros três quadrantes. Desse modo, as verdades espirituais podem ser honradas e incluídas no banquete integral do conhecimento humano. Da mesma maneira, a modernidade "científica" e "objetiva" lidava principalmente com os quadrantes do lado direito, e a pós-modernidade "intersubjetiva", com o inferior esquerdo – podendo, igualmente, ser adotadas em uma abordagem integral do conhecer.

Segundo essa abordagem integral dos quadrantes da realidade (ou dos três grandes eu, tu/nós, ele), portanto, podemos falar, transdisciplinarmente e transreligiosamente até (nada mais inter-religioso do que a mística, a espiritualidade) de manifestações do Espírito na 1ª, na 2ª e na 3ª pessoa:

O Espírito na 1ª pessoa (SE) é o grande eu, o eu-eu, o Maha-Atman, a Sobremente – o Espírito como aquele grande Observador em você, o eu-eu deste e de cada momento (...). O Espírito em 2ª pessoa (IE) é o grande Você, o grande Tu, o Deus radiante, vivo, generoso diante do qual devo me render em amor, devoção sacrifício e libertação. Diante do Espírito na 2ª pessoa, diante do Deus que é Todo Amor, eu posso ter apenas uma resposta: para encontrar Deus neste momento, preciso amar até doer, até o infinito, até que não sobre nada de mim em nenhum lugar, apenas esse Tu vivo e radiante que concede toda a glória, todo o bem, todo o saber, toda a graça e me perdoa profundamente por minha própria manifestação, que inerentemente traz sofrimento aos demais, mas que o Deus amoroso do Tu deste momento pode e liberta, perdoa, cura e integra(...). O Espírito na 3ª pessoa é o Grande Ele, o Grande Sistema ou a Grande Teia da Vida. É a Grande Perfeição da existência, o ser de como as coisas são e de como são maravilhosas, neste momento e em todos os momentos subsequentes. O Espírito surge em seu modo de 3ª pessoa como esse vasto Sistema evolutivo impessoal, a Grande Ordem Interligada, a Grande Holarquia de Ser, de ordens, de esferas, de níveis e de planos interconectados, estendendo-se do pó à Deidade, do barro à Divindade. (WILBER, 2006, p. 204)

Então, se cabe às teologias reconhecer e tornar mais consciente a manifestação do Espírito no mundo material e no mundo cultural, superando as paradoxais lacerações do conhecimento especializado em cada quadrante da vida, quanto mais lhes cabe superar as divisões originadas em seu quadrante de origem, pelas diversas revelações (in-conscientemente humanas) do Divino!

Caso possamos mesmo dar crédito a esse Pluralismo Metodológico Integral, que permite reconstruir as verdades relevantes das tradições contemplativas e místicas, mas sem os sistemas metafísicos que não sobreviveram às críticas modernista e pós-modernista, então fica um questionamento para a temática do nosso último encontro[14] da Associação Nacional de Pós-Graduação em Teologia e Ciências da Religião (ANPTECRE): fenomenologia e hermenêutica são metodologias para produção de conhecimento desde "dentro" do "eu" e do "nós", que precisariam se conjugar com as perspectivas desde "fora", dos estruturalismos e das etnometodologias – afora a necessidade de se relacionarem também, mais integralmente, com as metodologias de conhecimento do mundo físico, natural e social. Para chegarmos a uma Ciências da Religião mais integral! Quem sabe, precisemos agora de companhia mais complexa do que a de Paulo Coelho e tenhamos de viajar, depois da França e dos franceses, também aos Estados Unidos – mas isso já fica para o próximo congresso.

Referências bibliográficas

AEBISCHER-CRETTOL, Monique. *Vers un oecuménisme interreligieux.* Paris: Cerf, 2001.

---

[14] *N.E.* - de 2009, em Belo Horizonte.

ARAGÃO, Gilbraz. Transdisciplinaridade e diálogo. *Revista Religião e Cultura*, São Paulo, v. V, n. 10, p. 75-110, jul./dez. 2006.

ARMSTRONG, Karen. *A grande transformação*. São Paulo: Companhia das Letras, 2008.

BANON, Patrick. *La révolution théoculturelle*. Paris: Presses de la Renaissance, 2008.

BASSET, Jean-Claude. *Le dialogue interreligieux:* histoire et avenir. Paris: Cerf, 1996.

BRANDT, Hermann. As ciências da religião numa perspectiva intercultural: a percepção oposta da fenomenologia da religião no Brasil e na Alemanha. *Estudos Teológicos*, São Leopoldo, v. 46, n. 1, p. 122-151, 2006.

CASTELLS, Manuel. *A sociedade em rede*. São Paulo: Paz e Terra, 1999.

CRUZ, Eduardo R. *A persistência dos deuses:* religião, cultura e natureza. São Paulo: Unesp, 2004.

DREHER, Luís Henrique (Org.). *A essência manifesta:* a fenomenologia nos estudos interdisciplinares da religião. Juiz de Fora: UFJF, 2003.

DUFOUR, Dany-Robert. *Os mistérios da trindade*. São Paulo: Companhia das Letras, 2000.

FILHO, Osvaldo. Novas doutrinas: religião. *Folha de S. Paulo*, 13/10/2002, Caderno Mais.

GEFFRÉ, Claude. *Crer e interpretar:* a virada hermenêutica da teologia. Petrópolis: Vozes, 2004.

GIORGI, Amedeo. Sobre o método fenomenológico utilizado como modo de pesquisa qualitativa nas ciências humanas: teoria, prática e avaliação. In: VVAA. *A pesquisa qualitativa*. Petrópolis: Vozes, 2008. p. 386-409.

GOETHE, Johann W. *Fausto*. São Paulo: Martin Claret, 2002.

HERVIEU-LÉGER, Danièle. *Catholicisme, la fin d'un monde*. Paris: Bayard, 2003.

HICK, John. *Teologia cristã e pluralismo religioso*. São Paulo: Attar, 2005.

HIGUET, Etienne. A teologia em programas de Ciências da Religião. *Correlatio*, n. 9, maio 2006. Disponível em: <http://www.metodista.br/ppc/correlatio/correlatio09/a-teologia-em-programas-de-ciencias-da-religiao>.

JASPERS, Karl. *Origen y meta de la historia*. Madri: Alianza, 1980.

NICOLESCU, Basarab. *Nous, la particule et le monde*. Monaco: Rocher, 2002.

PADEN, William. *Interpretando o sagrado:* modos de conceber a religião. São Paulo: Paulinas, 2001.

PONDÉ, Luiz F. Em busca de uma cultura epistemológica. In: TEIXEIRA, Faustino. *A(s) ciência(s) da religião no Brasil*. p. 11-66.

QUEIRUGA, Andrés T. *Autocompreensão cristã:* diálogo das religiões. São Paulo: Paulinas, 2007.

RONAI, Paulo. *Rosiana:* coletânea de conceitos, máximas e brocadas de João Guimarães Rosa. Rio de Janeiro: Salamandra, 1983. p. 13.

ROUANET, Sérgio. A volta de Deus. *Folha de S. Paulo*, 19/5/2002, Caderno Mais.

SMITH, Wilfred C. *O sentido e o fim da religião*. São Leopoldo: Sinodal, 2006.

SOARES, Afonso. A teologia em diálogo com a Ciência da Religião. *Ciberteologia*. 15. ed., ano IV, Janeiro/Fevereiro 2008. Disponível em: <http://www.paulinas.org.br/ciberteologia/index.php/artigos/a-teologia-em-dialogo-com-a-ciencia-da-religiao/>.

SOMMERMAN, Américo. *Inter ou transdisciplinaridade?* São Paulo: Paulus, 2006.

TEIXEIRA, Faustino. *Teologia das religiões*. São Paulo: Paulinas, 1995.

TEIXEIRA, Faustino. *A(s) ciências(s) da religião no Brasil*. São Paulo: Paulinas, 2001.

TERRIN, Aldo. *Introdução ao estudo comparado das religiões*. São Paulo: Paulinas, 2003.

USARSKI, Frank. *O espectro disciplinar da Ciência da Religião*. São Paulo: Paulinas, 2007.

VIGIL, José Maria. *Pelos muitos caminhos de Deus:* desafios do pluralismo religioso à teologia da libertação. Goiás: Rede, 2003.

VIGIL, José Maria. *Pluralismo e libertação:* por uma teologia latino-americana pluralista a partir da fé cristã. São Paulo: Loyola, 2005.

VIGIL, José Maria. *Teologia do pluralismo religioso*. São Paulo: Paulus, 2006.

VIGIL, José Maria. *Teologia latino-americana pluralista da libertação*. São Paulo: Paulinas, 2006.

VIGIL, José Maria. *Teologia pluralista libertadora intercontinental*. São Paulo: Paulinas, 2008.

WASSERSTROM, Steven. *A religião além da religião*. São Paulo: Triom, 2003.

WILBER, Ken. *Espiritualidade integral*. São Paulo: Aleph, 2006.

Hermenêutica em perspectiva teológica*

Rudolf von Sinner

A temática "hermenêutica e fenomenologia do religioso", escolhida no 2º Congresso da ANPTECRE para discutir a epistemologia específica da Teologia e das Ciências da Religião, procurando situá-las bem no concerto das ciências desenvolvidas na academia brasileira, me parece muito oportuna. De imediato, a primeira, hermenêutica, tende a remeter mais à Teologia, e a segunda, Fenomenologia, mais às Ciências da Religião, ao mesmo tempo que estão relacionadas e mostram a origem conjunta dessas duas modalidades do estudo da religião. Para mim, como suíço, oriundo de um estudo de teologia em uma universidade pública de tipo germânico, é muito interessante observar a ascensão de uma área de conhecimento que, ainda que na origem da universidade na Europa, lá está sob constante pressão de desaparecimento ou, no mínimo, de reformulação. É um momento instigante de autorreflexão, autodefinição e apresentação dessa área para as demais *Wissenschaften*. Tanto lá quanto aqui, porém, é necessário legitimá-la. Não é tranquila a existência desse instrumento na orquestra acadêmica. Talvez seja semelhante ao triângulo: muitas músicas o dispensam e ele fica calado durante a maior parte da sinfonia. Contudo, quando está na sua hora de tocar, faz a diferença e fica bem audível – ainda mais quando for tocado fora da hora. Importa é que toque, e toque na hora e com a intensidade certas.

O recente parecer da Câmara de Ensino Superior do Conselho Nacional de Educação sobre os cursos de Teologia em nível de bacharelado (nº 118/2009) mostra que, apesar de já existirem mais de 100 cursos autorizados ou reconhecidos nessa área, a questão ainda está por se resolver.[1] Há questionamentos quanto à natureza "das teologias", que o novo parecer coloca no plural,

---

* O estilo oral da apresentação foi preservado para a publicação.

[1] Cf. a carta aberta ao Conselho Nacional de Educação (CNE), expedida pela reitoria da Faculdades EST, em 1º de julho de 2009. Disponível em: <http://www.est.edu.br/index.php?option=com_comunicacao&task=ultimas&task=detalhe&id_noticia=504&Itemid=197&n1=197&nParent=198>. Acesso em: 23 ago. 2009.

sua propriedade e epistemologia e não, por último, seu relacionamento com a religião enquanto fenômeno e as Ciências da Religião. Ao tentar dar uma definição e querer avançar para um currículo mínimo, em prol da seriedade e academicidade do estudo da Teologia, o que sem dúvida é louvável, o parecer não faz a devida distinção entre religião como fenômeno e a Teologia, por um lado, e as Ciências da Religião, por outro, que refletem sobre a religião, do seu modo relacionado, mas distinto.[2] Advoga, outrossim, uma "exclusão da transcendência" na abordagem científica, o que seria possível e até necessário para uma ciência da religião que pratique a isenção, mas não para a teologia cristã, que precisamente busca refletir sobre as relações dos seres humanos com Deus, analisando, interpretando, buscando compreender seu falar. Cabe aqui, me parece, uma discussão mais ampla, e penso que a Associação Nacional de Pós-Graduação em Teologia e Ciências da Religião (ANPTECRE) poderá ajudar para, em diálogo com o Conselho Nacional de Educação (CNE), esclarecer a autocompreensão e a epistemologia das duas áreas que a integram. A área de ciências da religião, ainda que detenha a maioria dos cursos de pós-graduação atualmente existentes, está em fase de consolidação e de conquista de seu reconhecimento – mensurável, por exemplo, no fato de ela nem sequer constar nas categorias disponíveis do Conselho Nacional de Desenvolvimento Científico e Tecnológico (CNPq) para fomento à pesquisa. Há um forte debate quanto à sua natureza e tarefa, a começar pelo seu nome, no qual, evidentemente, há concepções específicas embutidas: Ciência da Religião, Ciências da Religião, Ciência das Religiões (cf. TEIXEIRA, 2001). Para quem vem da Europa, chama a atenção que a Fenomenologia da Religião está em alta aqui no Brasil, enquanto está bastante minimizada na própria Europa, onde sua conceituação originou. H. Brandt, recentemente falecido, colega alemão e ex-professor da Escola Superior de Teologia (EST), fez uma pesquisa comparativa que resultou num instigante artigo publicado nos *Estudos Teológicos* (BRANDT, 2006, p. 122-151; cf. DREHER, 2003; CROATTO, 2001). Brandt constata que, aqui "no Brasil, 'fenomenologia' é

---

[2] "As teologias são sistemas de símbolos, pressupostos, valores e temas historicamente presentes nas sociedades humanas que se imbricam na cultura, na história, na subjetividade e no comportamento humano, tornando-se referência de modos específicos de significar o mundo e a vida. Elas agregam identidades e instituições e determinam grande parte de suas ações. Fazem parte da realidade social e individual, como produtos culturais passíveis de estudo, aos modos de qualquer outro fenômeno humano. O estudo das teologias ao longo do tempo, em seus aspectos contextuais, possibilita a compreensão da história da humanidade e de nosso país, suas tradições e heranças culturais, assim como os fenômenos sociais e religiosos da atualidade" (CONSELHO NACIONAL DE EDUCAÇÃO/CÂMARA DE EDUCAÇÃO SUPERIOR. Parecer nº 118/2009). Disponível em: <http://portal.mec.gov.br/dmdocuments/pces118_09.pdf>. Acesso em: 1ª fev. 2010.

um termo de conhecimento geral e não necessita de qualquer explicação, o que [...] é, em todo caso, algo efetivamente positivo, sobre cuja aceitação não há dúvida" (BRANDT, 2006, p. 131). Para Brandt, ainda é um desiderato aprofundar e esclarecer o conceito e seu uso em contextos específicos. Chama a atenção que, aqui, a religião como fenômeno parece ser algo muito menos polêmico do que na Alemanha, apesar de novas tentativas de definição existentes também por lá. Lá, há forte suspeita de que a *Religionswissenschaft*, de cunho fenomenológico seja, afinal, Teologia, parcial, tendo pretensão de uma verdade única, ontologizando o transcendente e sendo, portanto, rejeitada. Como diz J. Waardenburg: "Um cientista que se preza e quer firmar-se na cena acadêmica, dificilmente ousaria nestes tempos de aparecer como fenomenólogo da religião."[3] Por outro lado, a hermenêutica parece mais aceitável, razão pela qual, talvez, Waardenburg define, precisamente, a Fenomenologia num viés hermenêutico e reflexivo. Acontece que, tanto a fenomenologia quanto a hermenêutica são conceitos altamente flexíveis e com interpretações muito diversas, o que as torna tanto úteis como guarda-chuvas, quanto perigosas por, eventualmente, perderem qualquer precisão conceitual e se tornarem inócuas para o afazer acadêmico. Por outro lado, essa flexibilidade mostra também o próprio afazer hermenêutico: interpretar, reinterpretar, procurar compreender aquilo do qual nunca se tem posse. Como uma rã que se queira captar, tanto a própria hermenêutica quanto o que ela procura compreender escapam das mãos que se empenham em captá-la. Lembremos da famosa frase de Nietzsche: "Não existem fatos, apenas interpretações – e esta é uma interpretação" (*apud* VATTIMO, 2005, p. 43-54). Gadamer lembra o enunciado de Heráclito, segundo o qual "o relâmpago tudo governa", que também estava inscrito na entrada da cabana de Heidegger. Conforme Gadamer, o relâmpago significa "o efêmero do esplendor que, de golpe, torna tudo visível, mas de tal forma que a escuridão logo o devora novamente" (GW VI, p. 232, *apud* GRONDIN, 1999, p. 225). A teologia apofática, o *deus absconditus* e *revelatus*, de Lutero, e o sagrado como mistério ao mesmo tempo *fascinans et tremendum*, do luterano Rudolf Otto, corroboram aquilo que simultaneamente se aproxima e foge, se revela e se esconde, se mostre como fenômeno e seja inalcançável como *noumeno*. A constante busca pela interpretação, por sentido e por verdade, embora nunca completa, ainda assim é valiosa, e sim necessária. E necessária

---

3 "Ein Wissenschaftler, der von sich überzeugt ist und er sich in der akademischen Szene bewähren will, würde es zur Zeit kaum wagen, als Religionsphänomenologe in Erscheinung zu treten" (WAARDENBURG, 1997, p. 731-749).

tanto pragmaticamente – no que Vattimo chamou de "época da interpretação" –, quanto por interpelação de Deus, que, numa visão cristã, mostrou seu poder exatamente na fraqueza absoluta na cruz. Este "Deus escandaloso" (V. Westhelle) representa, numa expressão feliz de O. Bobsin, reitor da EST, "o fracasso mais bem-sucedido da história" (WESTHELLE, 2007). A *kenosis* de Deus, demonstrada na encarnação e em seu caminho até a cruz é, como nota de novo Vattimo, uma tendência antimetafísica do próprio cristianismo, que nisso se encontra com as filosofias anti, ou melhor, pós-metafísicas (VATTIMO, 2005, p. 46 *et seq.*). A hermenêutica, enfim, tanto é necessária quanto tem aporias, pois é linguagem humana que busca ir além de si mesma – e ainda assim fica linguagem humana, finita, falível, *iusta et peccatora*. Isso não é diferente na hermenêutica teológica. Hermenêutica, descrita em perspectiva teológica, deve assumir-se como humana num movimento de *kenosis*, a exemplo de sua referência principal, o Cristo (cf. Fl 2), mas também exercer sua tarefa com *parresia*, também seguindo o exemplo do Cristo (Jo 18, 20), com coragem, liberdade e responsabilidade cívicas e com "confiança alegre" (*fröhliche Zuversicht*), para fazer ouvir o triângulo no concerto na hora e com a intensidade certas (cf. SCHLIER, 1949-1979, p. 869-884; BUSCH; FANGMEIER; GEIGER, 1966).

Não será possível fazer jus aqui à rica história do conceito da hermenêutica em geral e da hermenêutica teológica em especial. Outros fizeram abordagens que conseguiram resgatá-la, nomeadamente J. Grondin, para a Hermenêutica Filosófica, e U. Körtner, para a Teologia.[4] Em vez de fazer um resgate histórico-bibliográfico ou enfocar autores específicos, pretendo aqui notar e sustentar o que vejo como os principais desafios de uma hermenêutica contemporânea em perspectiva teológica. Vejo nela tanto desafios à própria Teologia, quanto ao seu relacionamento com outros campos de saber e sua localização na academia. Quero apresentar, a seguir, as seguintes teses: uma hermenêutica em perspectiva teológica é (1) humana, (2) é linguagem e diálogo [*Gespräch*], (3) está inserida no fluxo da tradição e se orienta pela esperança e (4) precisa ser feita em perspectiva intercultural, ecumênica e inter-religiosa.

---

[4] GRONDIN, 1999; KÖRTNER, 2009; Dogmática como exegese consequente? Sobre a relevância da exegese para a Teologia Sistemática em conexão com Rudolf Bultmann. Trad. Nélio Schneider. *Estudos Teológicos*, São Leopoldo, ano 49, n. 1, p. 58-78, jan./jun. 2009; *Hermeneutische Theologie*: Zugänge zur Interpretation des christlichen Glaubens und seiner Lebenspraxis. Neukirchen-Vlyun: Neukirchener, 2008.

Uma hermenêutica em perspectiva teológica é humana

O século XX viu uma variedade de "viradas". Entre elas está a virada para a historicidade do ser, pela qual responde Heidegger, com sua "hermenêutica da facticidade", uma hermenêutica precisamente fenomenológica. O teólogo C. Geffré advoga uma "virada hermenêutica", fundada na "realidade linguística". O ser humano está sendo encarado em sua contingência histórica, inserção na qual procura compreender mediante a linguagem, portanto pelos meios que estão ao seu alcance e sobre os quais fala com certa propriedade, ainda que fale sobre algo do qual não pode distanciar-se.

Numa macro-ótica, poderíamos dizer que talvez a virada mais fundamental tenha sido a nova localização da realidade: De "cima", do mundo das ideias, dos dogmas, das verdades sobre Deus, a realidade, ou seja, a referência principal da compreensão das nossas vidas, mudou-se para "baixo", para a empiria, para o cotidiano, para as relações do ser humano com seus pares e a natureza. Esse é um dos efeitos da modernidade, mas já tem raízes no nominalismo medieval. Consequentemente, a chamada ortodoxia radical, liderada por J. Milbank, foca em D. Scotus como o vilão da história que fez a Teologia perder sua condição de rainha das ciências (MILBANK, 2005, p. 99-116). Confesso que não me parece nada mal essa perda, antes a considero um avanço – sem cair, evidentemente, no extremo oposto de querer excluí-la das ciências. Começamos, e isso me parece saudável, nossas perguntas hoje não com o divino, ou, mais amplamente, a verdade e sua interpretação e aplicação, mas com as pessoas e as coisas concretas, visíveis, tangíveis, presentes, que exigem nossa percepção, reflexão e, naturalmente, nossa ação e reação.

A razão que pretendeu suplantar Deus com pretensão transcendental também fracassou. Se não há verdade absoluta sobre o mundo do além, também não a há neste mundo. As chamadas ciências naturais tiveram suas tendências absolutistas e metafísicas denunciadas, tanto de dentro quanto de fora (cf. WESTPHAL, 2009). Consequentemente, Vattimo e Rorty, em seu diálogo sobre o futuro da religião, rejeitam tanto a metafísica teológica, quanto a metafísica científica (VATTIMO; RORTY, 2005). Outros os seguiram, entre eles muitos teólogos, talvez contentes em poder virar a crítica dirigida a eles contra seus emissores. Deveríamos submeter também as ciências sociais, especialmente de herança marxista, a essa crítica anti ou, melhor, pós-metafísica.

O famoso "ver" da Teologia da Libertação, a mediação socioanalítica, não é um ver firme, cru e nu, sobre o qual, posteriormente, se poderia refletir teologicamente. Também tais "fatos" têm suas interpretações, seus preconceitos e sua *Wirkungsgeschichte* e estão situados na contingência histórica.

A reflexão teológica, sendo exercida por seres humanos, é também humana. Enxerga-se hoje melhor quem é esse ser humano, com rosto feminino, indígena, negro, gay e outras identidades que influem, com direito, na interpretação da fé, no intuito de fortalecer e dar poder aos sujeitos crentes com essas suas identidades. Reconhece-se o direito à diferença e a constante interpelação ética da alteridade, evitando qualquer totalidade inclusive da compreensão do ser, seguindo Levinas e Dussel (LEVINAS, 1988; DUSSEL, 2000).

O objeto intencional da Teologia, naturalmente, transcende o humano e o mundo. De certa forma, busca-se compreender qual seria a *story* que Deus contaria deste mundo. Nele, a humanidade e o mundo encontram seu espelho crítico e realista. Ele nos fala através do falar dele, e o teólogo crente acredita que a compreensão desta fala seja mediada pelo Espírito Santo. Busca-se compreender um Deus que se revelou em Jesus de Nazaré e tem seu testemunho na fé existente, que sobre ele fala, e sua referência num texto canônico. E essa compreensão, arraigada numa experiência com Deus, busca uma resposta na orientação da vida dos que creem. Esse é o fenômeno religioso, ao menos de cunho cristão, reivindicado em seus tempos e dos seus modos de Schleiermacher a Otto e à teologia da libertação. Num sentido mais restrito, porém e somente assim, é que a Teologia faz sentido no âmbito acadêmico, o objeto da Teologia não é Deus, mas o falar de Deus. Ela tem seu direito de ser porque existem pessoas que creem, igrejas que as congregam e um texto ao qual sempre de novo retornam. Essas pessoas usam uma linguagem, com muitos elementos consagrados, outros inéditos, a qual se torna objeto de estudo metodologicamente responsável. Assim, não é mais metafísica nem precisa comprovar se existe Deus ou não. Existem crentes que se deixam mover pela fé, que inserem sua *story*, a narrativa de sua vida, na grande corrente das *stories* dos crentes de todos os tempos e lugares.[5] Dessa corrente emerge uma *meta-story* e sempre de novo nela afunda. É essa *meta-story* que a Teologia procura identificar, mediante a linguagem humana. Uma hermenêutica em perspectiva teológica precisa, portanto, considerar tanto a catolicidade – a conexão das

---

[5] Sobre o conceito de *story* veja Ritschl; Jones (1976); Ritschl (1984, p. 39-54); Sinner (2006, p. 153-158).

stories com a *meta-story* e seu relacionamento com o texto de referência –, quanto a contextualidade, a inserção dessas *stories* na contingência histórica. Considero importante frisar que não se trata de "universalidade" (da fé, da religião, da teologia) e "particularidade" (da experiência localizada no tempo e no espaço), mas de qualidades tanto da vida na fé, quanto da Teologia que sobre ela reflete (cf. SINNER, 2007, p. 87-118). Chama a atenção que, ainda em tempos pós-metafísicos, algo disso se mantém, talvez de modo vago, mas significativo e eficiente. Menciona Grondin, no início de sua introdução à hermenêutica filosófica, uma conversa com Gadamer, na qual este resumiu em que consistiria a hermenêutica universal: "no *verbum interius*", na palavra interna, remetendo a Agostinho, e acrescentou: "a universalidade [...] está na linguagem interior, no fato de que não se pode dizer tudo" (GRONDIN, 1999, p. 19). Nunca se pode dizer e, portanto, compreender tudo. E, apesar da necessidade da suspeita, mencionada por P. Ricoeur, que analisa as influências do poder (Nietzsche), da pulsão (Freud) e dos interesses de classe (Marx) atrás de uma pretensão de sentido, é adequada à confiança no sentido, uma "segunda ingenuidade" que passou pelo crivo da análise metódica (cf. RICOEUR, 1978, p. 32-36; GRONDIN, 1999, p. 44). Sem tal confiança, a linguagem ficaria sem sentido, vazia. Ouço aqui algo religioso, algo teológico, ainda que vago. A coragem de assumir algo vago faz parte da Teologia, apesar de toda procura de rigor acadêmico. Voltarei a este aspecto no último ponto.

Uma hermenêutica em perspectiva teológica é linguagem e diálogo

A teologia, como todo conhecimento, funciona como linguagem. Talvez mais do que outros conhecimentos, porém conhece e reconhece uma variedade de linguagens. Já, na Bíblia, encontramos diferentes gêneros, formas de expressão linguística, como orações, parábolas, exortações etc. Temos ali linguagens ascriptivas, falando a Deus, com louvor e clamor, exemplificadas de modo especial nos salmos. Quando faltam palavras para falar das tragédias da vida humana, por exemplo, diante da morte em acidente de uma pessoa jovem, os salmos as fornecem. Como o falar de Deus é linguagem humana, não pode prescindir da metáfora ao querer dizer, afinal, o indizível. Há também linguagem descritiva, explicativa, reflexiva e, ainda, prescritiva. "Não matarás", para utilizar um exemplo bastante simples, não é linguagem metafórica, mas um mandamento direto e de contínua relevância. Por outro lado, o credo de Deuteronômio (26, 5-9): "Arameu prestes a perecer foi meu pai, e desceu para o Egito [...] o Senhor ouviu a nossa voz e atentou para a nossa angústia [...] e o SENHOR nos tirou do Egito com poderosa mão, e com braço estendido, e com grande espanto, e com sinais, e com milagres; e nos trouxe a este lugar, e nos deu esta terra, terra que mana leite e mel", sem dúvida é de outro porte e gênero do que os capítulos de descrição da construção do tabernáculo e das vestimentas dos sacerdotes (Ex 25) (cf. RAD, 2006, p. 122f *et seq.*). Essa distinção precisa ser feita, e ela persiste na Teologia até hoje. Com toda consciência dos linguajares diferentes, e dos limites de qualquer sistematização, continua na Teologia a tarefa de uma apresentação consistente e metodologicamente responsável, de modo que se possa falar sobre Teologia com outras pessoas, nomeadamente com acadêmicos. A Teologia como falar de Deus e não sendo de Deus mesmo tem uma lógica a qual precisa seguir; essa lógica é aberta à análise e crítica e não pode escapar reivindicando "o Deus misterioso" (cf. RITSCHL, 1984, p. 115). Portanto, a existência de narrativas, de mitos, de metáforas, de poesias não dispensa a reflexão com rigor, vigor e precisão. Há uma lógica da Teologia, afirma o teólogo reformado D. Ritschl, bisneto do teólogo liberal do século XIX, A. Ritschl, ainda pouco conhecido em nossos meios.[6] Teólogo sistemático, psicanalista e ecumenista, bebeu de várias fontes, não por último da filosofia analítica anglo-saxã.[7] Segundo ele, atrás da linguagem da fé, de certa forma congelada em textos, na Bíblia, mas também em credos, dogmas e doutrinas, pode-se enxergar "axiomas implícitos". Já, na Bíblia, há formas de sistematização de narrativas, retomadas de elementos já mencionados e re-interpretações, de modo que a Teologia continua colocando tais sistematizações em ordem e procura formular a gramática, as regras, os axiomas implícitos que a regem e lhe dão coerência. Que sejam implícitos não quer dizer que não possam ser formulados. Mas não se confundem com um corpo fixado de enunciados. Credo, dogma e doutrina, portanto, são tentativas de formulação de porte variado, mas ultimamente mais orientações do que frases fixadas para sempre, das quais se poderia deduzir o que se precisa saber na Teologia e atuar de acordo. Essa visão, naturalmente, amplia grandemente as possibilidades de interpretação, inclusive do passado, assim dando abertura para novas interpretações e uma nova compreensão de si mesmo e dos demais, como crentes e como igrejas, diante de Deus e diante do mundo.

---

[6]   O único texto em português que me consta encontra-se em Ritschl (2007, p. 65-82).

[7]   Sobre esta última, veja Dalferth (1974).

Também do lado católico se visa abrir a possibilidade de uma nova interpretação do dogma. C. Geffré escreveu:

> Se persisto e confirmo, chegando ao ponto de adotar a fórmula pouco peremptória de virada hermenêutica da Teologia, é com a íntima convicção de que uma Teologia de orientação hermenêutica não é uma corrente teológica entre outras, mas o próprio destino da razão teológica no contexto do pensável contemporâneo. De fato, seu destino é inseparável do destino da razão filosófica, que se distancia tanto da metafísica clássica como das filosofias do sujeito, fundadas no primado da consciência, para considerar o ser em sua realidade linguística. (GEFFRÉ, 2004, p. 23).

Uma hermenêutica em perspectiva teológica não é apenas uma hermenêutica da escritura, mas também da tradição de sua interpretação. Onde não for tido como possível isso, não se reconhece o ser humano tanto em suas capacidades quanto em suas falhas. Sempre existe o perigo de se ter algo como divino que, como linguagem, sempre é humano. É prejudicial confundir gêneros e contextos. O credo, por exemplo, tem sua origem e seu uso principal no culto, ainda que também fixe um conteúdo mínimo da fé. O enunciado de Jesus aos seus discípulos, "Eu sou o caminho, a verdade e a vida; ninguém vem ao Pai senão por mim" (Jo 14, 6), lido como confissão de fé e não como dogma, não sela de modo nenhum um exclusivismo em relação a outras religiões (cf. BERNHARDT, 2007, p. 157-168). O trabalho teológico, portanto, também consiste em considerar os gêneros dos textos, sua validade e seu alcance, para facilitar re-interpretações sem perder as qualidades da catolicidade e da contextualidade.

Fala-se hoje bastante de uma teologia narrativa. Para A. Magalhães, que faz um apanhado de tais iniciativas, trata-se não "de substituir a teologia dogmática conceitual por uma teologia dogmática testemunhal, mas de perceber como as questões centrais da fé das pessoas, metodologicamente e, também, em termos de conteúdo, podem se tornar o centro da teologia cristã" (MAGALHÃES, 2006, p. 97-127). É imprescindível focar as narrativas das pessoas com suas vivências de fé, numa fenomenologia do cotidiano. Contudo, tenho dúvidas se com isto já esgotamos a tarefa da Teologia. As narrativas, tanto bíblicas quanto do cotidiano atual, não substituem, antes exigem a reflexão teológica. Portanto, segundo Ritschl (e eu tendo a segui-lo), não seria, nesse sentido restrito da Teologia como reflexão sobre o falar de Deus, a Teologia em si narrativa, mas uma reflexão sobre as narrativas, na busca de uma sistematização consistente. Importa ressaltar que isso não é o mesmo que reivindicar um dogmatismo ou uma escolástica autorreferencial. O deslocamento da atenção de um sistema dogmático rígido para as vivências concretas, para as pessoas no cotidiano, é fundamental para o resgate da importância dessas pessoas e da fé realmente vivida e não apenas suposta pelas abstrações de uma Teologia meramente acadêmica. Diga-se de passagem, que a Teologia, neste quesito, leva vantagem sobre outros campos de conhecimento, pois tem um público praticamente garantido a quem responde e com quem pode (e precisa!) testar seus enunciados.[8] Não é possível para o(a) teólogo(a), retirar-se para os livros e elaborar teorias meramente de laboratório ou escritório, sem abandonar, de antemão, qualquer incidência do seu pensamento sobre a realidade. Não por último, muitos teólogos respondem, semanalmente, a uma comunidade para quem precisam proclamar a Boa-Nova de forma relevante, compreensível e responsável. Um constante teste da pertinência da reflexão teológica, que não diminui, antes aumenta sua importância. E são comunidades de ouvintes capazes, para retomar a terminologia da conferência do colega doutor Eduardo Silva no referido congresso, representantes de uma humanidade que há muito tempo saiu da tutela de sacerdotes religiosos, sendo "adulta", como dizia Bonhoeffer (2003, p. 436 *et seq.*). Vai adotar, rejeitar, criticar ou modificar a mensagem de forma explícita, ou "sair por baixo" por dissimulação, mas vai reagir de modo adulto, capaz. Mas, como disse, a importância das narrativas não substitui o trabalho sistematizador da Teologia, antes o exige.

A hermenêutica em perspectiva teológica tem um foco irrenunciável em um texto – lido em culto, proclamado em prédica, interpretado com um conjunto de métodos, seja consciente ou inconscientemente, espontaneamente ou academicamente organizado. A hermenêutica tem sua origem, enquanto conjunto de regras para a interpretação tanto da mitologia grega quanto da escritura. Foi a tarefa de compreender a palavra de Deus em uma religião que apenas impropriamente é denominada de "religião do livro", pois trata-se, mais precisamente, de uma religião da Palavra. Por ser essa Palavra o próprio Cristo, é por definição uma palavra viva, pessoal, percebida num relacionamento de fé mediante o Espírito Santo. A letra, imprescindível e canonizada, remete a essa Palavra viva, presente desde a criação e revelada em seu auge no evento de Cristo. Por ser imprescindível a letra, o texto como conjunto de letras organizado por uma gramática, também a tarefa de compreender o é e

---

[8]   Conforme David Tracy (2006, p. 17-72), não se trata de apenas um, mas de três públicos: a sociedade, a igreja e a academia.

continua sendo. Semelhante à jurisprudência e às letras, a Teologia precisa de instrumentos para compreender o texto, numa metodologia científica, possível de ser explicada e, inclusive, aplicada por quem quiser fazê-lo. Temos aqui métodos diacrônicos e sincrônicos, nomeadamente a exegese histórico-crítica e a semiótica.[9] A descoberta de que o texto bíblico é historicamente situado serviu não apenas para compreendê-lo em sua gênese e processo de vir a existir como o conhecemos e de lê-lo de forma crítica para desvendar os "fatos" que traz – ou não –, mas para desfazer uma leitura especulativa, desencarnada, a-contextual, autorreferencial. Diante das restrições impostas sobre nosso conhecimento dos "fatos" históricos, dada a restrição de fontes extrabíblicas, contudo, o viés diacrônico tem seus limites. Além disto, o conhecimento histórico ainda não nos informa sobre como compreender a mensagem bíblica para hoje. O autor desaparece no processo da escrita. Aparece o leitor e intérprete em sua subjetividade, mas também é insuficiente para captar o sentido de um texto que pretende suscitar uma experiência religiosa que se crê ser a mesma daquela vivida pelos seus autores. Por fim, o texto sozinho fica, de novo, a-contextual e, embora fomente a criatividade na interpretação, parece pular fora da tradição dentro da qual foi transmitido de geração em geração. Ficamos, assim, em um conjunto de elementos históricos, textuais e contextuais, num texto que adquire sentido apenas em sua constante releitura, conforme vem ocorrendo ao longo de sua tradição.

O mais importante, em todos esses aspectos, é a dialogicidade. Hermenêutica não se faz sozinho, muito menos em perspectiva teológica, que pressupõe uma comunidade hermenêutica. Grondin defende que a frase tão citada de *Verdade e método*, de Gadamer, "O ser que pode ser compreendido é linguagem", remete mais precisamente à conversação, ao diálogo (GADAMER, 1997, p. 687). Disse Gadamer, ainda, num diálogo público: "A possibilidade do outro ter razão [*Recht haben*] é a alma da hermenêutica" (*apud* GRONDIN, 1999, p. 207).[10] Compreensão, portanto, é um processo intersubjetivo, com constante abertura à correção. Em tempos de uma realidade intercultural e inter-religiosa, esse processo fica mais desafiador ainda e, ao mesmo tempo, inevitável.

---

[9] Para a primeira, veja Wegner (2002); para uma inclusão da última e outros métodos sincrônicos, cf. Egger (1994, p. 71-154).

[10] "Recht haben" remete mais a "ter razão" do que a "ter direito", por isso corrigi a tradução dada na edição brasileira do livro de Grondin.

Uma hermenêutica em perspectiva teológica está inserida no fluxo da tradição e se orienta pela esperança

Como tradição não entendo uma simples continuação do já visto, pensado, feito, mas a continuação de um processo dinâmico ocorrendo desde a própria confecção do texto bíblico, pois este mesmo já faz releituras internas. A Bíblia veio a ser, ao longo de um processo de cerca de mil anos, o que não diminui, antes aumenta sua importância e relevância. A mais nítida releitura, naturalmente, é a do Antigo Testamento pelo Novo, pela perspectiva do Cristo. Essa situação hermenêutica está bem descrita em Atos 8, na conversação hermenêutica de Felipe com o Eunuco da Etiópia. Esse processo de constante releitura e re-interpretação continua até hoje. Ainda considero feliz a diferença feita pela Comissão de Fé e Constituição do Conselho Mundial de Igrejas, em Montreal (1963), entre Escritura, Tradição (com "T" capital) e tradição ("t" minúsculo) e tradições, em que a Tradição não se constitui como fonte à parte da Escritura, mas denota o processo de tradição (*paradosis*) do Evangelho como mensagem salvífica, processo do qual já faz parte o próprio Novo Testamento e o qual continua até hoje.[11] A interação com culturas e religiões fora do mundo ocidental tem, de modo especial, demonstrado a necessidade de se pensar a tradição como algo dinâmico, em crescimento e adaptação. R. Schreiter, em anos de interação com cristãos de outros continentes, tem descrito com procedência esse processo de crescimento e adaptação da Tradição em seu livro *Constructing local theologies*. Embora o termo "teologia local" me parece pouco feliz, pois tende a confinar tais teologias geograficamente, destaca com direito a localização concreta de toda teologia, no tempo e no espaço (cf. SCHREITER, 1985).

Tais teologias contribuem para a continuação da tradição e mostram como esta não se alimenta tão somente da Escritura e de suas interpretações, mas também da vida concreta e interpretada, portanto num círculo hermenêutico do que chamo de qualidades de contextualidade e de catolicidade. A partir

---

[11] "Pela Tradição, que é o próprio Evangelho, transmitido de geração em geração pela Igreja, o próprio Cristo se encontra na vida da Igreja. Por tradição se entende o processo de tradição. O termo 'tradições' é usado para indicar não só a diversidade de formas de expressão, como também tradições confessionais, como, por exemplo, a tradição Luterana...", *apud* CONSELHO MUNDIAL DE IGREJAS; FÉ E CONSTITUIÇÃO; CONIC. *Um tesouro em vasos de argila*. Instrumento para uma reflexão ecumênica sobre a hermenêutica [1998]. Trad. Maria Telma Queiroz Brito. São Paulo: Paulus, 2000. Parágrafo n. 15.

da hermenêutica, tanto filosófica quanto teológica, temos hoje consciência de que a interpretação bíblica começa com o texto, mas vai além dele para uma compreensão da vida, do ser, do transcendente, da fé. Sem essa leitura mais ampla, toda metodologia exegética faria pouco sentido. A Bíblia seria, então, no máximo, interessante como testemunho histórico ou, eventualmente, como fenômeno literário. O fio condutor dela, contudo, é a relação entre Deus e seu povo, Deus e o mundo, e as correspondentes mediações. Foi escrita na fé e quer ser recebida na fé. Portanto, a Teologia como reflexão sobre a fé e suas manifestações, sobre o falar de Deus e sua pertinência pretende esclarecer o como e o porquê desta fé e desse falar, e fazê-lo de forma comunicável para um público não especializado. Constitui-se também como reflexão crítica e autocrítica. Diferente da Ciências da Religião, mantém um aspecto normativo, sem cair no perigo do absolutismo. Mas também vale lembrar que há momentos em que não há tempo para refletir sobre palavras, mas é preciso tomar ações imediatas. As vítimas clamam por justiça e defesa, e não por compreender cada vez melhor sua situação de vítima, ainda que tal compreensão possa, desde que transformada em ação concreta, em política, ajudar a médio prazo. Nesse caso, a normatividade terá que ser forte, não fraca, e não é por acaso que um médico dedicado aos pobres como P. Farmer recorre positivamente à Teologia da Libertação, que nisso tem, sem dúvida, um dos seus valores duradouros (cf. FARMER, 2005).

A persistência de certas temáticas centrais, como a doutrina da justificação pela graça e fé, de modo especial para os luteranos, dá coesão e expressa a catolicidade da fé cristã através dos tempos e em todos os lugares. Seria difícil pensar uma teologia cristã que desrespeitasse esse princípio soteriológico, hoje aceito, em grande parte, também pela Igreja Católica Apostólica Romana, em um acordo assinado há 10 anos.[12] Foi possível a releitura das antigas condenações. Sem querer corrigir a história e o que foi necessário ser dito, por ambos os lados, na época, pode-se afirmar que os debates teológicos de outrora perderam seu objeto: nem a Igreja Católica, nem a Igreja Luterana são as do século XVI. É um importante passo poder fazer uma releitura histórica nesse sentido, respeitando a memória, mas não ficando preso a ela. Apesar do importante acordo, contudo, a resposta, baseada nomeadamente

---

[12] IGREJA CATÓLICA ROMANA; FEDERAÇÃO LUTERANA MUNDIAL. *Declaração conjunta sobre a doutrina da justificação*. Augsburgo, 31 de outubro de 1999. Trad. Johannes F. Hasenack e Luís M. Sander. 2. ed. São Leopoldo: Sinodal; Brasília: CONIC; São Paulo: Paulinas, 1999.

na Teologia paulina, não traz consigo automaticamente a pergunta. Esta muda ao longo dos tempos e torna necessária uma percepção renovada não apenas da resposta, mas também da pergunta no contexto específico. Gadamer insistiu no "fenômeno hermenêutico originário, segundo o qual não existe nenhum enunciado possível, que não possa ser entendido como resposta a uma pergunta e que só assim possa ser entendido realmente" (*apud* GRONDIN, 1999, p. 198). Parece, contudo, na Teologia de modo especial, que se retém a resposta e se esquece a pergunta, o que faz com que também a resposta se torne irrelevante. Numa expressão feliz, em relação à doutrina da justificação, G. Brakemeier colocou a diferença já existente entre Paulo e Lutero: "Enquanto Lutero, pela justificação por graça e fé, foi tirado do fundo do poço, Paulo foi derrubado do cavalo, para então ser reerguido (cf. At 9, 1s)" (BRAKEMEIER, 2002, p. 102). Qual seria a pergunta hoje à qual possa responder a doutrina da justificação? Dificilmente seria a busca angustiada de Lutero por um Deus misericordioso, nem a arrogância perseguidora de Paulo. Talvez seja a mensagem da gratuidade em tempos de tanta pressão e exigência econômica, profissional, estética etc., e a garantia de um lugar de respeito e carinho num mundo onde é fácil para qualquer uma ou qualquer um ser simplesmente esquecido, irrelevante, ser mais um número entre tantos outros. Portanto, ainda que certamente haja mensagens de valor duradouro, como também o evangelho de um Deus libertador, seu significado e sua relevância não são autoevidentes. É preciso continuar o processo de compreensão, buscando situar cada enunciado na corrente da tradição e no contexto atual. A própria hermenêutica precisa passar por isso, conforme o título do texto de O. Marquard: "A pergunta pela pergunta à qual responde a hermenêutica" (MARQUARD, 1995, p. 117-146). Nele, esse pensador, que já estudou Teologia e se denomina como cético, responde, entre outras coisas, que "a hermenêutica responde à experiência da mortalidade da guerra civil hermenêutica pelo texto absoluto [o autor se refere à guerra confessional dos 30 anos], inventando o texto não absoluto e o leitor não absoluto, mutando-se para uma hermenêutica pluralizante, ou seja, literária" (MARQUARD, 1995, p. 130). A pluralização da hermenêutica, portanto, é condição da possibilidade da pacificação. Não é por acaso, para Marquard, que o termo "hermenêutica", no seu uso por Dannhauer em meados do século XVII, surja precisamente na época da guerra dos 30 anos.[13]

---

[13] Em 1654, Johann Conrad Dannhauer (1603-1666), teólogo de Estrasburgo, publica sua *Hermeneutica sacra sive methodus exponendarum sacrum litterarum*. Isso não seria tão importante se não, conforme Grondin, já se

Acrescento que Leibniz começa a falar sobre a universidade da linguagem e a necessidade da unidade das confissões, a qual denomina explicitamente como ecumenismo, também naquela época (cf. SANTA ANA, 1987, p. 22).[14] Portanto, se a pluralização é um avanço ao evitar leituras absolutistas, ela também precisa construir laços, comunalidades, coerência, unidade, sem, contudo, uniformizar. É questionável se a pluralização em si já traz mais paz ou se não gera também novos conflitos.

Uma hermenêutica em perspectiva teológica precisa ser feita em perspectiva intercultural, ecumênica e inter-religiosa

Num quadro de pluralismo conflitivo, uma hermenêutica intercultural, ecumênica e inter-religiosa se faz necessária. Ela busca compreender o outro e a outra em sua alteridade, sempre respeitada, e a si mesmo diante dela. Reconhece a intencionalidade da fé antes de qualquer juízo, embora também deva incluir a crítica e, evidentemente, a autocrítica. Baseia-se, ultimamente, na confiança – como já mencionei, um conceito bastante e assumidamente vago, na verdade uma atitude que nunca pode ser obrigação, mas dádiva livre (cf. SINNER, 2007, p. 9-25). Uma hermenêutica que saiba diferenciar níveis de manifestação e de diálogo consegue aguentar, inclusive, exclusividades.

Sabemos que existem diferenças entre as igrejas e entre as religiões. Embora, conforme pesquisas empíricas, o trânsito religioso não seja governado primeiramente por afinidades doutrinárias, estas também fazem diferença para a escolha, o compromisso, as atitudes e as ações dos e das fiéis (FERNANDES, 2006). A absolutização de tais diferenças pouco ajuda, pois exclui o diálogo. Ao mesmo tempo, certo sentido de exclusividade ou superioridade faz parte das religiões. Nem por isso o diálogo entre elas é impossível, desde que tal sentido de superioridade não signifique absolutismo e fechamento. Numa metáfora feliz, R. Panikkar disse que as diversas religiões são como

---

mostrasse em Dannhauer a busca de uma teoria geral da interpretação, inclusive 15 anos antes da referida obra (GRONDIN, 1999, p. 94-98).

[14] "Profundamente escandalizado com o antitestemunho dessas guerras nas quais os cristãos, para defender sua versão do Evangelho, estavam de fato sendo infiéis a ele, Leibniz enfatizou a necessidade de se chegar a construir uma Igreja Universal que desse lugar em seu seio às diferentes expressões da vida e da fé cristã."

rios, mas que não se encontram num mesmo mar, mas nas nuvens, após terem evaporado, de onde irão fecundar novamente a terra como chuva que regenera. Enquanto isso, continuam distintos em seus leitos.[15] O mesmo falou de uma confiança cósmica, dentro da intuição cosmoteândrica que defende como ponto de encontro das religiões na profundidade: as religiões são formas de expressão das relações entre Deus, o ser humano e o mundo. Já que o ser humano é finito e falível, e as religiões são muitas, acrescento que a confiança não pode ficar nos próprios seres humanos, mas precisa basear-se em algo mais profundo. A partir dessa base, é possível repensar as exclusividades e torná-las, no mínimo, inclusivas. Para dar apenas um exemplo, neste caso dentro do cristianismo: segundo o catolicismo, a Igreja é a comunhão dos fiéis com seus bispos sob a liderança do sucessor de Pedro, vigário de Cristo, enquanto para os luteranos é a congregação dos fiéis em torno da Palavra pregada e da celebração dos sacramentos do Batismo e da Santa Ceia, conforme o Evangelho. Estamos, portanto, diante de uma mútua exclusividade. São modelos incompatíveis, embora existam sobreposições. Agora seria importante dizer se os axiomas que regem essas doutrinas são confessionais ou supraconfessionais. O papa é elemento de uma axiomática apenas católica ou cristã? Naturalmente, a resposta sobre isso vai divergir entre as confissões, além de pressupor a possibilidade de distinguir entre ser cristão e ser católico ou luterano. Porém, se a principal lealdade é ao próprio Cristo, Filho de Deus encarnado, e se possa confiar que as duas confissões busquem a Deus, as diferenças aparecem num nível mais primário e, assim, não insuperável. O vago, o intuitivo, mas mesmo assim operativo, é aqui aquilo que incentiva (e relativiza) o conceitual, o diálogo, a compreensão mútua. Não se deveria ter medo disso sem, contudo, deixar de fazer os deveres de casa de análise dos preceitos, tanto de outrem, quanto de si mesmo. A confiança, pela profundidade, e a esperança, pelo futuro aberto, bem como a memória como algo passível de novas interpretações são elementos que possibilitam tal hermenêutica ecumênica. Se tudo é interpretação, para citar novamente Nietzsche, tais interpretações podem ser revistas – opinião que, naturalmente, também é interpretação.

---

[15] "[As religiões] se encontram uma vez transformadas em vapor, uma vez passadas pela metamorfose para serem Espírito, que em seguida é derramado em inumeráveis línguas. (...) O verdadeiro reservatório de religiões não se localiza apenas nas águas doutrinais da teologia, mas também no vapor transcendental (revelação) das nuvens divinas, e no gelo e na neve imanentes (inspiração) das geleiras e montanhas dos santos, carregadas de neve" (PANIKKAR, 1988, p. 89-116).

Referências bibliográficas

BERNHARDT, Reinhold. Niemand kommt zum Vater, denn durch mich. Eine religionstheologische Annäherung na Johannes 14,6. In: KUSMIERZ, Katrin *et al.* (Org.). *Grenzen erkunden zwischen Kulturen, Kirchen, Religionen.* Frankfurt: Lembeck, 2007. p. 157-168.

BONHOEFFER, Dietrich. *Resistência e submissão:* cartas e anotações escritas na prisão. Tradução Nélio Schneider. São Leopoldo: Sinodal, 2003.

BRAKEMEIER, Gottfried. *O ser humano em busca de identidade.* Contribuições para uma antropologia teológica. São Leopoldo: Sinodal; São Paulo: Paulus, 2002.

BRANDT, Hermann. As ciências da religião numa perspectiva intercultural: a percepção oposta da fenomenologia no Brasil e na Alemanha. *Estudos Teológicos,* São Leopoldo, ano 46, n. 1, p. 122-151, 2006.

BUSCH, Eberhard; FANGMEIER, Jürgen; GEIGER, Max (Org.). *Parrhesia:* Karl Barth zum achtzigsten Geburtstag. Zürich: EVZ, 1966.

CONSELHO MUNDIAL DE IGREJAS; FÉ E CONSTITUIÇÃO; CONIC. *Um tesouro em vasos de argila.* Instrumento para uma reflexão ecumênica sobre a hermenêutica [1998]. Tradução Maria Telma Queiroz Brito. São Paulo: Paulus, 2000.

CONSELHO NACIONAL DE EDUCAÇÃO/CÂMARA DE EDUCAÇÃO SUPERIOR. Parecer nª 118/2009. Disponível em: <http://portal.mec. gov.br/dmdocuments/ pces118_09.pdf>. Acesso em: 1 fev. 2010.

CROATTO, José Severino. *As linguagens da experiência religiosa:* uma introdução à fenomenologia da religião. São Paulo: Paulinas, 2001.

DALFERTH, Ingolf Ulrich. *Sprachlogik des Glaubens:* texte analytischer Religionsphilosophie und Theologie zur religiösen Sprache. München: Kaiser, 1974.

DREHER, Luís H. (Org.). *A essência manifesta:* a fenomenologia nos estudos interdisciplinares da religião. Juiz de Fora: UFJF, 2003.

DUSSEL, Enrique. *Ética da libertação:* na idade da globalização e da exclusão. Petrópolis: Vozes, 2000.

EGGER, Wilhelm. *Metodologia do Novo Testamento:* introdução aos métodos linguísticos e histórico-críticos. São Paulo: Loyola, 1994. p. 71-154.

ESCOLA SUPERIOR DE TEOLOGIA. Carta aberta ao Conselho Nacional de Educação (CNE), expedida pela reitoria da Faculdades EST em 1 de julho de 2009. Disponível em: <http://www.est.edu.br/index. php?option=com_comunicacao &task=ultimas& task=detalhe&id_no ticia=504&Itemid=197&n1=197&nParent=198>. Acesso em: 23 ago. 2009.

FARMER, Paul. *Pathologies of power:* health, human rights and the new war on the poor. Berkeley: University of California Press, 2005.

FERNANDES, Silvia (Org.). *Mudança de religião no Brasil:* desvendando sentidos e motivações. Rio de Janeiro: Ceris, 2006.

GADAMER, Hans-Georg. *Verdade e método:* traços fundamentais de uma hermenêutica filosófica. Tradução Flávio Paulo Meurer. 3. ed. Petrópolis: Vozes, 1997.

GEFFRÉ, Claude. *Crer e interpretar:* a virada hermenêutica da teologia. Tradução Lúcia M. Endlich Orth. Petrópolis: Vozes, 2004.

GRONDIN, Jean. *Introdução à hermenêutica filosófica.* Tradução Benno Dischinger. São Leopoldo: Unisinos, 1999.

IGREJA CATÓLICA ROMANA; FEDERAÇÃO LUTERANA MUNDIAL. *Declaração conjunta sobre a doutrina da justificação.* Augsburgo, 31 de outubro de 1999. Tradução Johannes F. Hasenack e Luís M. Sander. 2. ed. São Leopoldo: Sinodal; Brasília: Conic; São Paulo: Paulinas, 1999.

KÖRTNER, Ulrich H. J. *Introdução à hermenêutica teológica.* Tradução Paul Tornquist. São Leopoldo: Sinodal, 2009.

KÖRTNER, Ulrich H. J. Dogmática como exegese consequente? Sobre a relevância da exegese para a Teologia Sistemática em conexão com Rudolf Bultmann. Tradução Nélio Schneider. *Estudos Teológicos*, São Leopoldo, ano 49, n. 1, p. 58-78, jan./jun. 2009.

KÖRTNER, Ulrich H. J. *Hermeneutische Theologie:* Zugänge zur Interpretation des christlichen Glaubens und seiner Lebenspraxis. Neukirchen--Vlyun: Neukirchener, 2008.

LÉVINAS, Emmanuel. *Totalidade e infinito.* Lisboa: Edições 70, 1988.

MAGALHÃES, Antônio. *Uma Igreja com teologia.* São Paulo: Fonte Editorial, 2006.

MARQUARD, Odo. *Abschied vom Prinzipiellen:* Philosophische Studien. Stuttgart: Reclam, 1995.

MILBANK, John. O conflito das faculdades: a teologia e a economia das ciências. In: NEUTZLING, Inácio. *A teologia na universidade contemporânea*. São Leopoldo: Editora Unisinos, 2005. p. 99-116.

PANIKKAR, Raimon. The Jordan, the Tiber, and the Ganges. Three Kairological Moments of Christic Self-Consciousness. In: HICK, John; KNITTER, Paul F. (Org.). *The Myth of Christian Uniqueness*. London: SCM, 1988. p. 89-116.

RAD, Gerhard von. *Teologia do Antigo Testamento*. v. 1 e 2. Tradução Francisco Catão. 2. ed. totalmente revisada. São Paulo: ASTE, Targumim, 2006

RICOEUR, Paul. *Freud and philosophy:* an essay on interpretation. Tradução Denis Savage. 5. ed. New Haven: Yale University Press, 1978.

RITSCHL, Dietrich; JONES, Hugh O. *"Story" als Rohmaterial der Theologie*. München: Kaiser, 1976.

RITSCHL, Dietrich. *Zur Logik der Theologie*. München: Kaiser, 1984.

RITSCHL, Dietrich. O conceito de 'story' na ética da saúde. Estudos Teológicos, ano 47, n. 1, p. 65-82, 2007.

SANTA ANA, Júlio de. *Ecumenismo e libertação*. Petrópolis: Vozes, 1987.

SCHLIER, Heinrich. παρρης α κτλ. In: KITTEL, Gerhard (Org.). *Theologisches Wörterbuch zum Neuen Testament*. Stuttgart: Kohlhammer, 1949-1979. v. 5. p. 869-884.

SCHREITER, Robert. *Constructing Local Theologies*. Maryknoll: Orbis, 1985.

SINNER, Rudolf von. Bioética e esperança cristã. In: HOCH, Lothar Carlos; WONDRACEK, Karin H. K. (Org.). *Bioética:* avanços e dilemas numa ótica interdisciplinar. São Leopoldo: Sinodal, 2006. p. 153-158.

SINNER, Rudolf von. *Confiança e convivência:* reflexões éticas e ecumênicas. São Leopoldo: Sinodal, 2007.

TEIXEIRA, Faustino (Org.). *A(s) ciência(s) da religião no Brasil:* afirmação de uma área acadêmica. São Paulo: Paulinas, 2001.

TRACY, David. *A imaginação analógica:* a teologia cristã e a cultura do pluralismo. Tradução Nélio Schneider. São Leopoldo: Editora Unisinos, 2006.

VATTIMO, Gianni. The Age of interpretation. In: RORTY, Richard; VATTIMO, Gianni. *The Future of Religion*. Edited by Santiago Zabala. New York: Columbia University Press, 2005. p. 43-54.

WAARDENBURG, Jacques. Religionsphänomenologie. *Theologische Realenzyklopädie*, v. 28. Berlin: De Gruyter, 1997. p. 731-749.

WEGNER, Uwe. *Exegese do Novo Testamento:* Manual de Metodologia. 3. ed. São Leopoldo: Sinodal; São Paulo: Paulus, 2002.

WESTHELLE, Vitor. *O Deus escandaloso:* o uso e abuso da cruz. São Leopoldo: Sinodal, 2007.

WESTPHAL, Euler. *Ciência e bioética:* um olhar teológico. São Leopoldo: Sinodal, 2009.

Ciências Cognitivas, Filosofia da Mente e Fenomenologia: um debate contemporâneo

Edênio Valle

Mihi quaestio factus sum
(Agostinho, *Confessiones*, Líber X, Caput 34)

Este texto tem como objetivo delinear as grandes linhas do debate que hoje se trava entre as Ciências Cognitivas e, respectivamente, a Filosofia da Mente e a Fenomenologia. Se meu objetivo primeiro fosse o de expor os questionamentos e as possibilidades que vejo abrirem-se às Ciências da Religião e à Teologia desde as chamadas Ciências Cognitivas, talvez não tivesse escolhido a Fenomenologia como referencial principal. A razão é simples. Penso ser uma tarefa muito complexa lançar pontes entre ciências que estão em um permanente processo de revisão – caso das Ciências Cognitivas – e um pensar filosófico da sutileza especulativa do fenomenológico. Vindo da Psicologia da Religião, meu ponto de partida serão as Neurociências e a Psicologia Cognitiva (cf. PAIVA, 2007, p. 183-191; PAIVA, 2006, p. 128-135; VALLE, 2001a, p. 261-272; VALLE, 2001b, p. 1-46), áreas empíricas de estudo com as quais tenho maior intimidade. Considero a presente situação dessas disciplinas como ainda indefinida, o que torna difícil o estabelecimento de parâmetros conceituais sustentados por dados capazes de possibilitar uma articulação mutuamente fecunda entre os conhecimentos adquiridos pelas Ciências Cognitivas, de um lado, e a pesquisa e a hermenêutica próprias à Filosofia, à Teologia e às Ciências da Religião, de outro. Em virtude das características um tanto nebulosas do presente estado da questão, o trabalho que apresento é de natureza apenas introdutória e informativa. Sua intenção é a de descrever as grandes linhas das discussões em curso, indicando os desafios, os impasses e as aberturas que entorpecem o diálogo, que julgo, no entanto, possível e já iniciado entre as Ciências Cognitivas, a Filosofia da Mente e a Fenomenologia.

A argumentação se articulará em três partes maiores. A primeira é introdutória e didática, quase autobiográfica, e mostrará como somente paulatinamente um psicólogo da religião chega à compreensão da importância que a moderna temática cognitiva possui para sua área de estudo, em geral ainda presa a conceitos que já não dão conta da avalanche de novos dados que diariamente se acumulam nos periódicos e centros de pesquisa. Na segunda parte, se fará um apanhado do estado da questão, visando esclarecer o sentido de alguns dos conceitos usados, tanto pelas Ciências Cognitivas/Filosofia da Mente, quanto pela Fenomenologia. Na terceira parte, com o intuito de trazer a discussão para o chão do estudo das religiões, se apresentará e se analisará uma experiência "religiosa", "pós-religiosa"ou "simplesmente natural", frequente hoje em dia no Brasil e no mundo: *a out of body experience*.[1]

Parte I
Introduzindo o tema

1. Talvez venha ao caso dizer como e por que, enquanto psicólogo da religião, me interessei por questões relativas à leitura filosófica, especialmente as das Neurociências. Há mais de 30 anos, ao discutir com meus alunos de graduação e pós-graduação sobre certos fenômenos psicossomáticos muito frequentes nas religiões brasileiras – em especial sobre o cada vez mais constante transe religioso e sobre certas curas "milagrosas" produzidas em massa –, senti agudamente a insuficiência de teorias, como as de Freud ou Jung, da psicossomática e das constatações e *insights* advindos especialmente da antropologia e da história comparada das religiões. Embora elucidativas para o estudo das religiões brasileiras, essas teorias mostravam-se carentes, em especial no tocante à sua base neurofisiológica. Mais tarde, já nos anos 1990, em aulas ministradas no Programa de Ciências da Religião da PUC de São Paulo, comecei a

---

[1] A "projeção para fora do corpo", como a designa Waldo Vieira, é uma espécie de "transe" ou êxtase auto-hipnótico em que a pessoa sente como se saísse do próprio corpo, para ver-se desde fora, com a nítida sensação de estar superando as barreiras do tempo e do espaço, que ordinariamente balizam sua consciência em vigília normal (cf. VIEIRA, 2000; 2008).

apresentar aos alunos os estudos de alguns neuropsiquiatras, neuropsicólogos e filósofos da mente (PERSINGER, 1987; ALLBRIGHT e ASHBROOK, 1997; D'ÁQUILI; NEWBERG, 1999, p. 177-200; ASHBROOK, 1966, p. 545-582; DAMÁSIO, 2001; PINKER, 1998; RUGG, 1997; MARINO JR., 2005; TEIXEIRA, 1994; TEIXEIRA, 1998; TEIXEIRA, 2008; LANDIS, 2005, p. 271-287; JORGE, 2007, p. 70-76; PEREIRA JR., 2003), inclusive do Brasil. Perguntas que surgiam diretamente dos alunos, mas também de minha observação pessoal de comportamentos religiosos concretos, presentes hoje em nosso país, me levaram a ampliar o horizonte de minhas indagações. Durante minha permanência no Rio de Janeiro, em fins dos anos 1980, tive a oportunidade de entrar em contato com grupos "espiritualistas" dissidentes da religião kardecista, que praticavam a chamada *out of body experience*. Possuía conhecimento de estudos neuropsicológicos sobre esse fenômeno realizados em laboratórios de pesquisa dos Estados Unidos e da Europa e, simultaneamente, sendo discutidos por cientistas de formação filosófica, o que trazia direções inéditas à compreensão do fenômeno. Percebi também que outros cientistas da religião com ou sem formação filosófica específica, como A. D'Andrea (2000), S. Stoll (2004), J. Russo (1993) e L. Marrach (2001, p. 33-39) se dedicavam a provocativas análises de conotação biológica, socioantropológica e histórica.

2. Foi por essas vias que me dei conta da importância das Ciências Cognitivas e da Filosofia da Mente para o estudo psicológico da "experiência religiosa", um fenômeno que implica sensações "em primeira pessoa", as quais estavam sendo lidas e testadas desde uma perspectiva de índole fenomenológica (METZINGER, 2003), diferente tanto da de W. James quanto das que se baseiam em pressupostos naturalistas e evolucionários da maioria dos cientistas contemporâneos. Th. Metzinger, por exemplo, propõe um modelo ou hipótese neuropsicológica do *self*, mas o faz com base em um sólido conhecimento das descobertas das modernas Neurociências. Teorias como essa não podiam deixar de atrair a atenção de um psicólogo da religião, pois mostram rumos antes não trilhados. Assim, por exemplo, é fácil constatar que as Ciências Cognitivas eram pouco ou nada consideradas nas grandes introduções à Psicologia da Religião anteriores ao ano 2000, como as de W. Hellpach (1956), W. H. Clark (1958), W. Herr (1966), W. Gruehn (1960) e A. Vergote (1966), mais antigas, ou mesmo nas mais atuais, como as de Hood Jr. *et al.* (1996), de Wulff (1991), de Fraas (1997), de Fizzotti (1992), de Grom (1992) e tantas outros que podem ser consideradas como atualizadas. Esse mero fato já demonstra que a Psicologia da Religião de fato ensinada e praticada nas grandes universidades

do mundo inteiro ignorava os dados empíricos das Ciências Biológicas ou os considerava apenas secundariamente pela via da psicossomática. A razão de tal alienação se deve provavelmente mais ao desconhecimento mútuo do que ao fechamento organicista e à postura antirreligiosa militante de alguns teóricos importantes das Neurociências e da Filosofia. É preciso que tenhamos plena consciência de que existe nos dois lados o perigo tanto de uma atitude reducionista ("meu ponto de vista esclarece toda a questão"), quanto deslumbrada ("que maravilha: tudo está explicado!"). Tenho a impressão de que, de modo geral, os filósofos estão mais avançados do que os teólogos, no que tange à necessidade de uma aproximação, e já contam com um corpo teórico melhor definido, fundamentado em dados e conceitos básicos bem entendidos. Na Psicologia da Religião, passos significativos se dão nessa na mesma direção.[2] Com isso, não se quer negar a existência de divergências, radicalizações e mal-entendidos sérios nos dois lados.

3. Com relação à Teologia, observo que ela começa a prestar mais atenção na questão da corporeidade humana. A Soter, por exemplo, dedicou um de seus congressos à corporeidade, dentro de uma perspectiva propositadamente interdisciplinar (SOTER, 2005). Entre os inúmeros aspectos considerados no congresso nada aparece, contudo, com relação às discussões de cunho neuropsicológico, que se tornaram uma praxe no campo da Filosofia da Mente. Será esse um indicativo de que, na Teologia, não existe ainda consciência de que o conhecimento do corpo humano passa hoje inevitavelmente pelo que as Neurociências descobriram sobre seu funcionamento nos últimos 10 ou 20 anos?

Nos Estados Unidos, a Teologia já despertou há mais tempo para a questão.[3] Há fundações de renome, caso da Templeton Foundation, que patrocinam estudos nessa direção. Alguns círculos vizinhos a igrejas cristãs envidaram esforços para estabelecer uma "Neuroteologia" (ELLENS, 1987; McKINNEY, 1994). Tal esforço, porém, não encontrou acolhida no *mainstream* da teologia acadêmica, nem, menos ainda, das Ciências Cognitivas. Encontra, no entanto, aceitação ampla em dois tipos de ambientes: no "espiritualista", destituído de preparo teológico e científico, e no "fundamentalista", cujo viés é o do reducionismo sectário.

---

[2] Exemplo deste progresso é o X Convegno Internazionale della Società Italiana di Psicologia della Religione, que versou exatamente sobre as relações entre religião, cultura, mente e cérebro (cf. ALETTI; FAGNANI e ROSSI, 2006).

[3] Como exemplo, veja os livros de Barbour (2004), McGrath (2005) e Peters (1997).

4. Na grande mídia, as Neurociências passaram a gozar de grande popularidade. Na raiz da atração que elas exercem estão os provocativos experimentos e descobertas do famoso neurocirurgião canadense M. Persinger (1987, p. 267-284), que, ao estimular diretamente o lobo temporal do cérebro de seus pacientes, constatou que esses tendiam a relatar espontaneamente sensações religiosas dos mais variados tipos. A partir dessas experiências, realizadas inicialmente com pacientes epilépticos e quase sempre no contexto de intervenções cirúrgicas no cérebro humano, Persinger inventou um famoso capacete com eletrodos (o *God helmet*), que transmitiam impulsos elétricos diretamente às regiões encefálicas supostamente responsáveis pela percepção do divino, fazendo com que, mesmo pessoas não religiosas, experimentassem nítidas sensações espirituais. Surgiu daí uma enorme série de pesquisas – algumas metodologicamente bastante questionáveis – às quais podemos dar o nome de Neurobiologia ou Neurofisiologia das crenças religiosas (mas não de Neuro*teologia*!). A tecla em que os divulgadores desses experimentos batem é a de que a ciência do cérebro, graças às modernas técnicas de produção de neuroimagens,[4] poderá entender e mesmo prever (e manipular!), pela via neural e bioquímica, os sentimentos, as experiências e as crenças religiosas dos sujeitos. Alguns julgam dispor de todos os elementos para afirmar que foi a própria evolução do cérebro humano que levou o *homo sapiens sapiens* a ter essa necessidade biológica de rituais e de crenças (religiosas), de estados anômalos e de significados *místicos* individuais e coletivos. Argumentam que as experiências e sentimentos religiosos dos seres humanos guardam, desde tempos remotíssimos, notável semelhança entre si. É como se em certas situações estressantes o cérebro exigisse deles a tentativa de algum tipo de comunicação com o "divino", seja qual for a concepção que dele se faz. Haveria como que uma programação biogenética para a linguagem e para a religiosidade; os correlatos neurais seriam o mesmo que as elaborações mentais.

As experiências de quase morte seriam uma outra comprovação dessas determinações biológicas inscritas no código genético do processo evolucionário da espécie humana. Segundo Marino Jr. (2005, p. 98-99), reconhecido neurocirurgião não materialista, as "experiências de quase morte" (*near death experiences*) envolvem regularmente sensações de estar fora do corpo; percepção visual do ambiente e dos acontecimentos ali ocorridos e de si próprio (autoscopia): ruídos audíveis; sensação de indescritível paz (inefabilidade) e

---

[4]   Para uma visão de conjunto, consulte-se Azzari (2006, p. 33-54).

perda da sensação dolorosa; presença deslumbrante, de grande beleza; rápida visão da vida pessoal; sensação de estar num mundo inteiramente diferente; sensação de uma presença muito especial; sensação da presença de uma espécie de túnel e de vastidão do espaço; premonição de eventos futuros etc. São todas manifestações, imagens, visões e símbolos que há milênios são usualmente relacionadas ao divino e guardadas como um espaço privativo das religiões. Nos relatos dos que fazem a experiência da saída do corpo, essas mesmas manifestações aparecem com pregnância e realismo e permanecem, em geral, vivas na memória, incorporando-se à visão de mundo do sujeito.

Seja como for, cientistas, filósofos e teólogos do século XXI terão que se debruçar sobre os dados e bases biológicas do que Maslow chamava de "experiências de culminação" (*peak experiences*), correspondentes ao que, com relutância, Freud aceitou chamar de experiências "oceânicas". No Brasil, existe uma pequena revista, produzida pelo Corpo de Psiquiatras e Psicólogos Cristãos (CPP),[5] que se intitula *Psicoteologia*. Raul Marino Jr. adotou também em seu livro o termo de "Neuroteologia" (2005, p. 119-144). Baseando-se em P. McLean (1990) e, ao que tudo indica, inspirando-se na *mystical mind* de D'Aquili e Newberg (1999), procura dar ao termo "mente mística" uma base teológica que reputo inadequada, além de insuficiente. Mais recentemente, sem aceitar o conceito de Neuroteologia, alguns teólogos de ponta se dedicaram de forma sistemática à discussão sobre os avanços propiciados pelas Neurociências e sua conexão com os processos mentais subjacentes à experiência religiosa humana. Merecem especial destaque os trabalhos de M. Ostow (2007), J. Moltmann (2007), J. Hick (2007), A. B. Wallace (2006), P. Clayton e J. Schaal (2007) e E. Drewerman (2006), para citar alguns, entre outros. Drewerman, conhecido pelo caráter polêmico e inovador de suas posições teológicas, dedicou um detalhado estudo aos processos neurofisiológicos subjacentes aos comportamentos humanos, prometendo em breve um segundo volume, exclusivamente teológico, a respeito dos desafios que as Neurociências levantam à Teologia do século XXI.

---

[5] J. H. Ellens (1986, p. 91-92), no livro que o CPPC traduziu para o português, critica posições de terapeutas conservadores que vão em direção de uma Psicoteologia, que, ignorando o real estado da questão, tende a negar a validade de qualquer afirmação psicológica que não se fundamente no pensamento teológico cristão (conservador, por sinal). A crítica de Ellens se refere a autores como Don Tweedy e Jay E. Adams. Ellens vê tentativas desse tipo como sendo "um beco sem saída para a pesquisa dialógica, a não ser que (se resolvam) dois problemas: o da alienação essencial da psicologia e da teologia e o da absorção de uma pela outra" (p. 92).

Parte II
O estado da arte

1. Falar com propriedade das Ciências Cognitivas e da Filosofia da Mente supõe uma série de informações de natureza médico-científica que – imagino – são pouco conhecidas pela maioria dos cientistas da religião e teólogos. No entanto, como meu objetivo aqui é apenas o de apresentar alguns dos tópicos que reputo importantes para se compreender o embate que ocorre entre as Ciências da Natureza, a Filosofia, a Teologia e os demais estudos da religião, julgo justificada minha ousadia em ir direto ao que nos interessa, confiando que os leitores tenham um conhecimento básico sobre os processos dos quais aqui se falará. Os textos sobre a anatomia e a fisiologia desses processos e mecanismos são encontrados em livros e periódicos indexados, escritos em linguagem técnica, pouco acessível a leigos. Um estudo científico suporia entrar nessa literatura e linguagem especializadas, presentes em obras coletivas do tipo das editadas por J. Bulbulia *et al.* (2009) e por P. McNamara (2006), ou nos muitos periódicos hoje existentes nas principais línguas do mundo. Mas há textos bem mais acessíveis, alguns redigidos por jornalistas especializados.[6] Para uma informação de nível acadêmico mais adequado, indico A. Dinis e M. Curado (2007), P. Weingart *et al.* (1997), P. Churchland (1998), J. Eccles e K. Popper (1995), além de F. Crick (1994).

Tenho a impressão – falando de modo geral – de que os filósofos da mente, alguns deles hoje muito divulgados,[7] têm compreendido a relevância desses novos temas melhor do que os cientistas da religião, provavelmente porque estes últimos tendem a enfocar seu objeto desde uma perspectiva aberta mais às ciências humanas e históricas do que às ciências naturais. Mas há exemplos de novas posturas. Uma é o livro de P. Weingart, organizador de uma importante obra coletiva consagrada à Biossociologia (Weingart *et al.*, 1997), na qual o objetivo era buscar compreender a natureza humana considerando a Biossociologia e a Psicologia Evolucionária. No mesmo campo, uma tomada de posição que causou impacto foi a do conhecido

---

[6] Em português, recomendo o livro de Carter (2003).

[7] Além dos nomes já apresentados até aqui, gozam de renome as posições de alguns pesquisadores cujas posições provocam controvérsias na mídia e em meios intelectuais. São eles: Dawkins (2007), Dennett (2006), Crick (1994) e Dinis e Curado (2007).

antropólogo Victor Turner, que, por ocasião de um grande congresso interdisciplinar em Londres, do qual participaram alguns dos maiores cientistas da natureza, etólogos, etnólogos e biólogos então vivos, proclamou a necessidade de trabalhar com especial afinco no diálogo entre o que ele chamou de "neurologia e culturologia",

> desde que ambos os lados tenham em conta a capacidade do cérebro superior de adaptar sua plasticidade e capacidade de aprender e simbolizar, através de caminhos que os etólogos puro sangue provavelmente acabaram por negligenciar em sua visão da ritualização, parando demasiado cedo em seu pensamento sobre a ritualização e fixando-se apenas nos comportamentos que são obviamente programados pelo cérebro inferior. É para os aspectos dialéticos e mesmo contraditórios entre os vários sistemas cerebrais humanos que deveríamos olhar a fim de buscar formular hipóteses testáveis sobre os procedimentos rituais e sobre seu papel na realização de funções noéticas (...) e entender todo este contexto como sendo um modo sui generis de conhecimento humano.

Pronunciamentos semelhantes ao de V. Turner (1987, p. 221-245) podem ser encontrados na estimulante obra de C. Geertz (2001) e em psicólogos (BELZEN, 2010) interessados em desenvolver o enquadramento cultural e social da religião e da religiosidade. Para eles, o entendimento entre as Ciências Naturais e as Ciências Sociais e da Cultura é uma tarefa que se impõe. A questão de fundo para Turner, por exemplo, é a de mostrar que os processos mentais que emergem do conjunto de atividades do cérebro e são fruto de uma longa evolução guardam uma originalidade própria à nossa espécie, ligam-se à cultura e implicam um senso religioso, seja qual for o nome que dermos a esse sentido. Por mais que essa tarefa seja árdua e complexa, ela tem um interesse universal e não pode ser circunscrita a pequenos círculos de especialistas. Prova disso é o fato de podermos encontrar, em qualquer banca de jornal, revistas de vasta circulação que, por exemplo, abordam temáticas dedicadas à genética, à cultura e à religião. No Google mundial, no verbete *philosophy of mind*, encontram-se cerca de 60 milhões de páginas sobre esse argumento. Em várias universidades e centros de pesquisa do Brasil existe também um grande empenho para que o Brasil não fique atrás do que se faz e se pensa nos países de sólida tradição científica e humanista. Um empenho muito grande é o desenvolvido pela Universidade Federal de São Carlos, sob a liderança de João de Fernandes Teixeira. São já numerosos em nosso país os grupos de pesquisa de Filosofia da Mente e Neurociências que contam com o apoio do Conselho Nacional de Desenvolvimento Científico e Tecnológico

(CNPq).[8] Também algumas universidades com programas filiados à Associação dos Programas de Pós-graduação em Teologia e Ciências da Religião (ANPTECRE) realizam trabalhos sistemáticos nessa área pioneira da epistemologia do conhecimento.

2. Passo agora a delinear minha concepção dos três eixos em que se articula minha reflexão: (1) as Ciências Cognitivas, (2) a Filosofia da Mente e (3) a Fenomenologia.

As Ciências Cognitivas

Essa designação é nova no vasto espectro das ciências que estudam o homem no que ele tem de mais original: sua capacidade de conhecer e de conhecer que conhece. As Ciências Cognitivas, porém, não estudam essa originalidade assim como era concebida no passado, e sim no nível de sua natureza bioevolutiva e histórica, agora alterada por intervenções e descobertas fantásticas que estão tornando o ser humano um demiurgo de si mesmo.

As Ciências Cognitivas são constituídas por um grupo de ciências que estudam o conhecimento e a inteligência desde abordagens até pouco inexistentes. A expressão Ciências Cognitivas, como aqui a emprego, não deve ser confundida com os termos "mente cognitiva" e "cognitivo", cunhados por pensadores tão diferentes quanto o biólogo e psicólogo suíço Jean Piaget e o filósofo norte-americano J. Peirce.[9] É notável que a polêmica suscitada pelas Ciências Cognitivistas ter tido seu estopim a questão da Inteligência Artificial (IA), tornada um fato real pelos avanços das Ciências da Computação. Para um pensador "humanista", o conceito de IA pode soar quase como uma contradição *in terminis*. E, em parte, ele o é. Talvez ele deva ser entendido como uma metáfora computacional, na qual a relação entre *hardware* e *software* é comparada ao que nos permite serem seres inteligentes: nosso cérebro com seu suporte biológico e nossa mente, com os processos que são específicos à nossa espécie. Em si, porém, uma supermáquina, por sofisticada que seja em sua "habilidade" em simular até os sentimentos e as emoções, nunca poderá ter essa capacidade absolutamente idiossincrática de sentir, pensar, crer, sonhar, falar,

---

[8]   O Instituto do Milênio de Psicologia Evolucionista do CNPq reúne 16 pesquisadores de nove instituições científicas, espalhadas pelas cinco regiões geocientíficas do Brasil. Na Associação Nacional de Pesquisa e Pós-graduação em Psicologia (ANPEPP), há cerca de 15 anos, existe um GT de Psicologia Evolucionista.

[9]   Sobre o papel de Peirce em relação às Ciências Cognitivas, veja-se: Santaella (2004, p. 167-179).

simbolizar, amar etc. da qual, no fundo, só o próprio sujeito tem consciência (sempre parcial e precária, devido à existência de mecanismos inconscientes, aliás também eles dependentes da Biologia). Então, o grande alvoroço dos anos 1970 e 1980 em torno da IA seria apenas um factoide da mídia norte-americana ou um mero subproduto de sua imaginativa *science fiction*? Deveriam os cientistas, os filósofos e os teólogos, voltados para o estudo da religião, ver nessa polêmica uma questão secundária e não merecedora de atenção?

Na discussão dos anos 1970 e 1980 sobre a IA, entraram, desde o início, várias abordagens novas, que trouxeram elementos até então ausentes do debate epistemológico e metodológico. Além das Ciências Psi e das Neurociências, da Bioquímica, da Genética, da Etnoantropologia, da Biossociologia, da Linguística, da Semiótica e da Lógica Matemática, também as tecnologias (a Nanotecnologia Molecular e a Robótica, por exemplo) foram chamadas em causa. A Filosofia, naturalmente, não podia faltar, por uma razão muito simples. Filosoficamente falando, as questões de fundo disputadas pelos teóricos das Ciências Cognitivas tiveram seus precursores em sábios da Grécia Antiga e nos mais lúcidos pensadores da Idade Média e do Renascimento. Na modernidade, elas perpassam a disputa entre racionalistas e sensorialistas, bem como entre kantianos e hegelianos. Esparramou-se, após a Revolução Francesa, nas controvérsias que separam a epistemologia e a metodologia de dialéticos e funcionalistas, de positivistas e de fenomenólogos.

Em fins do século XX (com G. Ryle, 1949, e D. Chalmers, 1996, por exemplo), a palavra "cognitivo"[10] adquiriu um sentido que já não era o que nos vinha dos séculos precedentes. Ela passou a abranger todo e qualquer tipo de estrutura ou operação inteligente que possa ser estudada de modo lógico e empírico, incluídos o pensamento animal e o das máquinas "pensantes". Isso, contudo, não significa que todos os cultores das Ciências Cognitivas tenham abandonado as aproximações simbólicas e qualitativas. Tanto assim que do âmago das discussões surgiu e se firmou a chamada Filosofia da Mente, que

---

[10] Veja-se o site da Cognitive Science Society, a confraria científica que desde os anos 1970 reúne os estudiosos dos processos cognitivos. Fornecem informações sobre o que aqui se descreveu em rápidas pinceladas os seguintes sites: Dictionary of Philosophy of Mind; Artificial Intelligence; Cognitive Science and Robotics; Mind and Body: René Descartes to William James; Cognitive and Psychological Sciences in the Internet; Cognitive Neuroscience Society; Association for the Scientific Study of Consciousness; Center for Cognitive Studies (da Tufts University). No Brasil vejam-se os seguintes endereços: <http://www.filosofiadamente.org/content/view/4/2/>; <http://sites.uol.com.br/cyborg/cognitiv.thm>; <http://www.UFSCar.br/~djte>; <http://sites.uol.com.br/luzardo>. As dicas foram fornecidas por João de Fernandes Teixeira.

já em seu nome afirma existir algo mais que a biologia cerebral. Na interface de suas hipóteses e propostas, não nos esqueçamos: as Ciências Cognitivas incorporaram também fatores sociais e culturais e entraram em temas tradicionais da Psicologia, como os relativos à memória, à emoção, à capacidade de sentido e, naturalmente, ao pensamento.

Buscando distanciar-se de possíveis simplificações e armadilhas epistemológicas, alguns filósofos da mente criaram o conceito de *qualia* (JORGE, 2007, p. 55-60)[11] para designar o que é qualitativamente subjetivo na experiência de um sujeito. Os *qualia* são, em geral, associados à fenomenologia das cores, sons e sensações tácteis que enriquecem e conferem uma característica absolutamente original ao que sentimos e percebemos. Traduzem, de alguma forma, o modo específico de cada indivíduo ser o que é. Sua referência não é o objeto em si, pois esses, na experiência subjetiva, se definem sempre *quoad subjectum*, ou seja, são dimensões sensórias e perceptivas inerentes à autopercepção subjetiva que inclui o que a Psicologia convencionou chamar de *self*. São também uma tentativa de se assinalar a necessidade de se distinguir bem entre o que é original e qualitativo na percepção individual e o que é devido a processos neuroquímicos do cérebro enquanto tais. Nesse contexto, é elucidativa uma observação crítica de Pereira Junior:

> [...] filósofos e neurofisiologistas costumavam contornar os problemas do estudo da consciência através de uma distinção conceitual entre sensação e percepção. A sensação era concebida meramente como uma sensibilidade ante os estímulos, medida em termos da resposta comportamental observável e das medidas de atividade neuronal disponíveis. A percepção, por sua vez, era concebida como um processo de nível superior, não sendo objeto de estudo da ciência, mas sim da Filosofia Fenomenológica. (PEREIRA JR., 2003, p. 114)

No campo das Neurociências, podem ser citados muitos pesquisadores sensíveis aos aspectos necessariamente "qualitativos" das relações entre cérebro, mente, consciência e *self*. Um deles é A. Damásio, que, sem deixar de ser um neurocientista, especula com lucidez sobre a consciência, a emoção e a razão, a dor e o prazer, demonstrando ser um filósofo da mente que traz uma compreensão para o papel do corpo e da mente na feitura da consciência. A leitura de seus livros confirma uma frase incisiva de João Teixeira de Fernandes,

---

[11] Para essa autora, os *qualia* "se referem ao conhecimento adquirido pela experiência. Eles estão cientificamente e comumente relacionados ao conceito de consciência e trazem questionamentos sobre o problema da relação corpo-mente, ou entre o material e o espiritual." (p. 55)

um filósofo da mente para quem a análise quantitativa do problema mente-cérebro, por si só, já é suficiente para nos deixar em estado de perplexidade (TEIXEIRA, s. d., p. 55).

A Filosofia da Mente

A Filosofia da Mente, como já foi dito, representa a reflexão de pensadores contemporâneos que colocaram no centro de sua reflexão o problema filosófico da relação corpo-cérebro-mente e consciência. Como tal, a Filosofia da Mente já pode ser detectada em preocupações de cientistas dos séculos XVII e XVIII. Eles, já então se dividiam em suas concepções teóricas a tal respeito. As posições dualistas de R. Descartes sobre o funcionamento do cérebro e do "cogito", por exemplo, foram fortemente questionadas pelos empiristas fisicalistas ingleses, J. Locke e D. Hume, que valorizavam ao máximo a autoridade da experiência adquirida através dos sentidos, pondo em dúvida o primado do "cogito" como o definidor do "existo" ou do "sou". Eles consideravam ser a experimentação, a lógica dedutiva-matemática e a evolução como os critérios mais válidos do conhecimento científico. Para eles, as ideias universais eram meros "nomes" vazios de conteúdo cognitivo. Viam os processos mentais, quaisquer que fossem, como diretamente associados e mesmo derivados das experiências sensoriais do sujeito. Com base em observações, e não em deduções aprioristicas, julgavam que os processos mentais se acham conectados a sensações mais elementares (biológicas) que, por sua vez, precisam ser vistas como parte integrante da formação dos sentimentos, da memória e da reflexão com significado. Há aqui algo novo que começa na Inglaterra e se faz sentir até hoje na Psicologia da Religião, em especial em países de língua inglesa. Muitos filósofos da mente são herdeiros dessa tradição que tem a ver com o nascimento das ciências naturais (HARISSON, 2001, p. 1-21) e com o conceito de ciência hoje dominante. Com a chegada das imagens cerebrais, que permitem mapear a movimentação dos circuitos neuronais e bioquímicos subjacentes aos processos mentais (através de tomografias por meio de pósitrons ou de imagens por ressonância magnética), deu-se um salto no conhecimento dos processos biológicos cerebrais e, respectivamente, da mente (e da religiosidade).

Há aqui tanto uma chance quanto um perigo que não deve ser subestimado. A Filosofia, mesmo quando colocada ante evidências ainda pouco conhecidas, não pode nem deve renunciar à sua tarefa de reflexão teórica e metateórica, tampouco deve fazer tábula rasa dos pensadores antigos ou modernos. Ela precisa é retomá-los em condições que façam justiça ao que hoje se conhece cientificamente sobre o organismo humano em sua totalidade e complexidade. As perguntas que a Filosofia da Mente levanta e enfrenta afetam, por si mesmas, o campo de investigação de quem se dedica ao estudo do fenômeno religioso, seja ele filósofo ou não. Na linguagem meio chocante de João de Fernandes Teixeira,

> a primeira questão colocada pela Filosofia da Mente é: serão mente e corpo a mesma coisa? Será o pensamento apenas um produto de meu cérebro – que produziria pensamentos da mesma forma que meu pâncreas produz insulina? Qual é a natureza dos fenômenos mentais? (TEIXEIRA, 2008, p. 15)

O que está atualmente no centro da atenção e divide as posições dos filósofos da mente reside, portanto, na concepção do tipo de relação que existe de fato entre "alma" e corpo ou, em termos atualizados, entre cérebro e mente. Resulta daí uma tensão teórica quase insolúvel entre concepções "monistas" e "dualistas" e, desde outra perspectiva, "materialistas" e "metafísicas". Há também uma atitude, nem sempre consciente, que se poderia, em um sentido não necessariamente religioso, chamar de "espiritualista", um pouco como o que está patente na disputa entre os "religionistas" e os "cientificistas" e nos posicionamentos que dividem os "criacionistas e neocriacionistas" dos "não criacionistas".

Há por baixo um "problema ontológico" (expressão de J. de F. Teixeira) e é por aí que vejo um possível espaço para um intercâmbio entre as Ciências Cognitivas e a Fenomenologia. Mas é preciso alertar que estamos ainda bastante longe disso, pois essa

> é uma questão que ao longo dos séculos forçou os filósofos a optar por dois tipos de alternativas básicas: ou bem estados mentais (e estados subjetivos) são apenas uma variação ou um tipo especial de estados físicos (monismo), ou bem estados mentais e subjetivos definem um domínio completamente diferente – e talvez à parte – daquele dos fenômenos físicos (dualismo). (...) É nesse sentido que o problema cérebro-mente é também chamado de problema ontológico: é preciso saber se o mundo é composto apenas de um tipo de substância, qual seja, a substância física, e se a mente é apenas variação desta última, ou se, na verdade, nos defrontamos com dois tipos de substâncias totalmente distintas, com propriedades irredutíveis entre si. (TEIXEIRA, 2008, p. 17)

Basicamente, o que hoje retorna à discussão é um tema antigamente privativo das religiões e teologias: a relação entre "alma" e "corpo". Só que agora ele é enunciado e proposto a partir das relações entre os processos cerebrais, as funções mentais e o surgimento da consciência de si e do mundo, e não com base em subentendidos religiosos ou em disputas pró ou contra o dualismo cartesiano. Almeja-se algo mais do que explicar o mero funcionamento e a articulação dos processos cerebrais concomitantes ao que a mente elabora do modo que lhe é próprio, superando de alguma maneira o puramente biológico. Trata-se de uma questão recorrente, que retorna agora escudada em evidências provenientes da Biomedicina, das Neurociências, da Genética, da Etologia etc. O eixo teórico principal é atualmente o neodarwinismo, em suas várias configurações de princípio (cf. WOODWARD, 2006; DENNETT, 1998). Mas por baixo existe uma dimensão ético-filosófica que interpela tanto as ciências quanto as teologias. Essas são herdeiras de uma sabedoria milenar que, no caso da tradição judaico-cristã (LIBÂNIO; MURAD, 1996, p. 76-89), nunca renunciou à tentativa de associar a experiência religiosa que a fundamenta à racionalidade e à crítica que têm nas ciências especulativas ou empíricas uma referência irrenunciável.

Trocando em miúdos, a pergunta que me proponho aqui abordar é a que resulta do controvertido cenário que o avanço das ciências naturais, empíricas por definição, traz para a compreensão das bases do comportamento religioso humano. Concretamente, se pergunta: o que é a consciência? Como o cérebro processa as sensações, a emoção, a linguagem e as decisões da pessoa? Pode-se definir a consciência como sendo a capacidade que o organismo humano possui de reagir aos estímulos que recebe, construindo uma consciência de si no mundo? Podem as descobertas sobre a base neurológica e bioquímica do cérebro esclarecer melhor como a consciência cria o sentimento de si e do mundo, sem a necessidade de se postular um novo tipo de materialismo talvez mais radical do que os anteriores? Outras questões que estão sobre a mesa, são as seguintes:

- Há algo factual e essencialmente novo no que as ciências do cérebro nos trazem hoje quase que a cada dia? (TEIXEIRA, 1998, p. 141-144)

- As concepções materialistas, naturalistas e funcionalistas que permeiam o atual pensamento científico ocidental de cientistas e filósofos, como S. Pinker, F. Crick, R. Dawkins e D. Dennett, estão sendo levadas a sério pelos estudiosos da religião (teólogos, antropólogos, sociólogos, psicólogos)?

- Mais especificamente, na linha das reflexões do presente congresso, é a perspectiva da Fenomenologia compatível com o que a pesquisa científica nos vem revelando a respeito da consciência, da mente e do cérebro humanos? Pode ela ser útil ou até indispensável na interpretação dos dados que as Neurociências, a Etologia e a Biogenética, por exemplo, têm levantado?

- Podem as experiências em primeira pessoa e o *self* serem compreendidos em chave nova, de modo a explicar melhor fenômenos como o da *out of body experience*?

- Finalmente, é possível (é válido? é prematuro? é inadequado?) falar de uma Neuroteologia? Que outro tipo de posicionamento e papel deveria ou poderia ser o da Teologia na discussão em curso?

2. A Fenomenologia

Cabe, a essa altura, explicitar melhor o algo diferente que existe na maneira como alguns psicólogos e filósofos da mente buscam se reaproximar da Fenomenologia ao estudar certos fenômenos religiosos e as religiões à luz das evidências que as Ciências Cognitivas levantam.

2.1. Chamo primeiramente a atenção para a postura reticente que a Ciência da Religião assumiu em vários países a respeito da Fenomenologia (e não só da clássica). Basta lembrar, para tanto, a famosa "briga dos métodos" que Frank Usarski descreveu em um de seus livros (USARSKI, 2006, p. 35-53), criticando com força certa tendência a limitar (só no Brasil?) os estudos da religião a um vago conceito fenomenológico de "sagrado", segundo uma perspectiva que seria, no fundo, criptoteológica. Também o psicólogo, por cultivar uma ciência empírica e de observação e respeitar os parâmetros teóricos e metodológicos de sua ciência, tem objeções a fazer quanto a uma transposição ou uso demasiadamente rápidos de certos conceitos fenomenológicos ou pseudofenomenológicos. Contudo, há muitos psicólogos que, desde mais de 100 anos, julgam ser a Fenomenologia um interessante ponto de referência também para o estudo psicossomático da religião. Não por acaso, foi no campo da Psicologia da Religião que se verificaram os primeiros usos e operacionalizações calcadas na Fenomenologia. É o caso de C. de la Saussaye e W. Kristensen (1960), dois dos primeiros psicólogos a aplicar expressamente a Fenomenologia ao estudo psicológico da religião. Mais tarde, G. van de

Leeuw (1956), N. Smart (1971), R. Plantinga (1988, p. 24-30) e outros explicitaram e sistematizaram melhor as ideias seminais dos dois pioneiros que os antecederam, dando um caráter filosófico mais refinado às suas considerações. Resultou daí o fortalecimento da ideia de que a experiência religiosa deveria ser tida como o objeto central e privilegiado da Psicologia da Religião, uma pista endossada em chave pragmática também por William James (1991). A Fenomenologia assumiu em certos momentos uma real importância na Psicologia da Religião, em especial quando Husserl e Heidegger entraram em cena para sua fundamentação teórica. No entanto, entre as duas grandes guerras mundiais, o behaviorismo e a Psicanálise sufocaram quase que inteiramente essa tendência fenomenológica, que se manteve, contudo, nas abordagens da Psicologia da Gestalt e da Psicologia Existencial e em correntes da Psicologia "Humanista", da qual A. A. Maslow (1964) é um bom exemplo. Em vários ramos da Psicanálise e da Psiquiatria, ela também se manteve com certa regularidade e alcance. Segundo Wulff (1991, p. 183), no que toca à Psicologia, o retorno da Fenomenologia foi uma espécie de reação ao ostracismo a que o positivismo científico e o "materialismo médico" (expressão de James, 1991, p. 21) a tinham condenado e que sufocaram todas as aproximações e métodos que não se curvassem inteiramente a esquemas teóricos menos concordes com o conhecido esquema do "estímulo-resposta".

2.3. Surpreendente é que a atenção à Fenomenologia, como um possível ângulo de compreensão dos fenômenos psíquicos que se deu em fins do século XX, veio basicamente dos próprios neurocientistas e dos filósofos da mente. Foi o diálogo entre eles, depois que criaram um idioma comum, que os levou a entrever na Fenomenologia um recurso válido para se ler e situar as novas descobertas das Ciências da Mente, preferindo-a às teorias naturalistas e funcionalistas que dominavam o campo da Psiconeurologia e da Psiquiatria. Há especialistas que chegam a afirmar que a perspectiva da experiência subjetiva (a da primeira pessoa) tornou-se, em nossos dias, o teste de força para as hipóteses que as teorias naturalistas davam como fora de dúvida. Outros veem na Fenomenologia uma possível via de solução. Essa posição, de alguma forma, é a de M. Ratcliffe (2008), L. Baker (1998, p. 327-348) e de J. L. Bermudez (1995). Ela suscita, porém, antagonistas radicais. Para ilustrá-lo, basta recordar a polêmica famosa que se travou entre J. Searle e D. Dennett nas páginas do *New York Times Book Review* há alguns anos (cf. VALLE, 2001, p. 1-46). Searle ambicionava criar uma teoria abrangente que pudesse dar conta do funcionamento da mente, da linguagem e da interação social humana, indicando, dessa forma, uma saída para o interminável conflito entre religionistas e naturalistas, monistas e dualistas. Dennett criticou fortemente a posição de Searle, adotando posições crassamente "materialistas". Para ele, a mente seria tão só um aglomerado de programas de *hardware* implantados no disco rígido do cérebro. Os produtos mentais, mesmo os mais refinados, seriam meras programações, que, mais cedo ou mais tarde, poderão ser replicadas em e por máquinas pensantes. Searle, ao contrário, baseando-se nos resultados de pesquisas sobre o funcionamento mental, defendia a impossibilidade de o mais avançado dos computadores igualar a *performance* global da mente humana. Searle (1994) argumentava que sua tomada de posição, desde o conceito de intencionalidade (SEARLE, 1982), de matriz husserliana, embora se definisse, ao mesmo tempo, como um racionalista biológico que se afastava do funcionalismo existente em boa parte dos filósofos da mente de então.

2.4. É imprescindível, antes de ir adiante, dizer algumas palavras a respeito da Fenomenologia enquanto base possível para uma leitura das relações entre sujeito-objeto e cérebro-mente. Para Husserl (um matemático!), a Fenomenologia surge da tentativa, por ele empreendida, de buscar um retorno às coisas assim como elas se mostram. Ele toma o termo de F. Brentano e lhe dá um viés propriamente fenomenológico. As noções de *intencionalidade* e de *epoché* são, provavelmente, a chave principal para se compreender sua intenção.

Segundo Coelho Jr. (2008, p. 67-106), Husserl queria dizer que o termo intencionalidade trata-se de algo inerente ao ato do conhecimento. Todo conhecimento implica, necessariamente, algum objeto de conhecimento, não é consciência de si, mas sim um movimento noético intencional que só existe na medida em que a mente estiver aberta para os objetos que se lhe apresentam e se colocam como intencionais a ela. É por essa razão que, para ir ao objeto, é preciso fazer a *epoché*. Também psicologicamente seria apenas prescindindo-se de outros dados do mundo que se poderia perceber algo enquanto realidade subjetiva.

Na França foi Merleau-Ponty (1994) quem talvez melhor o percebeu. Em uma linguagem vizinha à da Psicologia, ele fala de uma

> intencionalidade operante, que faz a unidade natural e antepredicativa do mundo e de nossa vida, que aparece em nossos desejos, em nossas avaliações, em nossa paisagem, mais claramente que no conhecimento objetivo, e que fornece o texto do qual nossos conhecimentos procuram ser a tradução em linguagem exata. (apud COELHO JR., 2008, p. 67)

Dentro de um estilo mais vizinho ao usado pelos filósofos da mente e sem empregar o termo intencionalidade, S. Pinker (*apud* VALLE, 2001, p. 26) fala de *sentiencia*, provavelmente na tentativa de dizer algo que preocupa também aos filósofos abertos à Fenomenologia:

> Embora as regiões cerebrais responsáveis pelo ciúme, percepção visual e fala tenham sido identificadas, entender como e não onde esses fenômenos ocorrem é um grande mistério. Não se sabe ainda como o cérebro organiza as conexões lógicas que permitem diferenciar a piscadela de um flerte do piscar de olhos de alguém colocando uma lente de contato. Outra dificuldade é entender como o simples trânsito de íons pode criar a sensação vívida, subjetiva e imediata da cor, som, coceira e outras manifestações que compõem o nosso ser (...). Não há dúvida de que a atividade fisiológica do cérebro é responsável por aquilo que nós chamamos de experiência (ou de consciência, na terminologia de Damásio). Pensamentos e emoções podem ser deflagrados, interrompidos ou modificados por impulsos elétricos e químicos. Mas, ninguém consegue entender ao certo por que alguns estímulos cerebrais são sentidos como algo pessoal. Há quem diga que as experiências subjetivas não podem ser cientificamente medidas e, portanto, não constituem objetos de estudo da ciência. Outros afirmam que, uma vez feita a distinção entre processos conscientes e inconscientes e demonstrada sua influência sobre o comportamento humano, tudo poderia ser esclarecido. Mas alguns acreditam que esse ramo da ciência conhecido como sentiencia ainda carece de uma boa explicação e esperam que um dia apareça um gênio capaz de elucidá-lo.

Parte III
A projeção para fora do corpo, neurociências e fenomenologia

Nesta parte final de minha exposição, pretendo trazer a discussão para o concreto, em que se dão as experiências religiosas que ganham corpo e hoje se espraiam pelo Brasil e pelo mundo. Vou me referir de modo expresso à Conscienciologia/Projeciologia, um movimento paracientífico e pararreligioso bem brasileiro, que tem como primeira e mais típica manifestação as viagens para fora do corpo e a suposta e quase ilimitada possibilidade de uma expansão da consciência subjetiva em direção ao inimaginável.

1. A leitura da Conscienciologia

A visão da Conscienciologia nada tem a ver com as Ciências Cognitivas ou a Filosofia da Mente. É uma visão autossuficiente, elaborada exclusivamente

Ciências Cognitivas, Filosofia da Mente e Fenomenologia: um debate contemporâneo

desde premissas e pressupostos nascidos da mente de seu fundador, o médico Waldo Vieira, no passado um dos mais destacados líderes espíritas do Brasil. O movimento que ele fundou está hoje estabelecido em mais de duas dezenas de países. Seus afiliados pertencem a clãs sociais de nível escolar e cultural médio. Há entre seus membros médicos e psicólogos, que passam por uma formação análoga à ministrada em faculdades de nível superior. Vieira é autor de uma série de livros (cf. Vieira, 1994, 2008) extremamente prolixos, escritos em uma linguagem alheia à da academia, mas sempre preocupada em se dizer científica e rigorosa quanto ao método e precisão dos conceitos. Para ele, a expansão da consciência humana não tem os condicionamentos e limites supostos pelos cientistas da natureza e pelos filósofos da mente. De acordo com seus ensinamentos, ela só pode ser entendida através de "saídas do corpo". Quem lê as descrições e os conteúdos desse tipo de experiência psíquica se lembra imediatamente de certas práticas mediúnicas, mas, segundo Vieira, os contatos extrafísicos que a projeção para fora do corpo propicia podem levar a intercâmbios mesmo com seres e colônias extraterrestres mentalmente bem mais adiantados do que nós humanos. Não há necessidade para tanto nem da mediação de espíritos desencarnados, nem de médiuns, como no Espiritismo Kardecista. A projeção para fora do corpo, segundo ele, é o instrumento básico e a *via princeps* para a ampliação da consciência ordinária e leva a uma inimaginável superação dos conhecimentos e qualidade de vida psíquica cotidiana.

Uma breve descrição do que acontece na projeção para fora do corpo pode ser útil para se entender o fenômeno. Na prática, a pessoa se põe em posição horizontal e através de inúmeras técnicas de relaxamento entra em um estado de transe ou semi-transe com níveis maiores ou menores de diminuição da consciência. Passa, então, a se ver como se assistisse a um filme em que ela própria é a protagonista. A sensação é de realismo, mas guarda semelhança com estados hipnóticos autoinduzidos e com estados de meio sono. A sensação dominante é a de estar fora do corpo, flutuando no espaço, olhando a si própria, as pessoas e os objetos, como se estivesse na posição de um observador. Dão-se também visões extra-físicas situadas no espaço astral. Há evidências de que cerca de 10% da população normal têm experiências desse tipo, podendo elas estarem ou não envolvidas com crenças religiosas e assemelhados (Machado, 2009). Com o avanço da medicina e a prolongação da vida em condições de terapias intensivas, tem aumentado o relato de experiências semelhantes às descritas nas saídas do corpo. A presença de

161

anestésicos, psicotrópicos e chás inebriantes etc. pode também dar origem a estados autoperceptivos do mesmo tipo. Em algumas culturas, tais estados costumam ser despertados através de sons, imagens, ritmos e cores. Há, porém, diferenças entre as experiências espontâneas e as induzidas. Na *out of body experiences* a separação do próprio corpo (*disembodiedness*), por exemplo, pode ser parcial. O mesmo se diga da consciência do que se passa no imaginário e na emoção do sujeito, agora sem as peias que lhes são habituais. Note-se que o sujeito não fica passivo de todo. Também, o caráter de estranheza um tanto onírica da percepção pode variar muito. O tipo de emoção que acompanha a viagem tanto pode ser positivo – de confiança e segurança interiores – quanto negativo – de medo e inquietação. Após o retorno ao corpo, a memória do vivenciado pode ser relativamente pregnante. Neurofisiologicamente falando, o fenômeno de base é provavelmente o mesmo em todas essas distintas situações, mas, do ponto de vista psicorreligioso, não é esse o fato, pois ambientes religiosos e rituais mostram-se propícios a provocar notáveis alterações do sentido e interpretação do vivido.

Muitos pesquisadores julgam serem essas experiências produtos ilusórios. Dependeriam exclusivamente de alterações psicofisiológicas e neuroquímicas que acontecem na área do giro singular. As descobertas dos últimos dois ou três anos vieram dar base mais sólida a essa hipótese, como será mais bem explicado a seguir. No movimento de Waldo Vieira, contam-se às centenas as técnicas de indução, muitas delas sob controle do próprio sujeito. O fato de na Conscienciologia existir um grande número de técnicas indutivas e de sistematizações conceituais (crenças, pressupostos, convicções coletivas, expectativas partilhadas e afirmações de princípio) deve, provavelmente, tornar a consciência subjetiva das alterações em circunstâncias menos direcionadas. A existência de uma autoridade detentora de claras chaves explicativas aceitas pelo *in group* permite a variação dos conteúdos experimentados nas viagens.

Embora médico, Vieira ignora de todo as Ciências Cognitivas e a Filosofia da Mente. As descobertas das Neurociências parecem não terem chegado a ele. Se ele as conhece, elas não o impressionam e ele simplesmente as deixa de lado. O sistema explicativo e descritivo, bem como uma metodologia de investigação que adota são alheios ao que as Neurociências entendem por estudo científico das experiências anômalas. O enorme sucesso que Vieira obtém fora do Brasil mostra que os caminhos indicados pela Projeciologia são convincentes, porque permitem vivências "em primeira pessoa". Parte importante do sistema de Vieira se explicaria, segundo ele e as narrativas pessoais de seus adeptos, de conhecimentos transmitidos por meio de contatos diretos com civilizações extraterrestres mais evoluídas do que a nossa, conhecimentos esses[12] que a Filosofia, a Teologia e a ciência convencional conhecem, mas sem dispor de instrumentos adequados para chegar à verdadeira compreensão dos mesmos. Vieira chega a usar uma linguagem de tonalidade fenomenológica, ao afirmar que a primeira e maior fonte cognitiva é o que ele chama de "autovivência multidimensional", uma vivência só adquirida pela experiência intrafísica (subjetiva) de cada um, através das projeções extrafísicas (VIEIRA, 2008). Prolixamente, define essa autovivência através de adjetivos como integral, holossomática, multidimensional, bioenergética, projetiva, autoconsciente e cosmoética. A autovivência multidimensional tem sim uma base explicativa racional, mas seu verdadeiro ponto de apoio seria a experiência subjetiva direta. Só a experiência em primeira pessoa leva o indivíduo à lucidez extrafísica, que ele chama de "consciencial". O domínio da bioenergia seria a chave para a projeção astral consciente e o consequente ilimitado desenvolvimento da autoconsciência, uma vez que, explica ele, a bioenergia constitui a conjugação energética entre o corpo astral (o *psicosoma*) e o corpo físico. Para elucidar o acima dito de maneira sintética (e seguramente não muito clara para o leitor desacostumando a esse linguajar), Vieira escreveu milhares e milhares de páginas. Nelas não há fenômeno anômalo sentido pelos que saem do corpo e passeiam pelo espaço-tempo que não seja mencionado e supostamente explicado segundo seus tipos, técnicas, sequência, rigidez, flexibilidade, sensações etc. Entre outros, a bilocação e as excursões pelo cosmo, as experiências de clarividência, o conhecimento antecipado dos acontecimentos futuros ou passados, o encontro com os já mortos e com seres mais evoluídos e muitas das vivências usualmente atribuídas às religiões e, no Brasil, às religiões espiritualistas.[13]

---

[12] As informações sobre a Conscienciologia são facilmente acessíveis pela internet. Basta digitar a palavra Conscienciologia e imediatamente aparecerão abundantes informações. Os livros, devido ao seu exagerado volume e estilo linguístico, são de acesso mais difícil. Por essa razão, faço algumas citações diretamente de textos que podem ser obtidos no *site* da Conscienciologia.

[13] Em seus inúmeros escritos, ao comparar os resultados de seu sistema com o que dizem as religiões tradicionais e as teologias, Vieira defende reiteradamente que a Conscienciologia/Projeciologia é capaz de oferecer equivalentes científicos para muitos conceitos religiosos tradicionais, especialmente no que se refere aos modos de comunicação consciencial. Segundo ele, por exemplo, a prece e a invocação, que dependem da telepatia, podem ter seus resultados confirmados pela consciência projetada do corpo humano, na hora, diretamente no plano extra-físico; a vidência e a revelação da clarividência podem ser sentidas diretamente pela consciência projetada no local extra-físico, inclusive em colônias extra-físicas situadas fora de nosso espaço terrestre. Os chamados

2. A leitura de alguns cientistas cognitivos contemporâneos

O que dizem atualmente os neurocientistas e filósofos da mente sobre afirmações desse quilate? O que têm a ciência e a pesquisa a dizer sobre a projeção para fora do corpo, um tipo de comportamento já bastante estudado em laboratórios científicos? O que há de "verdade" nas teorias explicativas e práticas da Conscienciologia a respeito desse estado alterado do cérebro e, em consequência, da mente e da consciência que provoca alterações comportamentais tão vívidas quanto as relatadas pelos participantes do movimento de Waldo Vieira?

Não é aqui o lugar para responder tecnicamente a tais perguntas. Vou me concentrar apenas no que a Neuropsicologia Cognitiva e as Ciências Cognitivas discutem atualmente sobre as viagens para fora do corpo.[14] De saída, fique claro que endosso a posição epistemológica que encontro na Introdução à Psicologia de Hilgard:

> Se algumas das evidências a favor dos fenômenos parapsicológicos [e também conscienciológicos, acrescento eu] são tão impressionantes quanto parecem, por que eles não se tornaram parte da ciência estabelecida? (É porque) "afirmações extraordinárias exigem provas extraordinárias." (ATKINSON *et al.*, 2002, p. 248)

Mas exatamente no tocante às viagens para fora do corpo, as pesquisas interdisciplinares de laboratório têm muito a dizer. Experimentos recentes de H. Ehrsson (2007, p. 10-48; veja-se também Blakeslee, 2007) descredenciam as especulações supostamente científicas que Waldo Vieira dá para esse fenômeno tão central em seu movimento. Usando instrumentos tão simples quanto um par de óculos virtuais, uma câmara cinematográfica e um bastão, neurocientistas conseguiram induzir, sem qualquer ritual indutivo prévio, experiências de saída do corpo que mostram singular analogia com o que parece acontecer nas projeções extra-físicas expostas e comentadas por Waldo Vieira. Conhecendo a fundo as bases neurofisiológicas das sensações e da formação das imagens perceptivas e autoperceptivas, esses cientistas europeus fizeram com que pessoas normais e em estado de perfeita vigília

---

milagres físicos e curas prodigiosas podem ser gerados através da ação direta dos veículos de manifestação e atuação da energia consciencial, razão pela qual a projeção consciencial vem substituir vantajosamente a crença em geral, a fé cega e até a fé raciocinada, pelo conhecimento pessoal direto, incontrolável para a própria consciência, definitivo enfim.

[14] Sobre este assunto, cf. Valle (2010, p. 191-212).

e condições de laboratório tivessem a nítida sensação de estarem vendo a si próprias como se estivessem fora do próprio corpo. Elas tinham a ilusão perfeita de que não estavam "dentro" e sim "fora" de seu corpo, vendo-o desde uma perspectiva externa. Experimentos desse tipo demonstram que a experiência de se sentir dentro do corpo físico pode ser determinada pelos olhos sempre que a parte do cérebro que processa os estímulos visuais for multissensorialmente informada nesse sentido. Quando uma pessoa coloca óculos virtuais e olha para uma imagem dela mesma filmada desde suas costas e projetada sobre uma tela à sua frente, essa pessoa sente como se tivesse deixado seu corpo e estivesse se olhando desde trás. A sensação se torna inteiramente real quando o experimentador dá um cutucão nas costas da pessoa com um bastão, adicionando mais um estímulo sensório ao que o corpo está experimentando.

Como explicação, esses cientistas pensam que, de modo geral, as correntes sensórias, que incluem a visão, o tato, o equilíbrio e o senso de localização do corpo em sua posição no espaço, são percebidas como um conjunto. Mas, quando a informação vem de estímulos sensórios assincrônicos, isto é, que não combinam sincronicamente entre si, a percepção da unidade do corpo pode sofrer fracionamentos surpreendentes. Nesses experimentos laboratoriais, a imagem autoilusória ocasionada pelo uso dos óculos virtuais mais a sensação de estarem sendo tocados por trás (pela pressão de um bastão acionado pelo experimentador) faziam com que os sujeitos se sentissem e se vissem como fora de seu corpo. M. Botvinick, professor assistente de Neurociências da Universidade de Princeton, pensa que experimentos como esses provam que "o sentido de se ter um corpo e de ser um *self* corpóreo"[15] é construído através de múltiplas correntes sensórias. Para H. Ehrsson (2007) tal resultado se deve,no fundo, ao fato de sentirmos que o nosso *self* se localiza é ali onde nossos olhos estão. Este pesquisador sublinha que na fala dos pesquisadores mais atualizado hoje entra uma palavra nova de inegável importância para quem tem familiaridade com psicólogos simpáticos à Fenomenologia, como, por exemplo, Merleau-Ponty: é a palavrinha *self*, hoje experimentalmente associada à noção de "consciência".

Vários filósofos da mente e neurocientistas, conhecedores das modernas teorias sobre o *self* e sobre a consciência e a autopercepção corpórea,

---

[15] Sandra Blakeslee, „Studies Report Inducing Out-of-Body Experience". In: *The New York Times*, Aug. 24, 2007. Disponível em: <http://sandrablakeslee.com/articles/outofbody_aug07.php>.

tentaram, nos últimos anos, montar novos esquemas interpretativos sobre fenômenos, como o da saída do corpo. É mormente o caso de T. Metzinger, presidente da *Association for the Scientific Study of Consciousness and First Person Perspective*, que insiste em adjetivar o *self* com a palavra *phenomenal* para definir melhor a originalidade da experiência subjetiva vivida em "primeira pessoa" (METZINGER, 2008, p. 215-246). M. Ratcliffe (2008) vai mais longe ainda, colocando o senso de realidade do *self* em conexão imediata com a Fenomenologia Filosófica. Ele, ao lado de outros filósofos da mente,[16] reforçam a ideia de que são as novas evidências sobre o embasamento corporal de performances pré-reflexivas e antepredicativo que justificam a validade de se hipotecizar uma *phenomenal selfhood* (uma "simesmidade fenomenal"). Com essa expressão e outras como *brainhood*[17] ("cerebridade") e *personhood* ("pessoidade") esses pesquisadores e teóricos se referem àqueles níveis que independem do conhecimento reflexivo e das habilidades linguísticas, mas são constitutivos da subjetividade do indivíduo, abraçando a corporeidade, a afetividade e a linguagem do sujeito, dentro do contexto da sociedade, da cultura e da tecnologia em que cada um/uma vive. São vivências e níveis perceptivos que possibilitam entender como e por que nos sentimos como um eu subjetivo ou fenomênico que tem consciência de si e do mundo no qual se percebe como primeira pessoa, com o qual se relaciona e no qual age. O. Blanke e T. Metzinger (2008) nos propõem um complexo modelo fenomenológico de compreensão das viagens para fora do corpo. Suas teorias, além de sua consistência interna, têm o mérito de desmascarar a pseudocientificidade das dezenas de propostas explicativas arbitrárias que, a exemplo da Cosncienciologia, circulam hoje pelo mundo das religiões e espiritualidades. Os dois autores mostram como retomar velhos temas e debates do passado de maneira criativa e desde *insights* originais sobre a relação entre cérebro, mente e consciência na formação da subjetividade. Em um certo momento, eles assim descrevem a evolução sofrida pela Filosofia da Mente em virtude dos avanços das Ciências Cognitivas:

---

[16] Uma referência elucidadora encontra-se em Barata (2007, p. 77-97).

[17] O Max Planck Institute for the History of Science é responsável por um projeto de nome *"Brainhood Project"*, que reúne uma rede mundial de cientistas interessados em acompanhar e avaliar o impacto que a visão neurocientífica exerce na sociedade contemporânea. Desenvolve, entre outras iniciativas, uma parceria com a UERJ ("The cerebral Subject. Impact of the Neurosciences in contemporary Society), sob a orientação, no Brasil, de Francisco Ortega e Fernando Vidal. Para informações, basta pesquisar na internet: *brainhood project*.

Existe na Filosofia da Mente uma concordância bastante generalizada de que o cerne do problema está no entendimento dos fundamentos corpóreos e pré-reflexivos do self fenomenal (do phenomenal self), definido aqui como sendo todos aqueles níveis que são independentes do conhecimento explícito e das habilidades linguísticas, mas que funcionam como condições que permitem surgir uma perspectiva de primeira pessoa que conhece e viabiliza também uma perspectiva social de alto padrão. (BLANKE e METZINGER, 2008, p. 7)

Trocando em miúdos, a afirmação dos dois filósofos cientistas, há que se dizer que sua preocupação vai muito além de perguntar a respeito da estrutura funcional que torna possível a consciência autoperceptiva e a representação. Sua pergunta é filosófica. Sendo pensadores do século XXI, eles querem saber como, através de dispositivos e processos neurofisiológicos, nosso corpo (cérebro) pode gerar qualidades de natureza "fenomenais", que a semiótica perceiana descreve como sendo "uma qualidade material de um signo mental" ou "um predicado de algo determinado logicamente pelos sentimentos que o precedem" (Jorge, 2007, p. 75). Pode-se afirmar que retorna, assim, o problema (Costa, 2005, p. 14 *apud* Jorge, 2007, p. 75), que é e sempre foi o grande problema da epistemologia e da metafísica, "de tornar compreensível como, em um mundo totalmente físico, faz-se possível a existência de algo irredutivelmente subjetivo e fenomenal como a consciência". O que Blanke e Metzinger constataram em sua minuciosa resenha das últimas pesquisas sobre a autopercepção corpórea e a autoconsciência foi que, ao lado de inegáveis e grandes avanços, alguns aspectos muito fundamentais não foram considerados. No que toca à percepção de partes e ações isoladas do corpo,[18] muito se aprendeu. Mas, no referente aos aspectos globais, os resultados empíricos e a elucidação teórica deixam a desejar. É por essa brecha teórica que talvez devamos entrar. O que interessa, nessa perspectiva – eis aí o olhar fenomenológico –, é o caráter unitário e global da autoconsciência, do EU da experiência e do comportamento que se faz presente tão naturalmente no ser humano. Eis a pergunta fenomenológica que Blanke e Metzinger se fazem em suas digressões especulativas e em sua crítica: quais são as condições minimamente suficientes para que o *phenomenal self* (isto é, a experiência direta e total de ser quem eu sou) possa surgir na consciência de alguém, de forma que seja ele cerebralmente e psicologicamente saudável? Em seus últimos trabalhos, os dois pesquisadores e seus colaboradores têm se colocado como objetivo o

---

[18] Um aspecto de enorme interesse para o psicólogo da religião no Brasil é o da escrita automática, tão usada em meios espíritas tradicionais. As pesquisas de Landis e Blanke (2005 lançam luz sobre esse fenômeno.

esclarecimento conceitual das evidências que as Ciências Cognitivas tornam de comum aceitação para então discutir se esses dados oferecem pistas para uma visão mais adequada e mais sistemática dos aspectos globais envolvidos na chamada autoconsciência. Nesse contexto é que os dois pesquisadores usam o conceito de *phenomenal self* e abrem espaço para uma interpretação original da *out of body experience*. Seria demasiado longo explicar todo o ponto de vista deles em um texto como este. Fica a cargo da curiosidade dos leitores informarem-se diretamente nos escritos deles a respeito de suas hipóteses e tentativas de sistematização teórico-crítica.

Concluindo

Como afirmei no início, o objetivo deste texto é bastante modesto; pretende apenas descortinar aos colegas que estudam cientificamente o fenômeno religioso no Brasil o amplo debate multi e interdisciplinar que está em curso no mundo inteiro, acentuando alguns dos questionamentos que ele levanta para quem atua no campo das Ciências da Religião e da Teologia. O caso típico da "experiência da saída do corpo" serviu como exemplo para descrever aspectos de concordância e oposição observáveis em escritos de importantes cientistas da natureza e de representantes da nossa área específica. Tentei mostrar que hoje são os próprios cientistas cognitivos que estão levantando questões filosóficas e teológicas. Eles tomam consciência de que suas ciências esbarram com problemas que, rigorosamente falando, vão além delas enquanto ciências. Há uma situação propícia para se estabelecer um interlocução nova entre as várias abordagens que têm a contribuir nesse debate. As Ciências da Religião e a Teologia têm aí uma contribuição a dar, com destaque para a Psicologia da Religião.

Talvez a alguns tenha causado surpresa que um neurofisiologista de laboratório, como Blanke, e um filósofo puro, como Metzinger, tenham se unido para, com base em dados de pesquisas de ultima geração, buscar respostas para um fenômeno tão antigo quanto o da projeção para fora do corpo. E que da troca de dados e informações tenha resultado uma revalorização da reflexão meta-teórica sobre o *self* fenomênico, as experiências "em primeira pessoa" e sobre as conexões entre cérebro, mente e consciência que se observam em fenômenos como o da "projeção para fora do corpo", de W. Vieira. Será que a presença de teólogos e de cientistas da religião teria algo a mais para o enriquecimento do debate dos dois?

Concluo lembrando que a ANPTECRE pretende futuramente incentivar a criação de grupos temáticos permanentes de estudo e pesquisa que reúnam os pesquisadores(as) dos programas de pós-graduação a ela associados. Considerando a importância que o diálogo entre ciência e religião (são elas inimigas, estranhas ou parceiras?, pergunta I. Barbour, 2004, p. 9-19) está assumindo também no Brasil, penso que seria de bom alvitre criar em nossa associação um grupo dedicado especificamente a trabalhar os questionamentos suscitados pelas modernas Ciências Cognitivas aos que se dedicam ao estudo científico da religião.

Referências bibliográficas

ALBRIGHT, Carol R. "Zygon's expedition into neuroscience and religion". In: *Zigon. Journal of Religion and Science*, v. 31, n. 4, p. 711-727.

ALETTI, Mario, FAGNANI, Daniela e ROSSI, Germano. (Ed.). *Religione, cultura, mente e cervello*. Nuove prospettive in Psicologia della religione. Torino: Centro Editore Scientifico, 2006.

ASHBROOK, James D. "Interfacing religion and neurosciences: a review of twenty five years". In: *Zygon, Journal of Religion and Science*. v. 31, n. 4. 1966, p. 545-582.

ASHBROOK, J.B. e ALBRIGHT, C.R. *The humanizing Brain. Where Religion and Neuroscience meet*. Cleveland: Pilgrim Press, 1997.

ATKINSON, Rita L. *et al. Introdução à Psicologia de Hilgard,* Porto Alegre: Artmed, 2002.

AZZARI, Nina P. "Neuroimaging studies of religious experience: a critical review." In: McNAMARA; PATROCK (Ed.). *God and science meet.* How brain and evolutionary studies alter our understanding of Religion. London: Praeger, 2006. v. II.

BAKER, L. "The first-person perspective.". In: *Philosophical Quarterly*, 35, 1998, p. 327-348.

BARBOUR, Ian G. *Quando a ciência encontra a religião*. Inimigas, estranhas ou parceiras? São Paulo: Cultrix, 2004.

BARBOUR, I. G.; BLOCK, N. *Readings in the Philosophy of Psychology.* Cambridge, MA: Harvard University Press, 1980. v. 1.

BARATA, André. "Da experiência mental sem consciência ou o problema mente-corpo para lá da consciência de acesso e da consciência fenomenal".

In: DINIS, Alfredo; CURADO, Manuel. *Mente, self e consciência.* Braga: Publicações da Faculdade de Filosofia, 2007. p. 77-97.

BEZERRA JR., Benilton; PLASTINO, Carlos A. (Org.). *Corpo, afeto e linguagem.* Rio de Janeiro: Rios Ambiciosos e Contra Capa Livraria, 2003.

BERMUDEZ, J. L. (Ed.). *The body and the self.* Cambridge MA: MIT Press, 1995.

BLANKE Olaf; METZINGER, Thomas. „Full body illusions and minimal phenomenal selfhood". In: *Trends in Cognitive Sciences*, v. 13, 2008, p. 7-13.

BLAKESLEE, Sandra. Studies report inducing out-of-body experience. *The New York Times*, August 24, 2007. Disponível em: <http://sandrablakeslee.com/articles/outofbody_aug07.php>. Acesso em: 15 fev. 2010.

BULBULIA, Joseph *et al.* (Ed.). *The evolution of religion.* Studies, theories and critiques. Santa Margarita: Collins Foundation Press, 2009.

CARTER, Rita. *O livro de ouro da mente.* O funcionamento e os mistérios do cérebro humano. Rio de Janeiro: Ediouro, 2003.

CHURCHLAND, P. S. *Towards a unified science of mind/brain.* Cambridge M.A: The MIT Press and Bradford Books, 1986.

CHURCHLAND, Paul M. *Matéria e consciência.* Uma introdução contemporânea à Filosofia da Mente. São Paulo: Editora Unesp, 1998. p. 199-258.

CLARK, W.H. *The Psychology of Religion. An Introduction to the Religious Experience and Behavioir.* New York: McMillan, 1958.

CLAYTON, Philip; SCHAAL, Jim. *Practicing science, experiencing spirit:* interviews with twelve scientists. New York: Columbia University Press. Columbia Series in Science and Religion, 2007.

COELHO JR. Nelson E. "Fala, escuta e campo terapêutico em psicanálise. Considerações sobre a situação analítica". In: FIGUEIREDO, Luís C. Mendonça; COELHO JR., NELSON E. (Org.). *Ética e técnica em psicanálise.* São Paulo: Escuta, 2008. p. 67-106.

COSTA, C. *A Filosofia da Mente.* Rio de Janeiro: Zahar, 2005.

CRICK, Francis. *The Astonishing Hypothesis.* The Scientific Search for the Soul. New York: Shribner, 1994.

D'AQUILI, E. G.; NEWBERG, A. B. *The mystical mind.* Probing the biology of religious experience. Minneapolis: Fortress Press, 1999.

DAMÁSIO, António R. *O erro de Descartes.* Emoção, razão e o cérebro humano. São Paulo: Companhia das Letras, 2000.

DAMÁSIO, António R. *O mistério da consciência.* São Paulo: Companhia das Letras, 2001.

DAMÁSIO, António R. *Em busca de Espinosa:* prazer e dor na ciência dos sentimentos. São Paulo: Companhia das Letras, 2004.

D'ANDREA, Antony. *O self perfeito e a nova era.* Individualismo e reflexividade em religiosidades pós-tradicionais. São Paulo: Loyola, 2000.

DAWKINS, Richard. *O relojoeiro cego.* São Paulo: Companhia das Letras, 2001.

DINIS, Alfredo; CURADO, Manuel (Org.). *Mente, self e consciência.* Braga: Publicações da Faculdade de Filosofia, 2007.

DENNET, Daniel. *Quebrando o encanto.* Rio de Janeiro: Globo, 2006.

DENNET, Daniel. *A ideia perigosa de Darwin.* Rio de Janeiro: Rocco, 1998.

DREIFUSS, H. (Ed.). *Husserl, intentionality, and cognitive science.* Cambridge, MA: MIT University Press, 1982.

DREWERMANN, Eugen. *Atem des Lebens.* Die moderne Neurologie und die Frage nach Gott. Das Gehirn. Band 1, Düsseldorf: Patmos Verlag, 2006.

ECCLES, John; POPPER, Karl. *O eu e o cérebro.* São Paulo: Papirus, 1995.

EHRSSON, H. H. "The experimental induction of out of body experiences". In: *ScienceMagazine*, No. 317, 2007, p. 1060..

ELLENS, Harold J. *Graça de Deus e saúde humana.* São Leopoldo:Editora Sinodal e CPPC, 1986.

ELLENS, Harold J. *Psicoteologia:* questões básicas. São Leopoldo: Sinodal, 1987.

FIZZOTTI , Eugenio. *Verso una Psicologia della Religione.* Elle Di Ci, 1992, 2 vol.

FRAAS, H.J. *A religiosidade humana.* Compêndio de Psicologia da Religião. São Leopoldo: Sinodal, 1997.

GEERTZ, C. *Nova luz sobre a antropologia.* Rio de Janeiro: Zahar, 2001.

GROM, Bernard. *Religionspsychologie.* München: Kösel Verlag, 1992.

GRÜHN, W. *Die Frömmigkeit der Gegenwart.* Grundtatsachen der empyrischen Psychologie. Konstanz: F. Bahn, 1960.

HALMERS, D. *The conscious mind.* New York: Oxford University Press, 1996.

HELPACH, W. *Grudriss der Religionspsychologie.* Stuttgart: Enkes, 1956.

HERR, V. *Religious Psycholgy.* New York: Alba House, 1966.

HICK, John. *The new frontier of religion and science:* religious experience neuroscience and the transcendent. New York: Palgrave, 2007.

HOOD JR., R. W., SPILKA, B., HUNSBERGER, B. e GORSUCH, R. *The Psychology of Religion.* An empirical approach. New York; London: The Guilford Press, 1996.

JAMES, William. *As variedades da experiência religiosa*. Um estudo sobre a natureza humana. São Paulo: Cultrix, 1996.

JORGE, Ana Maria G. Experiência consciente. *Filosofia especial*. Enigmas da consciência na Filosofia da Mente. São Paulo, ano 1, n. 3, 2007, p. 70-76.

LANDIS, Theodor; BLANKE, Olaf. „Speaking with one's self". In: LENT, Robert *et al. NeuroCiências*, v. 2, n. 5, 2005, p. 271-287.

LIBANIO, J. B.; MURAD, Afonso. *Introdução à Teologia*. Perfil, enfoques, tarefas. São Paulo: Loyola, 1996, p. 76-89.

MACHADO, Fátima Regina. *Experiências anômalas na vida cotidiana*. Experiências extra sensório-motoras e sua associação com crenças, atitudes e bem estar. Tese (Doutorado em Psicologia Social) - Instituto de Psicologia, Universidade de São Paulo, São Paulo, 2009.

MARINO JR., Raul. *A religião do cérebro*. As novas descobertas da neurociência a respeito da fé humana. São Paulo: Gente, 2005.

McGRATH, Alister. *Fundamentos do diálogo entre ciência e religião*. São Paulo: Loyola, 2005.

McKINNEY, Laurence, O. M. *Neurotheology*. Virtual Religion in the 21st Century. Cambridge, MA: American Institute for Mindfulness, 1994.

McLEAN, Paul D. *The Triune Brain in evolution*. Role in paleocerebral functions. New York: Springer, 1990.

McNAMARA, Patrick. H. (Ed.). *Where God and science meet*. Evolution, genes and religious brain. Westport, Connecticut e London: Praeger, 2006. vol. I e II.

MERLEAU-PONTY, M. *As ciências do homem e a fenomenologia*. São Paulo: Saraiva, 1973.

MERLEAU-PONTY, M. *O primado da percepção e suas consequências filosóficas*. Campinas: Papirus, 1990.

MERLEAU-PONTY, M. *Fenomenologia da percepção*. São Paulo: Martins Fontes, 1994.

METZINGER, Thomas. *Being one*. The self-model theory of subjectivity. Cambridge Ma: MIT Press, 2003.

MOLTMANN, J. *Ciência e sabedoria*. Um diálogo entre ciência natural e teologia. São Paulo: Loyola, 2007.

ORTEGA, Francisco. *O corpo incerto:* corporeidade, tecnologia mediática e cultura contemporânea. Rio de Janeiro: Garamond, 2008.

OSTOW, Mortimer. *Spirit, mind, and brain:* a psychoanalytic examination of spirituality and religion. New York: Columbia Press University Press. Columbia Series in Science and Religion, 2007.

PAIVA, Geraldo J. "Psicologia cognitiva e religião". In: *Rever, Revista de Estudos da Religião*, ano 7, n. 3, 2007, p. 183-191.

PAIVA, Geraldo J. "Neurological substract of religious experience: the structure underlying desire". In: ALETTI, Mario *et al. Religion:* cultura, mente e cervello. Nuove prospettive in Psicologia della Religione. Torino: Centro Scientifico Editore, 2006.

PEREIRA JR., A. *Uma abordagem naturalista da consciência humana.* São Paulo: Trans/Form/Ação, 2003.

PERSINGER, M. A. *Neuropsychological basis of God beliefs.* New York: Praeger, 1987.

PETERS, Ted. "Theology and Natural Science". In: FORD, David (Org.). *The modern Theologians.* Oxford: Blackwell, 1997.

PINKER, Steven. *Como a mente funciona.* São Paulo: Companhia das Letras, 1998.

RATCLIFFE, M. *Phenomenology, psychiatry and the sense of reality.* New York: The Oxford University Press, 2008.

RYLE, Gilbert. *The concept of mind.* New York: Barnes and Noble, 1949.

RUGG, M. (Ed.). *Cognitive Neuroscience.* Cambridge, M.A: The MIT Press, 1997.

RUSSO, J. *O corpo contra a palavra.* Rio de Janeiro: Editora da UFRJ, 1993.

SANTAELLA, Lúcia. "*O amplo conceito perceiano da mente:* sua relevância para a biologia, inteligência artificial e cognição". In: *Encontros com a Cultura Acadêmica*, v. 4, 2004, p. 167-179.

SEARLE, J. "What is an intentional state?" In. DREIFUSS, H. (Ed.). *Husserl, intentionality and cognitive science.* Cambridge, MA: The MIT Press, 1982.

SMART, Ninian Roderick. *The phenomenology of religion.* New York: The Seabury Press, 1971.

SOTER (Org.). *Corporeidade e Teologia.* São Paulo: Soter; Paulinas, 2005.

STOLL, Sandra J. "Religião, ciência ou autoajuda?Trajetos do Espiritismo no Brasil". In: *Revista de Antropologia*, v. 45, n. 2, 2002.

TEIXEIRA, João de F. *O que é Filosofia da Mente.* São Paulo: Brasiliense, 1994.

TEIXEIRA, João de F. *Mentes e máquinas.* Uma introdução à ciência cognitiva. Porto Alegre: Artes Médicas, 1998.

TEIXEIRA, João de F. *Mente, cérebro, cognição.* Petrópolis: Vozes, 2008.

TURNER, Victor. "Body, brain and culture." In: *Zygon*, n. 3, 1983, p. 221-245.

USARSKI, Frank. *Constituintes da Ciência da Religião*. São Paulo: Paulinas, 2006.

VALLE, Edênio."L'illusione religiosa in un movimento parareligioso del Brasile". In: ALETTI, Mario; ROSSI, Germano (Org.). *L'illusione religiosa: rive e derive*. Torino: Centro Scientifico Editore, 2001. p. 261- 272.

VALLE, Edênio. Neurociências e religião. *Rever, Revista de Estudos da Religião*, ano 3, n. 3, 2001, p. 1- 46.

VALLE, Edênio. "A conscienciologia: o desenvolvimento de uma para-religião". In: ARCURI, Irene G.; ANCONA-LOPEZ, Marília (Org.). *Temas em psicologia da religião*. São Paulo: Vetor, 2007. p. 149-162.

VALLE, Edênio. "Impacto da pós-modernidade sobre o kardecismo brasileiro. Um estudo psicoantropológico de caso". In: SUMARES, Manuel G, CATALÃO, Helena B. e GOMES, Pedro M.D. *Religiosidade*. O seu carácter irreprimível. Perspectivas contemporâneas. Braga/Portugal: Publicações da Faculdade de Filosofia, 2010, p. 191-212.

VERGOTE, Antoine. *Psychologie réligieuse*. Charles Dessart: Bruxelles, 1966.

VIEIRA, Waldo. *O que é Conscienciologia*. Rio de Janeiro, Instituto Internacional de Projeciologia, 1994, 1284 p. .

VIEIRA, Waldo. *Projeciologia:* edição bilingue português/inglês, Associção Internacional Editores, 2008, 8a.ed.

WALLACE, Alan B. *Contemplative science:* where Budhdism and Neuroscience converge. New York: Columbia University Press. Columbia Series in Science and Religion, 2006.

WEINGART, Peter *et al.* (Ed.). *Human by nature.* Between Biology and the social sciences. Mahwah; New Jersey; London: Lawrence Erlbaum Associates Publishers, 1997.

WILSON, Edward. *Sociobiology.* The new Synthesis. Cambridge, MA: Harvard University Press, 1996.

WOODWARD, Thomas. *Darwin strikes back:* defending the Science of Intelligent Design. Grand Rapids: Baker Books, 2006.

WULFF, D. M. *Psychology of religion*. Classic and Contemporary Views. New York: Wiley, 1991.

O círculo hermenêutico na Teologia da Libertação

Paulo Sérgio Lopes Gonçalves

Status quaestionis

A história da teologia aponta para o fato de que a hermenêutica, de algum modo, esteve sempre presente na elaboração dos mais diferentes complexos teológicos. Nesse sentido, recorda-se da leitura alegórica da Bíblia feita por Orígenes, a via interior agostiniana que partia do si mesmo para compreender Deus, do realismo substancialista de Tomás de Aquino para elaborar toda a sua Suma Teológica, da apologética trindentina que fez da hermenêutica uma interpretação meramente técnica dos textos bíblicos e eclesiais. Mas a grande virada hermenêutica para a era contemporânea da teologia situa-se a partir de F. Schleiermacher (2000), que deu à hermenêutica uma perspectiva filosófica, articulando gramática e psicologia na compreensão e interpretação dos textos bíblicos. Nessa esteira, W. Dilthey (2003) fundou a hermenêutica histórica, trazendo à tona uma nova maneira de conceber a psicologia, a articulou com a categoria história e a aplicou ao processo de compreensão. Com esses dois autores, concebeu-se a hermenêutica como epistemologia, um conjunto de regras filosóficas de compreensão e interpretação textual.

Seguindo na esteira de Schleiermacher e fundamentado na fenomenologia de E. Husserl, M. Heidegger (2002) intuiu a necessidade de superar a metafísica clássica e, com o devido cuidado, implantou a sua ontologia hermenêutica, servindo-se das categorias *Dasein*, *Kehre* e *Ereignis* para desenvolver o caráter existencial e histórico do processo de compreensão e de interpretação (cf. MAC DOWELL, 1993; VON HERRMANN, 1991). A partir dessa ontologia hermenêutica, H. G. Gadamer (1997, 2002) formulou sua obra fundamental, esboçando a hermenêutica aplicada à estética e à história, e ainda elaborou uma ontologia fundamental da linguagem. Além dele, outro autor que possui mérito no desenvolvimento da hermenêutica contemporânea é P.

Ricoeur (1969), em cuja obra principal retomou seus trabalhos passados e lançou suas prospectivas de obra completa. Dessa maneira, o autor formulou sua hermenêutica como simbólica, textual e da ação, explicitando com toda evidência o caráter amplo de uma ontologia hermenêutica. Esses autores tiveram uma grande influência na produção teológica contemporânea, principalmente no que se refere à hermenêutica bíblica.

A comprovação dessa influência está na produção teológica em forma de Teologia Hermenêutica e de hermenêutica teológica. A Teologia Hermenêutica desenvolveu-se como linguagem da fé e como doutrina da palavra de Deus, em evidente explicitação de que os dados da fé e da revelação necessitam de efetiva e verdadeira compreensão e interpretação. A hermenêutica teológica corresponde à aplicação da hermenêutica na produção propriamente teológica. Dessa forma, ela desdobrou-se na teologia da história, elaborada pelos teólogos da *Nouvelle Théologie*, Y. Congar, M. D. Chenu, H. De Lubac e J. Daniélou, e por W. Pannenberg, na teologia existencial, desenvolvida por R. Bultmann, na teologia transcendental, de cunho rahneriano, e nas teologias da práxis, presentes nas teologias da experiência, da política e da esperança. Este último desdobramento foi complementado pela vertente da filosofia social, de cunho crítico, especialmente a via do marxismo e seus derivados.[1]

A hermenêutica teológica tornou-se uma realidade na história contemporânea da teologia e se faz presente nas teologias contextuais, na teologia feminista, na teologia negra e na teologia das religiões. Trata-se de uma realidade na produção teológica atual, necessária para se superar os fundamentalismos, os espiritualismos e as outras maneiras de compreensão da fé e da revelação que não alcançam a verdade dessa mesma fé e revelação (GEFFRÉ, 2005).

A Teologia da Libertação é uma forma de teologia contextual, imbuída de uma história própria que a coloca no conjunto da produção teológica universal, sendo uma teologia entre várias teologias. Por isso, ela possui um círculo hermenêutico, inserido na hermenêutica contemporânea, mas com um movimento próprio e original, exigindo um estudo atento que evite o surgimento de uma interpretação que não corresponda à verdade da fé cristã.

Diante do exposto, objetiva-se apresentar o desenvolvimento do círculo hermenêutico da Teologia da Libertação e o modo como a relação entre fé

---

[1] A tese de que toda teologia é hermenêutica pode ser encontrada em Hammes (2007, p. 165-185). Sobre a produção teológica contemporânea, ver: Gibellini (1992).

positiva e a vida dos pobres é estabelecida na efetividade desse círculo. Para atingir esse objetivo, apresentar-se-á o processo pelo qual se atingiu a concepção de círculo hermenêutico, evidenciando seus principais teóricos e seus principais adeptos, tanto no que se refere à Bíblia quanto à doutrina social da Igreja. Em seguida, se mostrará a tensão existente na relação entre fé e pobres, assaz necessária para o estabelecimento do círculo hermenêutico libertador e que indica a fé como fonte do conhecimento teológico e os pobres como lugar da produção teológica libertadora.

A emergência da teoria do círculo hermenêutico da Teologia da Libertação

A Teologia da Libertação (GONÇALVES, 2007, p. 167-209) possui sua gestação no contexto de renovação teológica do século XX, na *theologia mundi*, do Concílio Vaticano II, e na teologia contextual, da II Conferência Geral do Episcopado Latino-Americano, realizada em Medellín, na Colômbia, em 1968, na qual já se fazia com toda a clarividência necessária à Igreja a opção pelos pobres. Mas é na obra do teólogo peruano G. Gutiérrez, intitulada *Teologia de la liberación* (1971), que a Teologia da Libertação efetivamente nasce e é apresentada em seu programa fundamental: ser um complexo teológico que articula a fé com a vida dos pobres da América Latina. Para atingir esse escopo, o teólogo peruano constatou a insuficiência de diversos modelos teológicos para enfrentar o problema da pobreza, assumiu a posição teológica em favor dos pobres, tomou a mediação das ciências sociais e reformulou teologicamente as concepções de Deus, de homem, de mundo e de Igreja. Ele apresentou um conceito de libertação que parte das questões sociais que afligem o homem latino-americano e atinge as condições mais profundas da existência humana, tornando-se uma verdadeira libertação integral.

Verifica-se que, ao longo da história da Teologia da Libertação, o teólogo peruano aprofundou a dialética entre a fé cristã e a vida dos pobres, levando a cabo a mediação das ciências sociais para compreender os conflitos históricos que geram a pobreza, concebida como a causa da morte prematura dos pobres (GUTIÉRREZ, 1990a, p. 69-102). Também foi de sua responsabilidade a afirmação de que os pobres possuem força histórica de transformação das estruturas sociais pecaminosas e, por consequência,

177

capacidade para construírem novas formas de vida social, fundamentadas na justiça e na fraternidade (GUTIÉRREZ, 1972). Além disso, buscou entender historicamente as causas da pobreza na América Latina, principalmente no que se refere à ausência de alteridade, e a prioridade ao atendimento dos interesses do capital, absolutizado historicamente e teologicamente idolatrado (GUTIÉRREZ, 1992). Outra contribuição importante desse teólogo foi ter exercitado o círculo hermenêutico apresentando Deus como Deus da vida (GUTIÉRREZ, 1990b) e a possibilidade de se falar de Deus a partir do sofrimento do inocente. Para isso, o autor estudou o livro de Jó e explicitou o conceito de um Deus compassivo e misericordioso, que sente as dores dos pobres, ouve os seus clamores e os atende na compaixão, na misericórdia, na solidariedade (GUTIÉRREZ, 1988). Nessa mesma perspectiva, o autor desenvolveu uma espiritualidade libertadora denotativa de uma unidade indissociável entre o conteúdo da revelação bíblica e a vida dos pobres, vista na situação de opressão, na possibilidade de libertação e, acima de tudo, na pobreza compreendida como modo de ser simples, humilde e misericordioso (GUTIÉRREZ, 1983).

Na esteira do teólogo peruano e assaz influenciado pelas teologias da práxis europeias, H. Assmann, em sua obra *Teologia desde la práxis de la liberación* (1972), assumiu a Teologia da Libertação como uma teologia política latino-americana e, por isso, necessitava da mediação das ciências sociais para compreender a realidade da América Latina. Apesar da sua apropriação pelas ciências sociais, principalmente a vertente marxista, esse autor não desenvolveu propriamente o círculo hermenêutico e nem explicitou o que poderia ser a hermenêutica libertadora. Coube-lhe mesmo afirmar o modo como as ciências sociais se articulam com a teologia, para que se produza uma Teologia da Libertação que incida na práxis histórica de libertação dos oprimidos.

Diante da necessidade de se formular uma teoria da hermenêutica libertadora, o teólogo uruguaio J. L. Segundo, em sua obra *Liberación de la teología* (1976), indicou a necessidade de superar vícios epistemológicos da teologia ocorridos em sua tradição e assumir um caminho hermenêutico que complete o círculo na articulação entre fé e práxis histórica. Para isso, o autor analisou algumas possibilidades instrumentais de hermenêutica e assumiu a completude do círculo quando ele é capaz de tornar viva a relação do passado, do presente e do futuro na compreensão e na interpretação da Bíblia e da tradição eclesial da fé. Nessa perspectiva, o autor apresentou a vivacidade da

O CÍRCULO HERMENÊUTICO NA TEOLOGIA DA LIBERTAÇÃO

fé que tem na sociologia, na política e na ideologia suas mediações, mas não sua finalidade absoluta. A fé não se apresenta, nem se evidencia e não incide em uma realidade sem as mediações que a tornam efetiva e verdadeiramente fé. No movimento do círculo hermenêutico, as mediações instrumentam a fé para que a realidade histórica na qual vive o homem seja melhor compreendida pelo teólogo, que, por sua vez, terá como pré-compreensão sua opção prévia de fé efetuada no lócus histórico dos pobres. Dessa forma, a Teologia da Libertação poderá se apresentar como uma teologia libertada de substratos que não incidem na realidade do homem latino-americano. Será uma teologia cuja hermenêutica possibilita uma crítica dos conceitos utilizados anteriormente e, por consequência, o seu redimensionamento teórico, além de superar uma visão religiosa ingênua de Deus, do mundo e do próprio homem.

Verifica-se que, ao longo de seu trabalho teológico, J. L. Segundo exercitou o círculo hermenêutico, apresentando uma cristologia denotativa da história perdida e recuperada de Jesus de Nazaré e imbuída de uma aventura da liberdade do homem de hoje diante de um Jesus Cristo vivo na atualidade que o interpela à práxis histórica libertadora (SEGUNDO, 1985). Nessa perspectiva, situa-se também a sua eclesiologia, imbuída de uma Igreja que não se faz triunfante e nem busca ser uma "assembleia de massas", mas uma Igreja de minorias, que vivem autenticamente o evangelho como boa notícia nessa história, sem abdicar das mediações necessárias para compreender o mundo em que está situada (SEGUNDO, 1976). Também sua antropologia está plena desse círculo hermenêutico, porque o homem visualizado teologicamente pelo autor é imagem e semelhança de Deus, constituído de liberdade, parceiro da aliança com Deus, e exerce a condição de criatura criadora de um mundo que está em constante movimento e dinamismo, sendo passível de mutabilidade. Assim sendo, Deus não se situa fora do mundo e desvinculado da liberdade humana, mas se apresenta na história desse mundo em que habita o ser humano, apresenta-se livre para encontrar-se com um ser humano também livre, trazendo à tona um encontro das liberdades humana e divina (SEGUNDO, 1977, 1993).

Ao lado da obra da hermenêutica fundamental do teólogo uruguaio, está a tese de doutorado de C. Boff (1978), que se tornou um manual de teoria metodológica e de metodologia da Teologia da Libertação. Nessa obra, o autor entendia ser a Teologia da Libertação uma teologia do político, inserida no conjunto das teologias da práxis e imbuída da categoria história, engajando-se também, de certo modo, nas teologias da história e indicando a necessidade de teorizar a prática. Isso significa que a Teologia da Libertação deve ser um saber regrado, sistemático, imbuído de prática teórica, para arriscar-se em esvaziar a própria prática política que nela está subjacente. Por isso, o autor elaborou a teoria das mediações na Teologia da Libertação: a socioanalítica, a hermenêutica e a teórico-prática. Com isso, apontou para o fato de que a Teologia da Libertação é constituída dessas três mediações, que inseriu as ciências sociais para analisar a realidade histórica, principalmente a vida dos pobres, sistematizou a hermenêutica, articulando Bíblia e doutrina social da Igreja, e mostrou o caráter prático da teoria e o caráter teórico da prática, especialmente a prática política de transformação histórica (BOFF; PIXLEY, 1987).[2]

A partir dessa obra fundamental, C. Boff tornou-se o grande teórico da metodologia da Teologia da Libertação, sistematizando as mediações, conceituando essa teologia em acadêmica, pastoral e popular e apresentando-a como uma teologia imbuída de regras epistemológicas que a tornam uma teologia global, capaz de articular fé positiva e vida dos pobres, a libertação histórica com a libertação soteriológica, e de se colocar como uma teologia inserida no conjunto das outras teologias produzidas no mundo (BOFF, 1990, p. 79-113).[3]

Esses autores constituem a base epistemológica para a hermenêutica teológica libertadora, apesar de que, conforme já se explicitou, G. Gutiérrez e J. L. Segundo exercitam a hermenêutica em suas obras de teologia sistemática. Com eles, a filosofia deixou de ser a única mediação para a teologia, assumiu a hermenêutica na elaboração do complexo teológico libertador e efetivou-se a teoria das mediações, priorizando o diálogo com as ciências sociais, mas também oportunizando diálogo com outras ciências. Esses estudiosos

---

[2]   Nesta obra, os autores objetivam explicitar teologicamente, em perspectiva libertadora, a opção pelos pobres e suas implicações teológicas, históricas e eclesiais. Para atingir esse objetivo, conceituam os pobres como um fenômeno coletivo e conflitivo e como um componente que reclama um projeto social alternativo de vida. Em seguida, conceituam os pobres na Bíblia e na tradição eclesial, além de realizarem uma abordagem teológica denotativa de que os pobres exprimem a sacramentalidade de Deus e que constituem o espírito da Igreja. Ademais, mostram o caráter pastoral da opção pelos pobres que se apresenta em toda a história da Igreja e se faz urgente e necessária na era contemporânea.

[3]   Adverte-se aqui para o fato de que esse mesmo autor, nos últimos nove anos, tem assumido uma posição diferente da que desenvolveu anteriormente. O autor tomou a fé como *arché*, do qual todo o conteúdo da fé tem origem e se aplica à realidade. Nesse sentido, tem-se dificuldade para visualizar o círculo ou até mesmo o que o próprio autor chamou anteriormente de "dialética entre fé e vida dos pobres com preponderância da fé". Vejam-se Boff (2007, p. 1.001-1.022) e Boff (2008, p. 892-927). Diante dessa nova posição do autor, houve quem reagiu: Susin; Hammes (2008, p. 277-299).

proporcionaram que outros teólogos desenvolvessem a hermenêutica bíblica e se apropriassem da doutrina social da Igreja para realizarem a hermenêutica teológica libertadora. Desse desenvolvimento, explicitou-se a real possibilidade de se efetuar uma leitura libertadora da Bíblia e de se utilizar as ciências sociais no bojo da própria doutrina social da Igreja, superando a possibilidade de tornar a Teologia da Libertação uma mera ideologia de cunho libertador.

Configuração da hermenêutica libertadora

A hermenêutica incidiu na Teologia da Libertação prioritariamente pela maneira de se realizar a leitura da Bíblia. C. Mesters (1974, 1983) tornou-se o maior protagonista na formulação de uma hermenêutica bíblica, realizada em perspectiva libertadora, explicitando a possibilidade de superar uma visão apologética da Bíblia, antimoderna e isenta da articulação entre a letra bíblica e o espírito da vida do povo pobre. O desenvolvimento do trabalho desse teólogo está fundamentado no processo de renovação teológica, realizado no século XX e assumido pelo Concílio Vaticano II, especialmente pela constituição dogmática *Dei Verbum*.[4] Também os teólogos da *Nouvelle Théologie* já haviam oficializado o movimento de retorno às fontes, evidenciando a necessidade de superar a apologética tradicional, de compreender melhor a exegese em sua história e de se fundar no texto bíblico, realizando um profundo diálogo com os seus hagiógrafos.[5] Recorda-se também o método histórico-crítico, assumido na exegese católica, com a aprovação de Pio XII,[6] e recepcionado na supracitada constituição dogmática. Isso implicou compreender que o texto bíblico possui um contexto histórico de elaboração, no qual estão inseridos os agentes sociais com sua cultura específica, além da historicidade do próprio texto lido ao longo dos anos. Ademais, e o mais importante, é a centralidade de Jesus Cristo na leitura da Bíblia, uma vez que Nele, em sua relação com aos apóstolos, a revelação fundante se encerra, tornando o Novo Testamento o lócus do desabrochar daquilo que se escondia no Antigo Testamento. Nessa centralidade, situa-se a unidade dos dois testamentos, constituindo uma só Escritura, cuja inspiração e autoria pertencem a Deus, por excelência. Essa unidade é marcada pela preponderância do Novo Testamento, em função da

---

4   CONCÍLIO VATICANO II. Constituição dogmática *Dei Verbum*. In: *AAS* 58 (1966), p. 817-836.

5   Um dos grandes exemplos dessa renovação é De Lubac (1966).

6   PIO XII. Carta encíclica *Divino Afflante Spiritu*. In: *AAS* 35 (1943), p. 297-325.

chegada da plenitude do tempo da revelação cristã, que traz à tona a origem apostólica e histórica dos evangelhos e a relevância de seus outros escritos, formando um testamento que explicita a nova aliança selada em Jesus Cristo. Infere-se disso toda a vitalidade humana das comunidades cristãs, dos grupos veterotestamentários e dos hagiógrafos que compuseram essa única Escritura. Mas a revelação fundante está articulada com o que se denomina de revelação continuada, presente na veneração e na transmissão, feita pela Igreja, do conteúdo da Escritura ao longo da tradição cristã. Esse conteúdo é a própria palavra de Deus, que, seguindo a lógica da encarnação do Verbo de Deus, possui incidência histórica, enraíza-se na história e se faz histórica. Ao se fazer histórica, essa palavra deve ser constantemente interpretada para que não se realize uma leitura fundamentalista ou espiritualista, que propicia a não articulação da letra com o espírito próprio do que ela significa. A transmissão feita pela Igreja denota relevância da comunidade cristã que professa a fé no ato de ler a Bíblia. Por isso, a Bíblia é um livro da Igreja, a ser lido e interpretado pela própria comunidade a partir de sua fé.[7]

A luz trazida pela constituição dogmática *Dei Verbum* à hermenêutica libertadora foi construída a partir da experiência de leitura da Bíblia feita pelas comunidades cristãs, nas quais se situam os pobres: as comunidades eclesiais de base (RICHARD, 1989). A leitura bíblica feita nessas comunidades apontou para o fato de que a Bíblia deve ser lida em consonância com a época histórica em que é lida, além de se ter clareza de que se trata de um livro da Igreja e que deve servir para a vida do ser humano. Nessa experiência, construiu-se um tripé hermenêutico constituído de texto, pré-texto e contexto (MESTERS, 1983, p. 4-86). Trata-se de compreender que os três elementos dessa hermenêutica são imprescindíveis para o que se denomina de uma leitura correta da Bíblia. Sem um deles, a hermenêutica se torna incompleta, porque não é possível compreender e interpretar libertadoramente a Bíblia se não se considera o texto bíblico em si, o contexto da comunidade cristã e a realidade histórica em que se vive o povo pobre. Nesse sentido, quais são as características de cada um desses elementos?

O texto é o próprio texto bíblico, compreendido em sua letra, escrita em contexto que lhe é próprio, com uma cultura específica, que requer um exame filológico acurado. Ao ater-se ao texto, o intérprete necessita lê-lo,

---

[7] Além da constituição dogmática *Dei Verbum*, um documento que sintetiza o conjunto dos métodos plausíveis de leitura da Bíblia é PONTIFÍCIA COMISSÃO BÍBLICA. Document L'interprétation de la Bible dans l'Église. *Bíblica* 74 (1993, p. 451-528). Para um aprofundamento geral: Marlé (1993, p. 77-93), O'Collins (1981) e Wegner (1998).

identificar seus personagens, seu cenário, penetrar seu contexto histórico, visando identificar em que época foi escrito, os problemas que se apresentavam naquele contexto, o perfil de cada agente social e a mensagem que o autor intencionava transmitir e sua consequente eficácia histórica. Para efetivar esse elemento, é necessário que sejam utilizados os critérios da ciência exegética, pelos quais se mantém o rigor científico necessário e o uso de ciências que auxiliem na exegese textual, tais como a história, a filologia, a arqueologia, a antropologia e a sociologia.

O pré-texto corresponde à realidade histórica em que está situado o intérprete. Trata-se de analisar a realidade histórica dos pobres, compreendê-la mediante a sensibilidade e por meio das ciências sociais, pelas quais se infere uma análise científica da situação social. Uma compreensão efetiva e autêntica do pré-texto possibilita visualizar as causas das desigualdades sociais, constatar as discriminações raciais e culturais e outros elementos que fundamentam a morte prematura dos pobres. Além disso, possibilita exprimir perspectivas de consciência da própria força histórica dos pobres, visando a sua libertação social. Essa força está presente na capacidade de organização popular, na construção de meios de efetividade da justiça social, nas relações humanas que superam discriminações de todos os tipos, especialmente as culturais, e, principalmente, na capacidade de formular horizontes históricos utópicos.

O contexto é referente ao caráter eclesial da hermenêutica libertadora, porque a Bíblia não é um livro para ser interpretado individualmente e com isenção de fé. Ela é um livro da revelação cristã que exige fé vivenciada na comunidade dos fiéis, de todas as pessoas que creem que Jesus é o Cristo. Dessa forma, a leitura da Bíblia exige fé e todos os elementos para que ela esteja presente na vida da comunidade: a doxologia, a compreensão e a vivência. Isso significa afirmar que a eclesialidade da Igreja na atualidade está relacionada com a eclesialidade dos primeiros cristãos que se situavam no contexto do novo texto e que realizaram uma releitura do Antigo Testamento à luz da fé em Cristo, cujo desenvolvimento tem ocorrido como constituição de tradição ao longo dos séculos. Une-se então fé e vida e se constata que a Bíblia é também o livro da vida de um povo que buscava ser livre, e que o povo pobre, na atualidade, também pode, mediante sua fé, buscar ter vida em abundância.

Ao articular texto, pré-texto e contexto, a hermenêutica bíblica libertadora apresenta uma nova possibilidade de leitura da Escritura, capaz de superar a apologética que partia de conceitos previamente formulados para se comprovar na Bíblia tal formulação e de apresentar um novo lócus, pelo qual se compreende e se interpreta a verdade bíblica: o lócus dos pobres. Trata-se de articular a fé dada presente nos textos bíblicos com a vida dos pobres, efetivando dessa forma um círculo hermenêutico do qual emerge o *novum*, que é próprio da fé. E nesse *novum* é que Deus opta pelos pobres, dá-lhes força histórica para que superem a opressão, alcancem a libertação e sejam sujeitos de sociedades justas e fraternas (COMBLIN, 1989, p. 36-48; GUTIÉRREZ, 1990b, p. 134-180).

A exigência da compreensão da realidade histórica, mediante a utilização das ciências sociais, principalmente pelo uso instrumental do marxismo, gerou polêmicas de ordem epistemológica, seja no âmbito interno da Teologia da Libertação, seja na relação de seus teólogos com o Magistério da Igreja. A polêmica trazia em seu bojo uma pergunta crucial à Teologia da Libertação: como é possível que um complexo teológico – uma ciência da fé – se aproprie de um instrumento analítico imbuído de um teor ateísta e que aguça a luta de classes? A resposta era que o marxismo era apropriado como um instrumento analítico, visando à compreensão da realidade histórica marcada pelo conflito de classes e pelas contradições sociais, políticas e econômicas.[8]

Não obstante a resposta apresentar determinada consistência epistemológica, alguns teólogos da libertação encontraram melhor consistência, até por recomendação do próprio Magistério Eclesiástico,[9] na doutrina social da Igreja (ANTONCICH, 1987; ANTONCICH, 1990, p. 145-168; SCANNONE, 1987; HÜNERMANN, 1991). Dessa forma, essa doutrina é um elemento intrínseco à própria hermenêutica libertadora, que a torna imbuída de maior consistência epistemológica. A justificativa é que a doutrina social da Igreja, compreendida como grande patrimônio eclesial da Bíblia, da doutrina dos padres, dos papas, dos concílios e de outras instâncias do Magistério, possibilita analisar a realidade social e histórica, elaborar um juízo teológico e visualizar caminhos de construção da paz, da justiça social e da cultura solidária.

A doutrina social da Igreja tem seu marco fundamental na carta encíclica *Rerum Novarum*, de Leão XIII, escrita em 1891,[10] referindo-se às questões

---

[8] CONGREGAÇÃO PARA A DOUTRINA DA FÉ. Instrução *Libertatis Nuntius*. In: *AAS* 76 (1984), p. 876-909; Dussel (1990, p. 115-144); Segundo (1987).

[9] CONGREGAÇÃO PARA A DOUTRINA DA FÉ. Instrução *Libertatis Conscientia*. In: *AAS* 79 (1987), p. 554-599.

[10] LEÃO XIII. Carta encíclica *Rerum Novarum*. In: *AAS* 23 (1890-1891), p. 641-670.

operárias da época, principalmente as diversas situações de exploração dos trabalhadores em várias idades. Dessa encíclica emergiu uma grande gama de fontes da doutrina social da Igreja: as cartas encíclicas *Quadragesimo Anno*,[11] *Mater et Magistra*,[12] *Pacem in Terris*,[13] *Populorum Progressio*,[14] *Octagesima Adveniens*,[15] *Laboren Exercens*,[16] *Sollicitudo Rei Socialis*,[17] *Centesimus Annus*[18] e *Caritas in Veritate*;[19] a mensagem de rádio de Pio XII intitulada *La Solennità della Pentecoste*, realizada em 1941;[20] a Constituição Pastoral *Gaudium et Spes*,[21] do Concílio Vaticano II; e os diversos ensinamentos das Conferências Episcopais Latino-Americanas realizadas em Medellín, Puebla, Santo Domingo (CELAM, 1993) e Aparecida (CELAM, 2007). Os temas principais dessa doutrina são: a pessoa solidária, o trabalho humano e o direito ao trabalho, a propriedade, a relação entre trabalho e capital, o conflito social, a ordem política, as ideologias e movimentos históricos, a justiça social, a paz mundial e o humanismo cristão.

Para se realizar a hermenêutica libertadora utilizando-se da doutrina social da Igreja, quatro são os critérios: o histórico, o ético, o da ética sociopolítica e o da opção pelo pobre. O critério histórico corresponde ao fato de que essa doutrina é situada historicamente em cada um de seus documentos, além de se ter a consideração acerca do contexto histórico das fontes usadas em cada documento a ser movido na hermenêutica libertadora. Dessa forma, cada carta encíclica papal, constituição conciliar ou documento similar há de ser visto em seu contexto histórico, reconhecido naquilo que ele tem de contemporaneidade de sua época, para, em seguida, servir à época atual (LOIS, 1986). O critério ético pressupõe que a consciência é o sacrário inviolável do homem e deve ser preenchida com valores cristãos, para servir de fonte de

---

[11] PIO XI. Carta encíclica *Quadragesimo Anno*. In: *AAS* 23 (1931), p. 177-228.

[12] JOÃO XXIII. Carta encíclica *Mater et Magistra*. In: *AAS* 53 (1961), p. 401-464.

[13] JOÃO XXIII. Carta encíclica *Pacem in Terris*. In: *ASS* 55 (1963), p. 257-304.

[14] PAULO VI. Carta encíclica *Populorum Progressio*. In: *AAS* 59 (1967), p. 257-299.

[15] PAULO VI. Carta encíclica *Octagesima Adveniens*. In: *AAS* 63 (1971), p. 401-441.

[16] JOÃO PAULO II. Carta encíclica *Laboren Exercens*. In: *AAS* 73 (1981), p. 577-647.

[17] JOÃO PAULO II. Carta encíclica *Sollicitudo Rei Socialis*. In: *AAS* 80 (1988), p. 513-586.

[18] JOÃO PAULO II. Carta encíclica *Centesimus Annus*. In: *AAS* 83 (1991), p. 793-867.

[19] BENTO XVI. Carta encíclica *Caritas in Veritate*. Città del Vaticano: Libreria Editrice Vaticana, 2009.

[20] PIO XII. Mensagem de rádio *La Solennità della Pentecoste*. 50° anniversario della Rerum Novarum. In: *AAS* 33 (1941), p. 195-205.

[21] CONCÍLIO VATICANO II. Constituição pastoral *Gaudium et Spes*. In: *AAS* 58 (1966), p. 1.025-1.115.

discernimento acerca das questões sociais que afligem a dignidade humana e requerem novos modelos de vida social (DUSSEL, 1986).

O critério da ética sociopolítica corresponde à articulação da ética cristã com todos os elementos que envolvem as questões sociais e políticas. Os valores da ética cristã emergem da própria revelação cristã, considerada como princípio *principiorum* para a elaboração do complexo ético cristão. A ética apontará valores para a construção de uma sociedade que prime pela igualdade e pela justiça em todas as suas dimensões – social, equitativa, distributiva – e de uma política que articule o bem comum das pessoas em cada país e em todo o planeta. Não cabe à doutrina social da Igreja, fundamentada na ética cristã, propor modelos de sociedade e de política, mas cabe-lhe saber analisar a situação social e política de cada nação e do mundo em geral. Por isso, sua função é também fazer com que a ética cristã se abra às ciências – em especial às ciências sociais –, para que tal situação seja analisada cientificamente nas formas genérica, específica e prática.

Na forma genérica, a análise científica propicia entender as dimensões sociais da liberdade humana, uma vez que as pessoas se relacionam umas com as outras e necessitam de elementos reguladores para a convivência. A ética contribui para essa regulação e propicia melhor desenvolvimento da liberdade humana em seu todo. Na forma específica, a análise científica proporciona compreender as estruturas sociais em sua história e conjuntura atualizada. Essa compreensão é importante para a ética a fim de que a responsabilidade moral seja acentuada de modo mais real possível, visando a um agir ético consoante com a realidade em que a pessoa humana está situada. Na forma prática, a análise científica propicia avaliar racionalmente as ações humanas com toda objetividade necessária, visando superar a espontaneidade e o caráter subjetivo das intenções. Com essa análise, torna-se possível visualizar com maior clareza os caminhos de uma prática de transformação social libertadora de maior proximidade com o evangelho. A fé e a ética também contribuem para as ciências, na medida em que elas apontam para a permanente liberdade e transcendência do homem e para libertar as ciências das ideologias que justificam determinadas ações de grupos que não priorizam o bem comum (DUSSEL, 1985).

O critério da opção pelo pobre não é fundamentado em uma ideologia determinada, mas na fé que denota o verdadeiro espírito evangélico da pobreza. Ser pobre evangelicamente é experimentar a liberdade, o despojamento, a humildade e a simplicidade de vida. Por esse espírito tem-se sensibilidade, compaixão e misericórdia para com os pobres, de modo a mover-se em direção a eles, visando à elevação de sua dignidade humana e sua condição de filhos(as) de Deus. Esse espírito possibilita a consciência de que a opção pelos pobres provém de Deus, mesmo que, em Jesus Cristo, assumiu plenamente a condição humana, admitindo a história a partir do lugar em que os pobres estão situados. A partir desse espírito, o clamor dos pobres pela libertação atinge a Igreja de Jesus Cristo, que os vê com os olhos de Deus, deixa-se evangelizar por eles, compadece-se deles e busca efetivar seus direitos. Em sua missão evangelizadora, a Igreja deve conscientizar os pobres acerca de seus direitos e de sua força histórica para que encontrem canais de mobilização que proporcionem mudanças estruturais e o fim da pobreza que mata inúmeras pessoas antes do tempo. Ao fazer a opção pelos pobres, compreendida primordialmente como uma opção teocêntrica, a Igreja não apenas atende o clamor, mas também assume os pobres como *locus theologicus* e universaliza o amor cristão presente na compaixão e na solidariedade que objetiva a construção de organizações e relações sociais justas e fraternas.[22]

Ao realizar esses critérios, a doutrina social da Igreja cumpre o seu objetivo: apresentar uma doutrina denotativa de uma teoria social oriunda da revelação cristã, enquanto proposta para a construção dos horizontes utópicos predicados pelo próprio Cristianismo e que se encontram no evangelho de Jesus Cristo.

Conforme o exposto, a hermenêutica libertadora, tanto na vertente bíblica quanto na doutrina social da Igreja, articula a fé com a vida dos pobres, vistos como *locus theologicus* da revelação. Dessa forma, o círculo se completa e se movimenta, possibilitando novas formas de compreensão e de interpretação da revelação cristã.

Tensão fundamental no círculo: a fé positiva e a vida dos pobres

De toda exposição efetuada até o presente momento, infere-se que o círculo hermenêutico libertador relaciona a fé positiva à vida dos pobres. A consistência dessa relação entre fé e vida dos pobres, no círculo hermenêutico libertador, está na própria compreensão de cada polo e na visualização dessa relação circular e sua implicação no evento a ser interpretado.

---

[22] Sobre o critério geral da opção pelo pobre, veja: Sobrino (1992).

A compreensão da categoria "pobres" requer sua caracterização como *locus theologicus*. Já M. de Cano trazia à tona a ideia de *loci theologici* na produção teológica, organizados de maneira hierárquica, cabendo à história o mérito de ser um lugar teológico.[23] Trata-se de compreender o significado do lugar histórico da produção teológica libertadora, visto a partir dos pobres, cuja compreensão deve ser realizada em duas perspectivas. A primeira é referente à materialidade social, política, econômica e cultural dos pobres. Nesse sentido, os pobres são as pessoas que possuem carência econômica, os povos dominados politicamente por regimes autoritários, as mulheres que são vítimas do machismo uxoricida, as culturas marginalizadas – em especial os negros e os índios – que são tolhidas em sua alteridade. Nessa referência material, a pobreza é sinônimo de morte, de violência institucionalizada, de mimetismo sacrificial, de ausência de paz (BOFF, 1987, p. 19-33; DUSSEL, 1985, p. 11-39). A segunda perspectiva corresponde à espiritualidade do ser pobre. Nesse sentido, a pobreza é sinônimo de humildade, de simplicidade, de modo de ser pessoa solidária, compassiva e misericordiosa. Ser pobre é então um modo de viver, de amar, de rezar, de pensar, de empenhar-se pela justiça, pela liberdade, pela elevação do homem novo (GUTIÉRREZ, 1992, p. 303-322; ELLACURÍA, 1992, p. 135-153).[24]

A fé positiva corresponde ao dom de Deus que se realiza na doxologia, no *intellectus* e no testemunho de vida. A realização na doxologia se refere à profissão de fé realizada nas celebrações litúrgicas, nos atos públicos de fé, nas orações. Trata-se de vivenciar celebrativamente o mistério de Deus que adquire sentido em sua revelação realizada na história, por meio de Jesus Cristo, na ação do Espírito e por desígnio do Pai Deus. Por isso, a fé celebrada indica a

---

[23] De acordo com a interpretação de Hünermann (2003, p. 164), referente aos *loci theologici* de M. de Cano, a hierarquia é constituída da seguinte forma: 1°) autoridade das Sagradas Escrituras; 2°) autoridade das tradições orais de Cristo e dos Apóstolos; 3°) autoridade da Igreja Católica; 4°) autoridade dos Concílios Ecumênicos; 5°) autoridade da Igreja romana; 6°) autoridade dos Santos Padres; 7°) autoridade dos teólogos escolásticos; 8°) razão natural; 9°) autoridade dos filósofos; 10°) autoridade da história humana.

[24] Para Ellacuría (1992, p. 189-216), os pobres se constituem em um "povo crucificado". O autor atribui aos pobres essa categoria pelo fato de se constatar que a morte prematura é uma verdadeira crucificação de inocentes, de vítimas deste mundo. No entanto, tal crucificação não é apenas conteúdo de um lamento isento de sentido utópico, mas está imbuído de caráter profético e de anunciador de um novo horizonte de vida. E isso porque o povo crucificado vive à esteira de Jesus Crucificado, cuja morte indica a ressurreição e, por consequência, a redenção e a salvação. Na cruz, Jesus serviu a Deus servindo a humanidade. O povo crucificado, por sua vez, serve em seu sofrimento e morte, desperta esperança em sua possibilidade de ressurreição com Cristo. Dessa forma, o povo crucificado denota os dois tipos de pobreza: a material, enquanto explicita a vitimação dos pobres, e a espiritual, na medida em que apresenta o horizonte de se viver pela humildade, pelo abaixamento, pelo serviço simples de renovar a humanidade.

O CÍRCULO HERMENÊUTICO NA TEOLOGIA DA LIBERTAÇÃO

Trindade, mistério de comunhão divina que se revela na história. O caráter intelectual da fé corresponde ao fato de que a fé é passível de compreensão e imbuída de racionalidade própria. Sua inteligência possibilita a emergência da teologia enquanto ciência dessa mesma fé. O *intellectus fidei* se articula com o *auditus fidei*, coletando seus dados oriundos da Escritura e da Tradição Eclesial e Teológica e articula-os com a história humana, para que a compreensão da fé seja eficaz. O testemunho da fé, por sua vez, se desenvolve na prática da vida comunitária, constituída por pessoas que professam e compreendem a fé. O caráter testemunhal da fé lhe dá consistência, porque a faz presente na vida dos seres humanos, tornando-se propriamente modo de viver. A prática da fé inclui o surgimento da caridade e da esperança, virtudes teologais que corporificam e realizam a fé (BOFF, 1988, p. 110-196; DÍAZ MATEOS, 1993). No entanto, permanece a pergunta: de que modo a fé se realiza na história? Na perspectiva da Teologia da Libertação, a resposta é única: a fé se realiza na história quando está articulada com a vida dos pobres.

A necessidade da articulação entre fé positiva e vida dos pobres é imprescindível para que a fé seja efetivamente eficaz e para que a vida dos pobres seja elevada à dignidade humana. A relação circular entre fé cristã e vida dos pobres nega a possibilidade de uma hierarquia piramidal, mas também não pode e nem deve negar a hierarquia das verdades. Isso significa que essa relação possui na fé o polo preponderante, sem que isso implique uma redução axiológica da categoria "pobres". São categorias diferentes e, no círculo hermenêutico, se relacionam também nas diferenças. A preponderância da fé corresponde ao caráter mesmo da fé, que possui as dimensões desenvolvidas aqui anteriormente. É ela que possibilita à categoria "pobres" um caráter teológico, sem o qual ela teria uma identidade de outra natureza, obtendo um significado indiferente à fé cristã. Pela fé, essa categoria recebe uma identidade cristã, mostrando que Deus se aproxima dos pobres, tem compaixão e misericórdia deles, opta por eles para que tenham vida plenamente. Por sua vez, a categoria "pobres" impede que a fé se esvazie de sentido e perca a capacidade de produzir vida. Ela dá corporeidade à fé, torna-a real neste mundo (SOBRINO, 2008).

Essa relação entre fé positiva e vida dos pobres deve ser aplicada à compreensão e interpretação dos textos que fundamentam a própria fé. A pré-compreensão[25] é o conjunto de elementos imbuídos de caráter prévio

---

[25]   Sobre a pré-compreensão e o círculo hermenêutico de compreensão, veja: Gadamer (1997, p. 239-493).

189

que estão presentes na fé positiva e na vida dos pobres. Dessa forma, todo o conteúdo inferido do *auditus fidei*, presente na Escritura e na tradição eclesial e teológica, pertence à fé positiva. Trata-se de um conteúdo que é prévio à circularidade hermenêutica e que se manifesta no próprio movimento do círculo. A pré-compreensão aplicada à fé possibilita admitir e visualizar uma história de revelação direta, presente na tradição apostólica e em sua transmissão, fazendo o movimento de passagem da tradição à emergência de tradições (CONGAR, 1961), tão legítimas quanto à primeira. Também à vida dos pobres se aplica a pré-compreensão, uma vez que há uma história de pobreza material, de mimetismo sacrifical e alienante, e há um potencial de espiritualidade evangélica.

A aplicação da pré-compreensão à relação circular entre fé cristã e vida dos pobres propicia a superação de visões românticas e deslocadas da verdadeira realidade da circularidade. Visualizar-se-á, tanto na fé quanto na vida dos pobres, o horizonte próprio de cada polo e a possibilidade de diálogo entre ambos. A proposta gadameriana de fusão de horizontes se aplica nessa relação circular, bem como o diálogo compreendido como luz sapiencial ou sabedoria iluminadora (GADAMER, 2002, p. 72-80). O estabelecimento da fusão de horizontes (GONÇALVES, 2008, p. 97-117) ocorre quando se lê um texto bíblico ou se busca compreender e interpretar um evento da fé, como, por exemplo, um dogma. O intérprete haverá de saber aplicar essa fusão e, portanto, estar imbuído da pré-compreensão que subjaz tanto no polo da fé, quanto no polo da vida dos pobres. Dessa forma, a própria linguagem que emerge da interpretação será fruto dessa fusão e terá como função ser a "casa do ser" (HEIDEGGER, 2009, p. 1) do *novum* emergente.

Por isso, quando há a fusão de horizontes na hermenêutica bíblica libertadora, sempre com a preponderância da fé, emergirá a concepção de um Deus libertador, compassivo, misericordioso, um Deus da vida que faz aliança com um povo, para que esse povo seja canal de sua salvação universal. Para atingir essa concepção de Deus e de outras concepções teológicas, tanto nos termos do Antigo Testamento quanto nos do Novo Testamento, a hermenêutica fundirá os horizontes da fé com a vida dos pobres, utilizando-se da articulação entre letra e espírito, intrínseca à fé, e das mediações necessárias à compreensão da vida dos pobres. Então, torna-se possível ler e reler todo o conteúdo bíblico, partindo do êxodo e de todo o pentateuco, passando pelos profetas e pelas literaturas deuteronomista, sapiencial e apocalíptica, chegando a Jesus Cristo e seus seguidores, por meio da literatura paulina, dos evangelhos de Marcos e Mateus, da literatura lucana – Evangelho e Atos dos apóstolos –, da literatura joanina – Evangelho e cartas –, das cartas apostólicas e do Apocalipse neotestamentário (GORGULHO, 1990, p. 169-200).

O mesmo se aplica à leitura libertadora a ser feita referente aos dogmas eclesiais. Torna-se necessário que eles possuam uma letra e um espírito próprio, requerendo também atualização. Dessa forma, a hermenêutica libertadora, aplicada aos dogmas, objetiva superar a *adequatio* dogmática que tornava a letra dos dogmas absoluta para qualquer época histórica, isentando-a de seu verdadeiro espírito. Além disso, visa-se também tornar os dogmas pertinentes e relevantes na atualidade histórica. Isso requer compreender os dogmas no respectivo contexto histórico, efetuar o exame filológico consistente e atualizá--lo em consonância com a tradição construída e com os sinais dos tempos atuais. Dessa forma, os dogmas serão efetivamente libertadores, trarão vida nova e não serão vistos como algo ultrapassado e isento de sintonia histórica com a atualidade (SEGUNDO, 1990, p. 443-462; SEGUNDO, 1991).

Conforme o exposto, o círculo hermenêutico da Teologia da Libertação está inserido no movimento da hermenêutica geral, mas possui sua peculiaridade, requerendo análise específica para cada polo que o constitui, sendo a tensão emergente da relação circular saudável e plausível à compreensão da verdade libertadora, produtora de vida para quem não tem mais vida e que denota uma fé, plena de obras denotativas da vida de comunhão de Deus com os seres humanos.

Palavras finais

A Teologia da Libertação é uma das maiores novidades que surgiu na história da teologia contemporânea, sendo vista como útil e necessária. Ela surgiu no clima de renovação teológica presente no Concílio Vaticano II, constituindo-se em uma teologia do mundo latino-americano, capaz de articular fé positiva e vida dos pobres. A articulação desses dois polos é o elemento central no círculo hermenêutico libertador, havendo preponderância da fé positiva ao longo da história desse complexo teológico.

A plausibilidade desse círculo está no fato de que ele se insere na tradição teológica que explicita o *auditus fidei* e o *intellectus fidei* como elementos imprescindíveis à elaboração de um complexo teológico. A grande novidade está em inserir os pobres como polo categórico que dialoga com a própria fé, mas deve prevalecer a hierarquia das verdades, visando superar a possibilidade de tornar a hermenêutica libertadora uma ideologia que justifique ações sociais, não coniventes com a lógica evangélica. O círculo existe para evidenciar a verdade da fé, cuja corporeidade se dá na história. Esta, por sua vez, é vista na perspectiva libertadora, a partir dos pobres, considerados como um *locus theologicus*, pelo qual se desenvolve o conhecimento teológico trazido pela própria fé. Em ambos os polos, que se apresentam no círculo, está presente a respectiva pré-compreensão, elemento indispensável à compreensão. Pela pré-compreensão, o círculo se move e a compreensão ocorre quando os horizontes dos polos envolvidos se encontram e, mediante o diálogo, se fundem, possibilitando a real emergência do *novum*. E o *novum* no complexo libertador é o surgimento de uma Teologia da Libertação, efetivamente libertada, capaz de suscitar horizontes novos de vida.

A ausência de efetividade e de autenticidade do movimento desse círculo não promoverá uma hermenêutica libertadora, ainda que a linguagem resultante possa denotar algum conteúdo libertador. Sem os pobres, a Teologia da Libertação não consegue visibilizar o conteúdo da fé com eficácia. Sem a fé, o discurso na perspectiva dos pobres se torna ideologia e, portanto, não será teologia. Para ter os pobres como *locus theologicus* faz-se necessária a hermenêutica em sua integralidade de movimento de compreensão e de interpretação, no qual a história, as diversas ciências e as fontes do conteúdo da fé se movimentam como em um jogo, cujo objetivo é que os horizontes da fé e dos pobres se fundam na constituição do supracitado *novum*. E essa é a novidade fundamental: a Teologia da Libertação deve explicitar um ser humano integralmente novo, libertado, aberto e em movimento de comunhão com um Deus da vida em abundância.

Referências bibliográficas

ANTONCICH, Ricardo; MUNARRIZ SANS, José Miguel. *Ensino social da igreja*. Tradução Jaime Clasen. Petrópolis: Vozes, 1987.

ANTONCICH, Ricardo. Teología de la liberación y doctrina social de la Iglesia. In: SOBRINO, Jon; ELLACURÍA, Ignacio (Org.). *Mysterium Liberationis (I)*. Madrid: Trotta, 1990. p. 145-168.

ASSMANN, Hugo. *Teología desde la praxis de la liberación.* Salamanca: Sígueme, 1972.

BENTO XVI. Carta encíclica *Caritas in Veritate.* Città del Vaticano: Libreria Editrice Vaticana, 2009.

BINGEMER, Maria Clara Lucchetti; GEBARA, Ivone. *Maria:* mãe de Deus e mãe dos pobres. Um ensaio a partir da mulher e da América Latina. Petrópolis: Vozes, 1988.

BOFF, Clodovis. *Teologia e prática.* Teologia do político e suas mediações. Petrópolis: Vozes, 1978.

BOFF, Clodovis. *Teoria do método teológico.* Petrópolis: Vozes, 19989.

BOFF, Clodovis. Epistemología y método de la liberación. In: SOBRINO, Jon; ELLACURÍA, Ignacio (Org.). *Mysterium Liberationis (I).* Madrid: Trotta, 1990. p. 79-113.

BOFF, Clodovis. Teologia da Libertação e volta ao fundamento. *REB* 67, 2007. p. 1001-1022.

BOFF, Clodovis. Volta ao fundamento: Réplica. *REB* 68, 2008. p. 892-927.

BOFF, Clodovis; PIXLEY, Jorge. *Opção pelos pobres.* Petrópolis: Vozes, 1987.

CELAM. *Conferencias Generales del Episcopado Latinoamericano:* Rio de Janeiro, Medellín, Puebla, Santo Domingo. Santiago del Chile: San Pablo, 1993.

CELAM. *Documento de Aparecida.* Texto conclusivo da V Conferência Geral do Episcopado Latino-Americano e do Caribe. Brasília; São Paulo: CNBB; Paulus; Paulinas, 2007.

COMBLIN, José. Os pobres como sujeitos da história. *RIBLA* 3, 1989. p. 36-48.

CONCÍLIO VATICANO II. Constituição dogmática *Dei Verbum.* In: *AAS* 58, 1966. p. 817-836.

CONCÍLIO VATICANO II. Constituição Pastoral *Gaudium et Spes.* In: *AAS* 58, 1966. p. 1025-1115.

CONGAR, Yves. *La tradition et les traditions.* Paris: Librairie Arthéme Fayard, 1961.

CONGREGAÇÃO PARA A DOUTRINA DA FÉ. Instrução *Libertatis Nuntius.* In: *AAS* 76, 1984. p. 876-909.

CONGREGAÇÃO PARA A DOUTRINA DA FÉ. Instrução *Libertatis Conscientia.* In: *AAS* 79, 1987. p. 554-599.

DE LUBAC, Henri. *L Écriture dans la tradition*. Paris: Aubier, 1966.

DÍAZ MATEOS, Manuel. *A vida nova*. Fé, esperança e caridade. Tradução Jaime Clasen. Petrópolis: Vozes, 1993.

DILTHEY, Wilhelm. *Psicologia e compreensão*. Ideias para uma psicologia descritiva e analítica. Tradução Artur Morão. Lisboa: Edições 70, 2003.

DUSSEL, Enrique. *Ética comunitária*. Liberta o pobre. Tradução Jaime Clasen. Petrópolis: Vozes, 1986.

DUSSEL, Enrique. *Caminhos de libertação latino-americana (III)*. Interpretação ético-teológica. Tradução Hugo Toschi. Petrópolis: Vozes, 1985.

DUSSEL, Enrique. Teología de la liberación y marxismo. In: SOBRINO, Jon; ELLACURÍA, Ignacio (Org.). *Mysterium Liberationis (I)*. Madrid: Trotta, 1990. p. 115-144.

DUSSEL, Enrique. Dominação-libertação: um discurso teológico diferente. In: *Caminhos de libertação latino-americana (IV)*. Tradução Álvaro Cunha. Paulinas: São Paulo, 1985. p. 11-39.

ELLACURÍA, Ignacio. I poveri, 'Luogo Teologico' in América Latina. In: *Conversione della Chiesa al Regno di Dio*. Tradução Armando Savignano. Brescia: Queriniana, 1992. p. 135-153.

ELLACURÍA, Ignacio. El pueblo crucificado. In: SOBRINO, Jon; ELLACURÍA Ignacio (Org.). *Mysterium Liberationis*. Madrid: Trotta, 1990. p. 189-216.

GADAMER, Hans Georg. *Verdade e Método (I)*. Traços fundamentais de uma hermenêutica filosófica. Tradução Flávio Paulo Meurer. Petrópolis; Bragança Paulista: Vozes; São Francisco, 1997.

GADAMER, Hans Georg. *Verdade e Método (II)*. Complementos e índices. Tradução Enio Paulo Giachini. Petrópolis; Bragança Paulista: Vozes; São Francisco, 2002.

GEFFRÉ, Claude. *Crer e interpretar*. A virada hermenêutica da teologia. Tradução Lúcia Endlich Orth. Petrópolis: Vozes, 2005.

GIBELLINI, Rosino. *La teologia de XX secolo*. Brescia: Queriniana, 1992.

GONÇALVES, Paulo Sérgio Lopes. A consciência histórico-hermenêutica na teologia contemporânea: aproximação entre Gadamer e Schillebeeckx. *Religião & Cultura* 14, 2008, p. 97-117.

GONÇALVES, Paulo Sérgio Lopes. Teologia da Libertação: um estudo histórico-teológico. In SOUZA, Ney de (Org.). *Temas de teologia latino-americana*. São Paulo: Paulinas, 2007. p. 167-209.

GORGULHO, Gilberto. Hermenêutica bíblica. In: SOBRINO, Jon; ELLA-CURÍA, Ignacio (Org.). *Mysterium Liberationis (I)*. Madrid: Trotta, 1990. p. 169-200.

GUTIÉRREZ, Gustavo. *Teología de la liberación*. Lima: CEP, 1971.

GUTIÉRREZ, Gustavo. Teología y ciencias sociales. In: *La verdad os hará libres*. Salamanca: Sígueme, 1990a. p. 69-102.

GUTIÉRREZ, Gustavo. El camino de la liberación. In: *La verdad os hará libres*. Salamanca: Sígueme, 1990b. p. 134-180.

GUTIÉRREZ, Gustavo. Pobres y opción fundamental. In: SOBRINO, Jon; ELLACURÍA, Ignacio (Orgs.). *Mysterium Liberationis (I)*. Madrid: Trotta, 1990. p. 303-322.

GUTIÉRREZ, Gustavo. *La fuerza histórica de los pobres*. Lima: CEP, 1972.

GUTIÉRREZ, Gustavo. *En busca de los pobres de Jesucristo*. El pensamiento de Bartolomé de Las Casas. Lima: CEP; Instituto Bartolomé de Las Casas, 1992.

GUTIÉRREZ, Gustavo. *O Deus da vida*. Tradução Gabriel Galache e Marco Marcionilo. São Paulo: Loyola, 1990.

GUTIÉRREZ, Gustavo. *Hablar de Dios desde el sufrimiento del inocente*. Salamanca: Sígueme, 1988.

GUTIÉRREZ, Gustavo. *Beber do próprio poço*. Itinerário espiritual de um povo. Tradução Hugo Pedro Boff. Petrópolis: Vozes, 1983.

HAMMES, Érico João. A epistemologia teológica em questão. Da dor do mundo gestar futuro. *Perspectiva Teológica* 108 (2007), p. 165-185.

HEIDEGGER, Martin. *Ser e Tempo (I-II)*. Tradução Márcia de Sá Cavalcante Shcuback. Petrópolis; Bragança Paulista: Vozes; São Francisco, 2002.

HEIDEGGER, Martin. Carta sobre o humanismo. In: *Marcas do caminho*. Tradução Enio Paulo Giachini e Ernildo Stein. Petrópolis: Vozes, 2009.

HÜNERMANN, Peter. *Enseñanza social de la Iglesia en América Latina*. Madrid: Promoción Popular Cristiana, 1991.

HÜNERMANN, Peter. *Dogmatische Prinzipienlehre*. Munster: Aschendorff, 2003.

JOÃO XXIII. Carta encíclica *Mater et Magistra*. In: *AAS* 53 (1961). p. 401-464.

JOÃO XXIII. Carta encíclica *Pacem in Terris*. In: *AAS* 55 (1963). p. 257-304.

LEÃO XIII. Carta encíclica *Rerum Novarum*. In: *AAS* 23 (1890-91). p. 641-670.

JOÃO PAULO II. Carta encíclica *Laboren Exercens*. In: *AAS* 73 (1981). p. 577-647.

JOÃO PAULO II. Carta encíclica *Sollicitudo Rei Socialis*. In: *AAS* 80 (1988). p. 513-586.

JOÃO PAULO II. Carta encíclica *Centesimus Annus*. In: *AAS* 83 (1991). p. 793-867.

LOIS, Julio. *Teología de la liberación*. Opción por los pobres. Madrid: Iepala Editorial, 1986.

MAC DOWELL, João. *A gênese da ontologia fundamental de M. Heidegger*. São Paulo: Loyola, 1993.

MARLÉ, René. Hermenêutica e escritura. In: LATOURELLE, René; O'COLLINS, Gerald (Org.). *Problemas e perspectivas de Teologia Fundamental*. Tradução Orlando Soares Moreira. São Paulo: Loyola, 1993. p. 77-93.

MESTERS, Carlos. *Por trás das palavras*. Petrópolis: Vozes, 1974.

MESTERS, Carlos. *Flor sem defesa*. Uma explicação da Bíblia a partir do povo. Petrópolis: Vozes, 1983.

MUELLER, Enio R. A teologia e seu estatuto teórico: contribuições para uma discussão atual na universidade brasileira. *Estudos Teológicos*, v. 47, n. 2, 2007.

O'COLLINS, Gerald. *Fundamental theology*. New York; Mahwah: Paulist Press, 1981.

PAULO VI. Carta encíclica *Populorum Progressio*. In: *AAS* 59 (1967). p. 257-299.

PAULO VI. Carta encíclica *Octagesima Adveniens*. In: *AAS* 63 (1971). p. 401-441.

PIO XI. Carta encíclica *Quadragésimo Anno*. In: *AAS* 23 (1931). p. 177-228.

PIO XII. Carta encíclica divino *Afflante Spiritu*. In: *AAS* 35 (1943). p. 297-325.

PIO XII. Mensagem de Rádio *La Solennità della Pentecoste*. 50° anniversario della Rerum Novarum. In: *AAS* 33 (1941), p. 195-205.

PONTIFÍCIA COMISSÃO BÍBLICA. Document L'interprétation de la Bible dans l'Église. *Bíblica* 74 (1993), p. 451-528.

RICHARD, Pablo. *A força espiritual da Igreja dos pobres*. Tradução Jaime Clasen. Petrópolis: Vozes, 1989.

RICOEUR, Paul. *Le conflit des interprétations*. Paris: Cerf, 1969.

SCANNONE, Juan Carlos. *Teología de la liberación y doctrina social de la Iglesia*. Madrid; Buenos Aires: Ediciones Cristiandad; Editorial Guadalupe, 1987.

SCHLEIERMACHER, Friedrich. *Hermenêutica*. Arte e técnica da interpretação. Tradução Celso Reni Braida. Petrópolis: Vozes, 2000.

SEGUNDO, Juan Luis. *Liberación de la teología*. Santander: Sal Terrae, 1976.

SEGUNDO, Juan Luis. *O homem de hoje diante de Jesus de Nazaré (II/2)*. História e atualidade. As cristologias na espiritualidade. Tradução Benno Brod. São Paulo: Paulinas, 1985.

SEGUNDO, Juan Luis. *Teologia aberta para o leigo adulto (I)*. Essa comunidade chamada Igreja. Tradução Francisco Alencar Arrais e Francisco da Rocha Guimarães. São Paulo: Loyola, 1976.

SEGUNDO, Juan Luis. *Teologia aberta para o leigo adulto (III)*. A nossa ideia de Deus. Tradução Luiz João Gaio. São Paulo: Loyola, 1977.

SEGUNDO, Juan Luis. *¿Qué mundo? ¿Qué hombre? ¿Qué Dios?* Santander: Sal Terrae, 1993.

SEGUNDO, Juan Luis. Revelación, fe, signos de los tiempos. In: SOBRINO, Jon; ELLACURÍA, Ignacio (Org.). *Mysterium Liberationis (I)*. Madrid: Trotta, 1990. p. 443-462.

SEGUNDO, Juan Luis. *O dogma que liberta*. Fé, revelação e magistério dogmático. Tradução Magda Furtado de Queiróz. São Paulo: Paulinas, 1991.

SEGUNDO, Juan Luis. *Teologia da Libertação*. Uma advertência à Igreja. Tradução Benno Brod. São Paulo: Paulinas, 1987.

SOBRINO, Jon. *El principio misericórdia*. Bajar de la cruz a los pueblos crucificados. Santander: Sal Terrae, 1992.

SOBRINO, Jon. *Fora dos pobres não há salvação*. Pequenos ensaios utópicos--proféticos. Tradução Jaime Clasen. São Paulo: Paulinas, 2008.

SUSIN, Luis Carlos; HAMMES, Érico João. A Teologia da Libertação e a questão de seus fundamentos. Em debate com Clodovis Boff. *REB* 68 (2008). p. 277-299.

VON HERRMANN, Friedrich-Wilhelm. *Heideggers Grundprobleme der Phänomenologie* . Zur "Zweiten Hälfte" von "Sein und Zeit". Franckfurt am Main: Vittorio Klostermann GmbH, 1991.

WEGNER, Uwe. *Exegese do Novo Testamento*. Manual de Metodologia. São Leopoldo; São Paulo: Sinodal; Paulus, 1998.

Por uma Teologia como ciência e pela ecumene das ciências

Wilhelm Wachholz

A Teologia e a Filosofia são as disciplinas fundadoras de universidades europeias da Idade Média (cf. MUELLER, 2007, p. 91). Portanto, em tese, o lugar delas na universidade não é novidade. No Brasil, contudo, a Teologia é incluída no rol de disciplinas oficialmente reconhecidas como ciências somente desde 1999. A "velha" Teologia como uma "nova" ciência na universidade brasileira impõe o questionamento em favor de seu estatuto teórico-científico.

As razões para a figuração da Teologia entre as ciências oficialmente reconhecidas no Brasil certamente são bastante complexas. Não nos cabe aqui fazer uma análise de todas essas razões. Limitamo-nos a indicar três dessas razões: 1) a tensão entre a tradição grega e judaica em relação à Teologia; 2) derivada da primeira, a influência da Revolução Francesa no Brasil, impulsionada pelo pensamento Iluminista; e 3) o princípio da ciência a serviço do capital e progresso ilimitado.

A partir dessas constatações, perguntar-se-á, especialmente a partir de Gadamer, "como se chegou ao estiolamento dessa tradição e como, com isso, a pretensão de verdade do conhecimento, de parte das ciências do espírito, caiu sob o parâmetro do pensamento metódico da ciência moderna". Gadamer entende que o problema está na compreensão de método. Cabe, portanto, perseguir a reflexão sobre método na relação com as diferentes disciplinas e questionar a razão da decadência das disciplinas humanistas, particularmente da Teologia.

Partindo do princípio de que a interpretação inicia-se com o próprio método, e não depois dele, cabe o questionamento de que não se pode, a rigor, falar de um único método aplicado a todas as ciências, mas de métodos distintos para cada ciência (sem desconhecer a possibilidade e a própria existência de métodos distintos em cada ciência particular!). Isso evidencia a complexidade da hermenêutica e, como tal, a complexidade da compreensão do próprio ser humano.

Considerando que a finalidade da ciência é o ser humano, é imperativo o constante re-encantamento e a "oxigenação" das ciências com e pelo ser humano. Em outras palavras, é imperativo que ocorra a constante humanização das ciências para que sejam de fato sempre ciências humanas. Finalmente, por se tratar o ser humano de um *bricoleur*, faz-se necessária a interdisciplinaridade das ciências.

Perguntando por algumas raízes

A relação entre Teologia e as ciências exatas no Brasil são bastante complexas. Nessa contribuição, nos limitaremos a três somente:

A primeira razão

O conceito de Teologia (*theós* + *logos*)[1] está envolto pela tensão das concepções judaica e grega. Enquanto a tradição judaica concebe Deus (*theós*) com características pessoais, o pensamento grego o concebe de forma impessoal, como princípio ontológico (cf. MUELLER, 2007, p. 92 *et seq.*). Semelhantemente, a palavra (*logos*) também é entendida no âmbito do pensamento grego em perspectiva de racionalidade objetiva e inteligibilidade. Na tradição judaica, diferentemente, a palavra é concebida de forma muito mais complexa. Não se trata somente de palavra enquanto fala e enunciação, como é a compreensão usual particularmente no Ocidente, mas também como ação, evento: é palavra acontecimento/acontecendo (cf. MUELLER, 2007, p. 93; GRONDIN, 1999, p. 78).

Essa tensão pode ser percebida na própria Teologia como também na Teologia em sua relação com outras disciplinas, ou vice-versa. No âmbito da fé cristã, em certos setores, existe a desconfiança de que fazer Teologia de modo acadêmico, científico pode levar à perda da fé (cf. SINNER, 2007, p. 58). Nesse caso, evidencia a compreensão segundo a qual o labor teológico é uma ameaça à fé. Certamente, comunidades de fé puderam verificar "perda da fé" e "ateísmo" em estudantes de Teologia que saíram de seu meio. K. Barth,

---

[1] Sobre Teologia como *logos de theós* , cf. Schaper (2008, p. 3).

a respeito do labor teológico, insiste, como veremos, na necessidade de não perder a "admiração". Mas retornaremos mais tarde a esse ponto. Parece-nos que existem outras razões para os temores das comunidades de fiéis em relação à "perda da fé" de seus estudantes de Teologia. Lembremos apenas um: a maneira como se entende a inerrância da Bíblia.

A doutrina da inerrância da Bíblia remonta à Ortodoxia do século XVII, particularmente à Ortodoxia luterana. Em sua origem estava a pergunta pela autoridade da Bíblia. Em reação ao Concílio de Trento, que reafirmara a autoridade da tradição ao lado da Sagrada Escritura, contra o princípio protestante *sola scriptura*, a Ortodoxia evocaria novamente a centralidade da Bíblia. Contudo, a ênfase da Ortodoxia era significativamente distinta daquela dos reformadores. Estes haviam afirmado que o Espírito Santo mantém a autoridade da Bíblia, bem como opera a Palavra na vida da pessoa crente.[2] Diferentemente, na Ortodoxia ocorreu um afastamento do pensamento paulino[3] e passou-se a defender que o Espírito Santo testemunha serem as doutrinas da Bíblia verossímeis e inspiradas verbalmente por ele. A Bíblia torna-se documento autenticado pelo Espírito Santo. Para os ortodoxos, os autores dos livros bíblicos foram os "notários" ou as "penas" usadas pelo Espírito Santo para inscrever a mensagem divina. A respeito das contradições nos textos bíblicos, os ortodoxos afirmavam que essas eram somente aparentes, o que os levou a fazerem malabarismos com vistas a harmonizações internas (cf. TILLICH, 1988, p. 254-257). Como podemos perceber, em jogo estava a pergunta pela verdade, por isso, se fazia necessário um "fundamento sólido" sobre o qual fazer repousar a verdade.

---

[2] Martin Lutero, a respeito da autoridade da Bíblia e o agir da Palavra, afirmou que "ninguém compreenderá a Deus ou a sua Palavra se não for diretamente esclarecido pelo Espírito Santo. Quando experimentamos a ação do Espírito, provando-a e sentindo-a, então temos a segurança de que estamos sendo instruídos por ele [...] Só podemos conhecer a Deus através daquilo que ele mesmo opera em nós, através daquilo que ele nos faz provar e experimentar. Todas as vezes que temos a experiência de que Deus é um Deus cuja atenção está voltada para os que dele estão afastados, e que procura alcançar com seu socorro os pobres, desprezados e miseráveis, então inflamamo-nos por esse Espírito Santo... Não podemos compreender a obra de Deus sem experimentá-la pessoalmente" (LUTERO apud STROHL, 1963, p. 73). Veja também Schmidt (1982, p. 77-95). Semelhantemente, João Calvino afirmou que a Escritura "alcança-nos de fato quando confirmada em nossos corações pelo Espírito Santo... Iluminados pela ação do Espírito Santo, cremos que a Escritura é de Deus, e isso porque, para além de todo juízo humano, é-nos dado conhecer, com absoluta certeza, que a Escritura nos vem dos próprios lábios de Deus, por intermédio do ministério dos homens... Submetendo-lhe nosso juízo e nossa inteligência, como a algo que transcende a esfera da capacidade humana..., vemos na Escritura um poder especial de Deus que manifesta sua ação inspirando-nos para obedecer voluntariamente à sua vontade... O que digo nada mais é que a experiência pessoal de todo crente" (Calvino *apud* STROHL, 1963, p. 85). Veja também Tillich (1986, p. 39).

[3] Segundo o apóstolo Paulo, "o Espírito de Deus se une ao nosso espírito para afirmar que somos filhos de Deus" (Rm 8, 16).

A doutrina da inerrância da Bíblia seria fortemente propagada no mundo cristão, particularmente no mundo protestante. Por essa forte difusão e assimilação, a chamada teologia liberal do século XIX, que se utiliza do método de exegese histórico-crítico, suscitaria uma nova reação, surgida também no âmbito protestante: o Fundamentalismo. Para o Fundamentalismo, "a Bíblia não precisa ser interpretada, ela é Palavra de Deus, e o Espírito Santo ilumina as pessoas para compreenderem os textos" (BOFF, 2002). Portanto, percebe-se no Fundamentalismo um "estreitamento" ainda maior em relação ao labor teológico do que aquele havido na Ortodoxia. Enquanto na Ortodoxia, o labor teológico visava à harmonização dos textos bíblicos, no Fundamentalismo se tem a tendência ao "não labor teológico", pois a Palavra de Deus já "está clara" na letra, na gramática. Em muitas comunidades de fé, essa tendência ao "não labor teológico" está presente. Afinal, Bíblia não se estuda, mas se crê!

Tanto na Ortodoxia quanto no Fundamentalismo, se percebe a ênfase da letra em detrimento do espírito da letra. Dessa forma, o *signum* (a letra) é reduzido e compreendido como já sendo o *verbum* (Palavra) na sua integralidade. Por esse motivo, tanto na Ortodoxia quanto no Fundamentalismo, encontramos fortes ecos de racionalismo. Por essa característica, particularmente o Fundamentalismo pode ser caracterizado como *antimodernismo* moderno. Antimodernismo pelo fato de se opor às ciências modernas, aos avanços históricos e hermenêuticos etc.; e moderno pelo fato de se valer dos instrumentais "científicos" modernos para atacar o moderno (DREHER, 2002, p. 87; DUBIEL, 1995, p. 19).

Diferentemente, no âmbito de outras ciências, por influência grega, iluminista, racionalista, positivista, objetivista, a Teologia foi muito acusada, pelo "*elevado deficit* de cientificidade" (cf. ZABATIERO, 2007, p. 73). O objeto da Teologia, *deus*, não seria "experimentável". Como a cientificidade deveria ser expressão do âmbito instrumental da racionalidade, a *theós-logia* não raramente acabou considerada uma "não ciência". Fica evidente que, olhada de fora, neste caso a Teologia seria, em si mesma, já religião. O teólogo e a teóloga não seriam cientistas, mas religiosos.

Nesse caso, como também no exemplo citado acima, a saber, da tendência ao "não labor teológico" das comunidades de fé, não se faz a devida distinção entre religião e Teologia. A Teologia tem a ver com a revelação; enquanto a religião, com as mediações humanas da vivência de pertencimento a uma comunidade e tradição de fé. Teologia se caracteriza pela intelecção (*logia*) de Deus (*théos*). Ela se funda a partir da experiência do encontro de Deus com a existência humana na revelação. Por isso, ela pergunta pelo caminho de Deus na direção da humanidade, enquanto a religião se caracteriza como caminho do ser humano em busca de Deus através de cultos, ritos, celebrações, doutrinas, ritos e práticas religiosas (cf. LIBANIO, 2000. p. 81, 83; cf. também SCHAPER, 2008, p. 4).

Ambas as críticas feitas à Teologia, isto é, por diferentes ciências quanto por comunidades de fé, são motivadas por certo racionalismo. Esse racionalismo se evidencia, em ambos os exemplos, pela tendência à compreensão de verdade absoluta que desconsidera a finitude humana e da própria letra. Ou se se deseja dizê-lo de outra forma, em ambos os casos se tem uma compreensão de verdade como *télos* final plenamente alcançável. Nega-se, assim, a finitude humana (finitude biológica, psicológica, linguística) e se afirma, embora não explicitamente, a possibilidade do ser humano finito possuir a Verdade infinita. Mais do que isso, a Verdade torna-se "objetificável" e manipulável. Nega-se, dessa forma, que a Verdade nunca é – pelo menos completamente – uma conquista racional humana, mas que a própria Verdade gera a verdade e a gera de forma encarnada na história do ser humano finito, ao caminhar com ele. Dessa forma, o ser humano não possui simplesmente a verdade, mas, antes de possuí-la, a própria Verdade é que possui o ser humano.

Nesse sentido, em sua obra, cujo título é muito apropriado, refletindo o caminho de Deus na direção do ser humano (Teologia!) – *Deus em busca do homem* –, A. J. Heschel afirma:

> A maior parte de nós somos como toupeiras, que se escondem, e qualquer curso d'água que encontramos está embaixo da terra. Poucos são capazes de se elevar em raros momentos sobre o próprio nível da terra. Mas é nesse momento que descobrimos que a essência da existência humana consiste em estar suspenso entre o céu e a terra [...] A sensação de estar suspenso entre o céu e a terra é necessária para sermos movidos por Deus quanto o ponto de apoio de Arquimedes o é para mover a terra. O estupor absoluto é para o entendimento da realidade de Deus aquilo que a clareza e a distinção são para a compreensão das ideias matemáticas [...] Privados da admiração, tornamo-nos surdos ao sublime. (Heschel apud MONDIN, 1979, p. 21)

O labor teológico exige, a exemplo da antropologia, psicologia, filosofia etc., a consciência da suspensão entre céu e terra. Também exige a compreensão tratar-se de um evento histórico que se assemelha, como afirma Barth, a uma constante caminhada em volta de uma montanha; cada nova caminhada em torno da montanha suscitará novas respostas e novas perguntas, pois a verdade não é verdade, mas se faz verdade ao encarnar-se e caminhar na história humana. Neste ponto, encontramos em Barth o mesmo conceito que Heschel utilizaria mais tarde: admiração. Segundo Barth,

> quem deixasse de admirar-se ao lidar com a Teologia, independentemente da maneira pela qual a pratica, ou quem, após algum tempo, perdesse sua admiração inicial; quem não chegasse a admirar-se de forma crescente, proporcional ao tempo que a ela dedicou – ele deveria refletir, abandonando qualquer ideia preconcebida e tomando uma posição distanciada de seu objeto – deveria procurar descobrir o que realmente acontece na Teologia: Possivelmente, o evento tornará a suceder-lhe e a admiração pela Teologia surgirá dentro dele, para nunca mais o deixar, e para nunca mais deixar de crescer. Caso a admiração, no entanto, realmente lhe permaneça – ou venha a tornar-se – totalmente estranha, o que será quase que inimaginável, então poderia ser indicada – tanto para o seu próprio bem como para o da Teologia – que ele passe a ocupar-se com outro assunto. Acontece que no início de toda a percepção teológica, no início de qualquer raciocínio e pesquisa teológica e igualmente de qualquer pronunciamento teológico – dá-se o evento de uma admiração de todo específica –, isto se estiver nascendo ou renascendo uma ciência modesta, livre, crítica e, por conseguinte, alegre. A falta desta admiração transformaria o empreendimento – mesmo do melhor dos teólogos – em planta enferma na própria raiz – enquanto mesmo um teólogo fraco ainda não falhou em seu serviço e em sua tarefa se permanecer capaz de admirar-se, se a possibilidade de admiração continuar a ter a chance de vir sobre ele também, igual a herói armado que sobressalta o adversário. (BARTH, 1981, p. 37)

A perda da admiração pode ser percebida tanto no cientificismo que influenciou as ciências humanas a partir das exatas – retornaremos a este ponto mais tarde – e, particularmente, das faces dogmatistas, dogmatizantes, ortodoxas e fundamentalistas da Teologia.[4] A obsessão pela verdade absoluta, estática e congelada, na letra, levou à perda da admiração. A exemplo de outras ciências, também nessas faces, a Teologia se caracterizou por manipular

---

[4] Vale aqui a importante discussão sobre dogmática e hermenêutica de Geffré. Citemo-lo: "A teologia dogmática como apresentação sistemática das verdades cristãs não perdeu nada de sua legitimidade nem de sua atualidade. Mas o termo 'dogmática' tende a designar o uso 'dogmatista' da teologia, isto é, a pretensão de apresentar as verdades da fé de maneira autoritária, como garantidas unicamente pela *autoridade* do magistério ou da Bíblia, sem nenhuma preocupação com a verificação crítica concernente à verdade testemunhada pela Igreja. Preocupando-se exclusivamente com a transmissão escrupulosa dos *tradita* e não refletindo no que está implicado na *traditio*, como ato de transmissão, a Teologia se condena fatalmente à repetição. O termo 'hermenêutica' evoca movimento de pensamento teológico que, pondo em relação viva o passado e o presente, expõe ao risco de interpretação nova do cristianismo para hoje. Essa instância hermenêutica da Teologia nos leva a uma concepção não autoritária da autoridade, a uma concepção não tradicional da tradição e a uma noção plural da verdade cristã." (GEFFRÉ, 1989, p. 63 et seq.)

POR UMA TEOLOGIA COMO CIÊNCIA E PELA ECUMENE DAS CIÊNCIAS

a verdade, desistindo de vivê-la (cf. Merleau-Ponty *apud* PALMER, 1989, p. 18), ou melhor, de ser possuído por ela.

A segunda razão

O mosteiro de Cluny, localizado ao sul da França, fundado no século X, delinearia no século seguinte o modelo de cristandade do segundo milênio. Enquanto no primeiro milênio o cristianismo se caracterizou pelo modelo de comunidades autônomas, no segundo milênio as comunidades foram enquadradas administrativamente num único sistema. O processo de enquadramento se daria entre 1054, ano em que Roma se separou de Constantinopla, e 1215, por ocasião da legalização através dos cânones do Quarto Concílio de Latrão (cf. HOORNAERT, 1994, p. 281 *et seq.*).

A ruptura em 1054 levou a Igreja a solidificar sua hegemonia no Ocidente através do modelo de cristandade, baseado no direito romano e no modelo cluniacense. Se até então, por influência do platonismo, era possível compreender o cristianismo como corpo, embora seu caráter fosse basicamente comunitário e autônomo, agora, por influência do aristotelismo, a razão instrumental fomentou o caráter corporativo e institucional do cristianismo, rumo à cristandade. Em decorrência disso, fazia-se necessário personificar a Igreja na figura do papa. De outro lado, segundo o direito canônico, que se valeu do direito romano, importante para esse modelo de cristandade não era o bispo, o abade, o pároco, o superior religioso, mas a diocese, a abadia, a paróquia, a ordem religiosa (cf. HOORNAERT, 1994, p. 282 *et seq.*).

O modelo do mosteiro de Cluny também serviu como base para a revolução papal rumo à cristandade. Sob os monges camareiros, a partir da região da Burgúndia e em forma de priorados vinculados ao mosteiro central de Cluny, a Igreja francesa logo se tornaria um império fundiário. Também passou a exibir suas belas igrejas em estilo românico aos turistas. Estabelecendo aliança política com Roma, Cluny conseguiu quase 200 anos de hegemonia sobre Roma, elegendo sete papas de seu meio. O império monacal se transformava assim em império clerical. O modelo de Cluny obteve tamanho êxito que, às vésperas da Revolução Francesa, cerca de um terço das terras francesas estavam sob domínio dos mosteiros, conventos e instituições católicas. Isso explica o ódio do povo francês contra a Igreja, destruindo monumentos vinculados à tradição clunianense entre os anos de 1789 e 1823 (cf. HOORNAERT, 1994, p. 283-286).

O modelo cluniacense não pode ser desprezado na história do Brasil. Bispos, padres, vigários seriam os representantes do sistema de cristandade junto às populações também no Brasil (cf. HOORNAERT, 1994, p. 286). A "santa aliança" ocorrida através do Padroado, em termos religiosos, não alterou absolutamente nada no que diz respeito à hegemonia católico-romana no Brasil. No século XVI, enquanto a Europa se abria às discussões confessionais diversas, o Brasil se fechava a elas. Preferiu-se impor uma "religião pronta", a fazer uma reflexão teológica de fundo.

O ódio francês contra a religião não pôde ser sentido na mesma intensidade no Brasil do século XIX. Aqui, a Revolução Francesa não levou ao iconoclasmo, pelo menos não tão explícito quanto na França. Ainda assim, suas influências não ficaram despercebidas. O liberalismo ascendente durante o século XIX, cuja "vitória" se evidenciou na Proclamação da República de 1889, deixaria também suas marcas. A separação de Igreja e Estado traria dois efeitos jurídicos inter-relacionados: não mais havia uma Igreja de Estado e, consequentemente, se reconhecia a cidadania religiosa ampla do povo e das diferentes Igrejas e expressões religiosas.

Dessa forma, exatos 100 anos depois da Revolução Francesa, em 1889, o cristianismo protestante também teria sua cidadania reconhecida através da separação de Estado e Igreja. Contudo, chama a atenção que, naquele momento, somente as religiões teriam sua cidadania reconhecida. Aliás, o reconhecimento se deu por meio da "exclusão": religião e Igreja não são "coisa" de Estado!

A Teologia, de outro lado, ainda teria que esperar outros exatos 110 anos até seu reconhecimento oficial. Por que essa demora? Seria o trauma do longo período de reinado da cristandade no Brasil? Seria a confusão, ou seja, a não distinção entre religião e Teologia? Certamente, podemos enumerar várias razões para isso. Uma das fortes razões para isso está na própria separação de Igreja e Estado, por ocasião da Proclamação da República. Ao se separar Estado e Igreja, "privatizou-se" e "enclausurou-se" a Teologia na esfera das Igrejas. Teologia é "coisa" de seminários e mosteiros! Portanto, a Teologia não é pública; seu lócus é o seminário e sua função é formar ministros para as respectivas Igrejas. Ou seja, fica evidenciado que também nesse caso Teologia e religião eram compreendidas como sinônimas.

Este lócus da Teologia lhe traria imensas dificuldades no que diz respeito à sua aceitação na universidade pelas demais ciências, pois a universidade, a ciência, a educação são reguladas pelo Estado. Um dos sintomas das dificuldades nas relações entre Estado e Igreja, resultante da separação de ambos, pode ser evidenciado no tema Ensino Religioso nas escolas públicas até a atualidade. Considerando essa complexa relação e história, que implica tanto dificuldades para o Estado quanto para as Igrejas, o reconhecimento da cidadania da Teologia como ciência pelo Estado brasileiro é certamente somente um primeiro passo de uma longa e necessária caminhada de autorreflexão da Teologia sobre seu estatuto. Ao mesmo tempo, a construção do estatuto da Teologia representa um desafio, pois exige que ela saia de si, tornando-se efetivamente pública através do diálogo interdisciplinar.

A terceira razão

Outra razão pode ser buscada na ideologia do progresso. Segundo J. Le Goff, a ideia do progresso sempre existiu, mas foi explicitamente formulada entre o nascimento da imprensa, no século XV, e a Revolução Francesa, ocorrida no final do século XVIII. Segundo Le Goff,

> [...] de 1620 a 1720, aproximadamente, a ideia de progresso se afirma antes de mais nada no domínio científico; depois de 1740, o conceito de progresso tende a generalizar-se e difunde-se nos domínios da história, da filosofia e da economia política. (LE GOFF, 1996, p. 245)

Pannenberg lembra que "desde Vico y Voltaire, el hombre ha sido erigido en portador de la historia, en lugar de Dios" (PANNENBERG, 1976, p. 228). Ainda segundo Pannenberg,

> la emancipación de la historicidad frente a la historia, la inversión de las relaciones existentes entre ambas, en orden a una fundamentación de la historia sobre la base de la historicidad del hombre, aparece como el remate último de un camino que comenzó cuando, en la mordernidad, si hizo al hombre sustentador de la historia, en lugar de Dios. (PANNENBERG, 1976, p. 230)

O contexto evocado por Pannenberg é o do Iluminismo. O fato é que o Iluminismo procurou colocar o destino da história nas mãos do ser humano. Kant, por exemplo, em seu escrito "Resposta à pergunta: o que é 'esclarecimento'?", afirmou:

Esclarecimento é a saída do homem de sua minoridade, da qual ele próprio é culpado. A minoridade é a incapacidade de fazer uso de seu entendimento sem direção de outro indivíduo. O homem é o próprio culpado dessa minoridade se a causa dela não se encontra na falta de entendimento, mas na falta de decisão e coragem de servir-se de si mesmo sem a direção de outrem. Sapere aude! Tem coragem de fazer uso de teu próprio entendimento, tal é o lema do esclarecimento! (KANT, 1974, p. 100)

Dessa forma, Kant afirmava o domínio do intelecto do ser humano e a capacidade racional para controlar o conjunto das forças externas. Não é ao acaso que surge, no âmbito do Iluminismo, a teoria da evolução (Darwin), como fruto da proclamação criativa e ilimitada da humanidade. Assim, o grande lema da humanidade iluminista tornou-se "progresso", "prosperidade" e "esperança". Isso se deu particularmente nos Estados Unidos – o "novo mundo!" –, campo propício para o "desenvolvimento" e a realização humana (cf. SCHWARZ, 1995, p. 480). Sobre essa ideologia do progresso, Certeau observou:

[...] uma sociedade adquire, por aí, o poder de "se aperfeiçoar" indefinidamente, de agir sobre si mesma, de modificar sua natureza, de se construir. Do "costume" se passa à Educação: no final do século esse "mito" dá à civilização a imagem de uma conquista que liga a razão à capacidade de transformar o homem pela difusão das Luzes, e que atribui um valor moral a qualquer ação que trabalhe para o progresso. (CERTEAU, 2006, p. 181)

Na mesma linha de raciocínio, Wallerstein afirma que a cultura capitalista fomenta a lógica da acumulação contínua de capital e a euforia da expansão ilimitada (cf. WALLERSTEIN, 1998, p. 49). Essa cultura se fundamenta na ideologia do *universalismo* – a cultura capitalista do Ocidente tornou--se sinônimo de modernidade de forma que, baseado na ética do trabalho, progrediu, tornando-se "peça decorativa" e universal – e no *racismo-sexismo* – como legitimação das desigualdades (negros e mulheres, por exemplo, têm salário inferior, porque supostamente trabalham menos, logo merecem menos; trabalham menos porque algo em sua biologia ou cultura se choca com os valores do *éthos* universal do trabalho) – cf. WALLERSTEIN, 1998, p. 54-58. Baseado nessa ideologia do universalismo e do racismo-sexismo, Wallerstein menciona que, após 1789, o Iluminismo inaugurou o princípio de que a ciência se orienta para o futuro, visando à perfectibilidade das capacidades humanas. Em outras palavras, poderíamos afirmar que ela visa ao desenvolvimento objetivo, ao progresso científico, à tecnologização da vida e suas relações. A ideologia do progresso, portanto, estabelece um "reino perfeito" (cor da pele, sexo, riqueza, moda etc.) e, universalmente o propaga culturalmente como objeto do desejo. Somente em 1968 se assistirá movimentos que questionarão o caráter utilitário.

Considerando essa cultura iluminista, Wallerstein afirma "que temos que reverter a história da ciência e retornar das causas eficientes para as causas finais" (cf. WALLERSTEIN, 1998, p. 66). E acrescenta:

> Se retornarmos ao começo da metafísica e reabrirmos a questão da natureza da ciência, creio que será provável, ou, pelo menos, possível, podermos reconciliar o nosso conhecimento das origens e da legitimidade dos particularismos de grupos com o nosso senso do significado social, psicológico e biológico de humanidade e de humanitarismo.

> [....] tenho a sensação de que, em termos de cultura, o nosso sistema mundial está precisando de alguma "cirurgia". [...] A medicina, como forma de conhecimento, demonstrou com muita clareza os seus limites. Por outro lado, a arte da medicina representa a eterna transição, e, com isso, encarna a esperança e a resposta perene ao sofrimento, à morte e à transição, por mais que esta esperança deva ser moderada pela consciência das próprias limitações humanas. (WALLERSTEIN, 1998, p. 66 et seq.)

Wallerstein, portanto, chama a atenção ao fato de que se construiu uma verdade absoluta baseada no universalismo e no racismo-sexismo, orientada pelo e para o progresso, para um *télos*, para uma espécie de "céu na terra". As ciências, por sua vez, especialmente a partir do século XIX, deveriam contribuir para esse "progresso". Fundou-se assim uma espécie de concepção utilitarista das ciências. As ciências de tradição humanista, ou ciências do espírito, ficaram pressionadas por esse utilitarismo científico. No caso particular da Teologia, esta passou a caracterizar-se significativamente pela sua contribuição à "moral/moralidade" no âmbito social, já que seu "objeto", Deus, não é verificável – Deus não existe! –, logo trazia descrédito à Teologia enquanto ciência. Eis uma das razões pelas quais a Teologia e as próprias ciências humanas são menos valorizadas, em particular desde o século XIX.

Em busca do estatuto da Teologia

Talvez essas razões expliquem algo sobre a demora do reconhecimento oficial da Teologia pelo Estado brasileiro. Contudo, certo é que existem outras razões. Juntamente com Gadamer, parece-nos necessário questionar "como se chegou ao estiolamento dessa tradição, e como, com isso, a pretensão de verdade do conhecimento, de parte das ciências do espírito, caiu sob o parâmetro do pensamento metódico da ciência moderna?" (cf. Gadamer *apud* GRONDIN, 1999, p. 185 *et seq.*). A resposta que o próprio Gadamer dá à decadência das ciências de tradição humanista, e isso vale também para a Teologia, é muito elucidativa. Paulatinamente, as ciências naturais produziram uma dominação excludente da ideia de método. O princípio de subjetivação de Kant do conceito de gosto "desacreditou qualquer outro conhecimento teórico, além daquele das ciências naturais, ela pressionou a autodeterminação das ciências do espírito no sentido de se orientarem pela metodologia das ciências naturais" (cf. Gadamer *apud* GRONDIN, 1999, p. 184).

Gadamer concentrou seu combate ao historicismo, que estabelecera como objetivo um conhecimento absoluto da História. Contra isso, o filósofo alemão defende que é ilusória a pretensão de métodos seguros que patrocinem uma suposta objetividade nas ciências do espírito. É ilusória a pretensão de um método supra-histórico e objetivo, emancipado dos condicionamentos históricos. Não existe conhecimento "puro", "não preconcebido"; todo conhecimento é "misto", condicionado por preconceitos, ou seja, conhecimentos prévios. Seguindo Heidegger, Gadamer entende que compreender é sempre uma autocompreensão, ou seja, um encontro consigo mesmo. Nós já sempre nos levamos para dentro da compreensão. A ciência nunca pode ser uma ciência sem o sujeito (cf. GRONDIN, 1999, p. 185-193 *et seq.*; MONDIN, 1979, p. 92).

Buscar a compreensão, filosofar, teologizar não ocorre porque já temos a verdade absoluta, nem mesmo um método absoluto e puro, mas exatamente porque não temos a verdade. Então, filosofar (ou o teologizar) indica a fronteira do saber, a própria finitude. O único saber absoluto que podemos ter é, no máximo, o saber de nossa finitude universal. Por isso, nem linguagem, nem conceitos, nem métodos são definitivos. Pelo contrário, carregam consigo já sempre a finitude, o gérmen da morte. Portanto, a finitude se choca com a pretensão do definitivo, do absoluto, da objetividade. Nenhuma palavra expressa definitivamente quem somos e como nos entendemos. Assim, para Gadamer, a busca insaciável pela palavra correta está em conexão com "o fato de que nossa própria existência se encontra no tempo e perante a morte" (cf. Gadamer *apud* GRONDIN, 1999, p. 2004).[5]

---

[5] Segundo Gadamer, "a experiência é experiência de finitude" ou "a verdadeira experiência é a experiência da nossa própria historicidade" (PALMER, 1989, p. 199).

Pelo fato de ser o conhecimento humano marcado pelo tempo, o conhecimento tem dimensão tríplice: dirige-se ao passado, ao futuro e para o presente. Além disso, "[...] pode estender o seu olhar além de cada horizonte assinalado pelo passado e pelo futuro e projetar-se em direção à eternidade. Assim, também nessa qualidade como também nas outras, o homem manifesta uma excepcional capacidade de autotranscendência" (MONDIN, 1979, p. 93).

No âmbito da autotranscendência, o ser humano se releva como um ser religioso. A religião é uma manifestação típica do ser humano em todas as culturas, antigas e modernas, nas produções artísticas, literárias etc. Por isso, a religião se tornou tema fundamental na filosofia. As concepções, contudo, foram bastante distintas.

> Defronte a tal questão, os filósofos modernos perfilaram-se em duas fileiras opostas. De uma parte, alguns procuraram mostrar que a religião é privada de qualquer fundamento objetivo: ela seria uma astuta invenção do homem, devido ao medo (Feuerbach), à prepotência (Marx), à ignorância (Comte), ao ressentimento (Nietzsche), à sublimação dos instintos (Freud), aos abusos linguísticos (Carnap) etc. De outra parte, outros defenderam o valor objetivo da religião, porquanto ela se fundaria em uma relação conatural do homem com a "realidade última" (Hegel, Croce, James, Bergson, Scheler, Jaspers etc). Os primeiros desenvolvem uma crítica negativa e desmistificação, enquanto os segundos elaboram uma crítica positiva e construtiva do fenômeno religioso. (MONDIN, 1979, p. 219 et seq.)

Contra as tentativas empiristas e cientificistas, a Teologia, precisou – e ainda precisa! – refletir sobre seu estatuto. Alguns pensadores já o fizeram no século XIX. S. Kierkegaard, por exemplo, combateu Hegel, afirmando que a religião não deve ser reduzida a um sistema lógico de pensamento, pois ela deve ser situada no âmbito da vida, da existência. O estágio religioso não é alcançado mediante a intuição, mas pela fé:

> [...] no que diz respeito à religião cristã,[6] ele [o ser humano] crê contra a razão e, nesse caso, ele adota a razão para ter certeza de que crê contra a razão. [...] Ele adota, portanto, a razão para tornar-se consciente do incompreensível e depois se agarra a ele e crê mesmo contra a razão. (Kierkegaard apud MONDIN, 1979, p. 226)

---

[6] Lamentavelmente, James nos parece não fazer a devida distinção entre religião e Teologia que apontamos anteriormente.

Semelhantemente, W. James afirmou o estatuto da religião:

[...] o fundamento da religião não é a religião, mas a fé, o sentimento e outras experiências particulares como a oração, conversações com o invisível, visões etc. O que sustenta a religião é algo de diferente das abstratas definições e dos sistemas de fórmulas logicamente concatenadas, e algo de diferente das faculdades de teologia e dos seus professores. (Blondel apud MONDIN, 1979, p. 229)

M. Blondel chegou a defender que somente a filosofia cristã pode ser considerada a verdadeira filosofia. Somente a filosofia cristã pode oferecer solução satisfatória para as três preocupações fundamentais da filosofia, a saber, o ser, o conhecer e o agir. Somente a revelação de Deus e a comunicação de sua graça oferecem uma resposta segura a essas três indagações:

Ora, defronte à finitude nasce na criatura um sentimento de insatisfação e um desejo de superar os próprios limites, um desejo de atingir o infinito: a constatação da finitude faz nascer a exigência do infinito, porque a ideia do limite nasce e não pode nascer em nós senão pelo testemunho de que o infinito se entrega a si mesmo na nossa finitude. (Blondel apud MONDIN, 1979, p. 228)

Finalmente, M. Scheler critica o positivismo que situa o nascimento da religião no processo de evolução do fetichismo em direção ao animismo, à magia etc., e do politeísmo ao monoteísmo. Segundo ele, "[...] o fundamento último da religião não pode ser outro que não a automanifestação de Deus" (Scheler *apud* MONDIN, 1979, p. 230). Tais manifestações já alertavam a obsessão metodológica típica do século XIX, embora na atualidade as ciências, como, por exemplo, Filosofia e Ciências da Religião, divirjam sobre a origem da religião.

O estatuto da Teologia está nela mesma

Gadamer, em *Verdade e método*, faz crítica contundente à obsessão metodológica pelas ciências do espírito visando ao reconhecimento de sua cientificidade (cf. Gadamer *apud* GRONDIN, 1999, p. 183 *et seq*.). Podemos afirmar que, para a Teologia, a obsessão empirista e metodológica, pode nos levar a afirmar que "Deus morre", a "verdade morre". Morrem dissecados, objetos de manipulação do racionalismo. Portanto, vale para a Teologia, bem como para as demais ciências, o alerta de M. Merleau-Ponty de que quando "a ciência manipula as coisas ela desiste de viver nelas" (Merleau-Ponty *apud* PALMER, 1989, p. 18). A imagem do cientista, que isola seu objeto para manipulá-lo, analisar como é feito, tornou-se dominante no âmbito "científico", ou melhor, do "cientificismo". Perdeu-se assim, não raramente, a consciência de que "Deus", a verdade e o próprio ser humano não estão completamente à nossa disposição, como objetos dissecáveis e manipuláveis.

Segundo M. de Certeau, o espírito cientificista buscou estabelecer um método ortodoxo com o qual dirigia o olhar para o objeto. Nessa operação analítica, contudo, não se permite que o método seja relido pelo objeto. O método, "endeusado", tornou-se paradigma para a leitura do objeto. Como o método era considerado inquestionável, o resultado da análise também era inquestionável. Um exemplo disso pode ser dado por uma típica pergunta do cientificismo racionalista: "Deus existe?" Nesse caso, o método está posto: a verificação da existência de Deus. Logo, se a existência de Deus não é verificável, o problema não estaria no método (na pergunta), mas no "objeto", que nesse caso precisa ser excluído, pois não é cientificamente verificável. Esse princípio metodológico empirista contribuiu enormemente para a exclusão da Teologia entre as ciências.

Contra esse cientificismo, entendemos ser necessário afirmar que os paradigmas hermenêuticos da Teologia não estão fora, mas nela mesma. Mais do que isso. A cientificidade da Teologia não pode ser medida a partir de paradigmas que não são os seus. A Teologia é ciência enquanto ela for coerente com seus paradigmas. Assim como os paradigmas da Teologia não qualificam outras disciplinas como científicas, o inverso também não pode ser válido.

Método e objeto nunca podem ser compreendidos de forma independente, como se o método antecedesse o objeto. A interpretação começa já com a própria definição ou escolha do método e não somente "depois dele", ou seja, depois de "descoberto o verdadeiro método". Isso implica que ambos, método e objeto, precisam reler-se mutuamente em busca da verdade. Dessa forma, se "concluirá" que a verdade está somente a caminho. Além disso, método também nunca pode ter a pretensão de conter em si já a verdade absoluta. O cientificismo tendeu a "inconscientemente" afirmar a verdade do método para com o método chegar à verdade. Contudo, negou-se a finitude do método (e do cientista!). No caso da Teologia, o resultado não poderia ser outro: tendo-se considerado *deus* o objeto da Teologia, Deus morreu, ou melhor, nunca existiu.

Há que se considerar, contudo, que "Deus", verdade, logos, ser humano são sempre mais do que o método, a enunciação e a gramática deles podem dizer. Na linha do pensamento agostiniano-gademariano, Grondin afirma que

> O verbo divino, que numa determinada época veio ao mundo histórico, não pode ser confundido com o Verbo, que é eterno em Deus. Esta distinção permite a Agostinho pensar, tanto a diferença, como também a igualdade do Verbo, historicamente revelado, com Deus. Como ao dizer humano precede uma palavra interior, assim preexistia em Deus, antes da criação e da aparição terrestre de Cristo, um Verbo, que a tradição entendia como a sapientia ou o autoconhecimento de Deus. Também com este Verbo ocorre que ele, num tempo determinado, assumiu uma forma sensível, para comunicar-se com os homens. Da mesma forma como nossa linguagem não transmite nenhuma cópia exata de nossos pensamentos íntimos, também deve ocorrer com Deus, que o Verbo manifestado sensivelmente, segundo seu substrato exterior e contingente, deve ser separado do Verbo divino, como ele é em si. (GRONDIN, 1999, p. 76)

Neste ponto, cabe também evocar o teólogo K. Barth, quando afirma ser inútil qualquer busca pela verdade em sentido absoluto e último. De antemão, tal pretensão estaria fadada ao insucesso, pois na dimensão da infinitude, Deus é sempre o "totalmente outro". O ser humano nada teria podido saber dele se ele não tivesse se revelado (cf. MONDIN, 1979, p. 231 et seq.; veja também Brandt, 1977, p. 75). Seria a afloração de tantas descobertas do sagrado, numa sociedade (pós ou pré?) secularizada, uma revanche ao "mesmo" racional?

A tensão entre a tradição grega e judaica não pode levar à exclusão de uma em detrimento de outra. Um bom exemplo pode ser percebido num artigo da revista *Veja*, de 25 de junho de 2008, intitulado "O que havia antes do tempo". O autor pergunta: se o universo nasceu do Big Bang, o que existia antes dele? Segundo ele, para cientistas e metafísicos, não havia nada. Contudo, "a questão é como algo pode ocupar um espaço que não existia". Estamos na fronteira do saber, ou melhor, do não conhecido. E o artigo indica isso ao ser finalizado com as seguintes palavras:

> A diferença básica entre ciência e religião está em outra esfera: como entender a relação entre causa e efeito. Albert Einstein dizia que Deus não joga dados com o universo, ou seja, que as coisas não ocorrem sem uma causa. Todos os ramos da ciência compartilham dessa convicção. Já o pensamento religioso acredita que a causa de qualquer acontecimento ou fenômeno pode ser, simplesmente, a vontade divina. No princípio, era a partícula. Essa partícula será Deus? (CORRÊA, 2008, p. 125)

Este último parágrafo da reportagem merece dois destaques. Primeiro: não passa despercebido que o mesmo é encerrado com uma interrogação e não simplesmente com uma negativa de cunho positivista. Segundo: o artigo indica que na fronteira ocorrem os encontros das ciências. Assim, Teologia e Filosofia, por exemplo, mesmo partindo de pontos diferentes, se encontram nas fronteiras. A Teologia olha a partir da revelação, desde a transcendência, a partir de uma novidade, da esperança. A partir do *in spes* ela olha para o *in res*, e proclama a esperança de transformações da realidade (cf. MUELLER, 2007, p. 99-101). Caberia, contudo, um importante alerta para a Teologia: evitar uma espécie de revanche às ciências naturais, combatendo-as com teorias do tipo criacionistas. O encontro nas fronteiras deveria ser sempre um encontro de humildes!

A Filosofia olha de outro ângulo. Ela olha e vê tudo "como é". Olha a partir das percepções humanas, buscando identificar a problemática. Contudo, ela não pode ficar circunscrita ao *res*. Por isso, ela busca apoio numa "meta-física", "passado ou futuro atemporal", uma esperança, pois também faz parte da Filosofia não se conformar com a realidade como tal. É nesse ponto, na esperança, que Teologia e Filosofia se encontram, na fronteira, cada qual com seu olhar (cf. MUELLER, 2007, p. 100 *et seq.*). É também nessa fronteira que ambas, bem como todas as demais ciências que refletem a esperança, como a sociologia, a psicologia, a antropologia, a história, a economia, as ciências políticas, têm campo para uma verdadeira ecumene das ciências. Portanto, saudemos a Teologia entre as ciências!

Concluindo

Existem pelo menos duas posições em relação ao estatuto da Teologia como ciência. Enquanto há quem defenda a Teologia como não ciência (Zabatiero), outros defendem sua cidadania entre as ciências reconhecidas oficialmente (von Sinner, Mueller). Existem boas razões para ambas as posições. Contudo, defendemos aqui a tese em favor da Teologia como ciência. Entendemos que o ser humano é religioso e que, no âmbito da Teologia cristã, a revelação do Verbo eterno é a razão para a autotranscendência. Considerando esse aspecto, a defesa da Teologia como ciência permite sua ecumene, recolocando-a no âmbito da universidade e na esfera pública. Isso tudo, portanto, não em favor da própria Teologia em si. Afinal, a Teologia não necessita do reconhecimento do Estado nem das demais ciências para sua existência e sobrevivência. Ela poderia viver tranquilamente no âmbito dos seminários teológicos das Igrejas. Paradoxalmente, contudo, ao sair do âmbito mais privado das Igrejas para a esfera pública, cabe-lhe afirmar seu estatuto não a partir de fora dela mesma, mas a partir de dentro dela, o que a lança para fora. Dessa forma, humildemente, a Teologia tem papel na ecumene com as demais ciências, cabendo-lhe contribuir naquilo "que só ela vê" (MUELLER, 2007, p. 89).

Referências bibliográficas

BARTH, Karl. *Introdução à teologia evangélica.* São Leopoldo: Sinodal, 1981.

BOFF, Leonardo. *Fundamentalismo, a globalização e o futuro da humanidade.* Rio de Janeiro: Sextante, 2002.

BRANDT, Hermann. *O risco do espírito:* um estudo pneumatológico. São Leopoldo: Sinodal, 1977.

CERTEAU, Michel De. *A escrita da história.* 2. ed. Rio de Janeiro: Forense Universitária, 2006.

CORRÊA, Rafael. O que havia antes do tempo. *Veja.* São Paulo: Abril, ano 41, n. 25, 25 jun. 2008, p. 122-125.

DREHER, Martin N. *Para entender o fundamentalismo.* São Leopoldo: Unisinos, 2002.

DUBIEL, Helmut. O fundamentalismo da modernidade. In: DE BONI, Luis Alberto. *Fundamentalismo.* Porto Alegre: EDIPUCRS, 1995. p. 9-27.

GEFFRÉ, Claude. *Como fazer teologia hoje.* Hermenêutica teológica. São Paulo: Paulinas, 1989.

GRONDIN, Jean. *Introdução à hermenêutica filosófica.* São Leopoldo: Unisinos, 1999.

HOORNAERT, Eduardo. *História do Cristianismo na América Latina e no Caribe.* São Paulo: Paulus, 1994.

LE GOFF, Jacques. *História e memória.* Campinas: Unicamp, 1996.

LIBANIO, João Batista. Religião e teologia da libertação. In: SUSIN, Luiz Carlos (Org.). *Sarça ardente:* teologia na América Latina. São Paulo: Paulinas, 2000. p. 79-143.

MONDIN, Battista. *Antropologia teológica:* história, problemas, perspectivas. São Paulo: Paulinas, 1979.

MUELLER, Enio R. A teologia e seu estatuto teórico: contribuições para uma discussão atual na universidade brasileira. *Estudos Teológicos*, v. 47, n. 2, 2007, p. 88-103.

PALMER, Richard. *Hermenêutica*. Lisboa: Edições 70, 1989.

PANNENBERG, Wolfhart. *Cuestiones fundamentales de teologia sistemática*. Salamanca: Sígueme, 1976. p. 237-275 (Acontecer Salvífico e Historia, 9).

SCHAPER, Valério G. Teologia e sociedade: duas ou três coisas que sei sobre este tema ou a busca da terceira margem do rio. In: SINNER, Rudolf von. (Org.). *Simpósio Internacional de Teologia Pública na América Latina*. São Leopoldo: EST, 2008. p. 1-10. CD ROM.

SCHMIDT, Kurt Dietrich. A doutrina de Lutero acerca do Espírito Santo. In: *A presença de Deus na história*. São Leopoldo: Sinodal, 1982. p. 77-95.

SCHWARZ, Hans. Escatologia. In: BRAATEN, Carl E.; JENSON, Robert W. (Ed.). *Dogmática cristã*. São Leopoldo: Sinodal/IEPG, 1995. v. 2.

SINNER. Rudolf von. Teologia como ciência. *Estudos Teológicos*, v. 47, n. 2, 2007, p. 57-66.

STROHL, Henry. *O pensamento da Reforma*. São Paulo: Aste, 1963.

TILLICH, Paul. *Perspectivas da teologia protestante nos séculos dezenove e vinte*. São Paulo: Aste, 1986.

TILLICH, Paul. *História do pensamento cristão*. São Paulo: Aste. 1988.

WALLERSTEIN, I. A cultura como campo de batalha ideológico do sistema mundial moderno. In: FEATHERSTONE. Mike (Org.). *Cultura global:* nacionalismo, globalização e modernidade. 2. ed. Rio de Janeiro: Vozes, 1998.

ZABATIERO, Júlio Paulo Tavares. Do estatuto acadêmico da teologia: pistas para a solução de um problema complexo. *Estudos Teológicos*, v. 47, n. 2, 2007, p. 67-87.

Memória: Fenomenologia e experiência religiosa*

Antônio Gouvêa Mendonça

> "(...) no fundo somos arremessados de volta aos princípios gerais pelos quais a filosofia empírica sempre sustentou que devemos ser guiados na busca da verdade"
> (JAMES, William. *The varieties of religious experience*, 1900)

Faz já algum tempo que os estudos da religião abandonaram as tentativas de definir a religião ou mesmo de buscar suas origens na história. Seriam as causas dessa renúncia os fracassos dessa tentativa ou simplesmente a atitude pós-moderna de ver nas coisas, nos eventos acontecimentos singulares e efêmeros? Em meados do século XX, a religião foi considerada por muitos como coisa do passado, pois o mundo, explicado pela ciência e controlado pelas técnicas, não mais necessitava de deuses. A essa atitude corresponderam duas formas de pensar e agir: a explicação do mundo e seu controle tecnológico dispensaram a busca de sentido do mesmo, assim como a ação no mundo passou a ser regulada por previsões superadoras da própria ética. No primeiro caso, tivemos a secularização e, no segundo, o secularismo. Quem melhor descreveu a secularização foi D. Bonhoeffer (1906-1945) numa de suas cartas da prisão, em 1944:

---

* Como assinalamos na Introdução, este ensaio, de Antônio Gouvêa de Mendonça, tem uma razão de ser. Primeiro porque, ao falecer em 2007, este insigne pesquisador brasileiro havia deixado um extenso legado, tanto institucional (auxiliou a formar a área de Ciências da Religião no Brasil) como intelectual. Segundo, porque parte significativa de sua produção foi dedicada à reflexão sobre possíveis pontes entre as Ciências da Religião e a Teologia, questão sempre espinhosa da qual vários ensaios deste volume se ocupam. Justa homenagem, portanto, a um dos pioneiros de nossas áreas no Brasil. A escolha específica deste ensaio também tem uma razão de ser: procuramos resgatar a apreciação de Gouvêa sobre a Fenomenologia da Religião, tema do 2º Congresso da ANPTECRE. Apesar de ter sido publicado há 11 anos na revista Númen (2/2, 1999), ele ainda soa fresco e atual, indicando a flexibilidade intelectual e a erudição do autor. Julgamos, pois, que se trata de um belo fecho para os vários ensaios e ideias deste volume. Os Editores.

> Um movimento em direção da autonomia do homem em que eu incluiria a descoberta das leis pelas quais o mundo vive e lida por si mesmo na ciência, questões políticas e sociais, arte, ética e religião. (BONHOEFFER, 1951)

Bonhoeffer referia-se a um mundo que saíra da infância para a idade adulta. Tornara-se emancipado, como um filho que não mais depende do pai. Secularismo seria, portanto, a conduta, a ética, tendo como substrato mental a ideologia da secularização, esta como um processo gradativo de libertação dos indivíduos de forças sobrenaturais fora do seu controle, assim como de peias dogmáticas religiosas institucionalizadas.

Entretanto, não foi necessário que o século se findasse para que os teóricos da secularização – menos Bonhoeffer, que morreu antes de sair da prisão onde escrevera suas cartas – se dessem conta do equívoco da secularização, ao menos como teoria a respeito da morte da religião, por ter-se tornado desnecessária. O equívoco originou-se certamente pela junção de dois fatores já indicados e trabalhados na tradição filosófica e mesmo teológica dos séculos XVIII, XIX e primeiras décadas do século XX: primeiro, o esquecimento de que a religião tem, como fundamento, absolutos *a priori* que escapam às injunções históricas; e, segundo, que aquilo que sofre as variações das formas de vida faz flutuar ou submergir as formas da religião (cf. SPENGLER, 1914). Isso quer dizer que, embora essas formas sejam passageiras, guardam em si mesmas aqueles traços essenciais que apontam para um tipo de *sub specie aetemitatis* spinoziana.

A leitura unilateral dessa junção de fatores, isto é, o desconhecimento ou subestimação do ponto de vista fenomenológico de que os dois fatores, ou seja, as essências e as formas, são inseparáveis, levou os periódicos desajustes entre as formas de vida e os *a priori* religiosos a serem vistos como superação da religião. Por isso, o que surpreende hoje – e a prova disso é a multiplicação de trabalhos sobre religião como produtos de pesquisas dispendiosas feitas por pesquisadores reconhecidos – é a multiplicação de formas de religião que aguça o interesse das ciências humanas em geral, especialmente das ciências sociais. O que aconteceu? O que aconteceu não foi o desaparecimento ou a superação da religião por maneiras dessacralizadas de organizar a vida e dominar a natureza, mas o renascimento do Sagrado sob novas formas que possam ordenar o mundo dos que estão à margem dele, mas sujeitos às suas reordenações. Isso não significa, entretanto, que os dominadores e os letrados estejam necessariamente fora do espaço religioso. Os dominadores, sejam os do mundo do poder econômico ou do poder do Estado, apoiam de longe as novas práticas religiosas, por serem apaziguadoras dos desejos das massas; e os letrados voltam-se para o consumo da avalanche de literatura mística que inundou o mercado e que absorveu também o promissor comércio dos adivinhos e mágicos da mídia. Os cientistas, estes sim, às vezes nos limites do conhecimento, voltam-se para uma religião cósmica descompromissada com a prática, isto é, sem necessidade de que ela assuma esta ou aquela forma.

O excesso de empirismo das ciências humanas e, especificamente, das ciências sociais atualmente no Brasil leva-as a privilegiar, de modo quase exclusivo, as formas de religião de massa, deixando em segundo plano o misticismo e ignorando as formas refinadas e científicas da religião. De fato, estas últimas escapam das ciências sociais ou, ao menos, do seu interesse, enquanto, ao situarem-se nos limites do conhecimento científico, constituem-se em desafios filosóficos e teológicos que não se comprometem com formas visíveis de religião, embora influam no modo de existir.

O escopo dessa reflexão é avançar tanto quanto possível no terreno pedregoso e minado da área de conhecimento chamada de Ciência ou Ciências da Religião, que está nos desafiando neste momento, em que a religião ganha cada vez maior espaço na pesquisa científica. Nosso fio condutor será a Fenomenologia, primeiro como possibilidade de fundamentação do religioso, depois como método para a compreensão das formas de religião e sua unidade com os *a priori* religiosos. Cremos, nesse sentido, ser útil começar (1) por um breve histórico dos passos da Fenomenologia que julgamos importantes para o nosso escopo; em seguida (2), fazer uma tentativa de análise da experiência religiosa com a ajuda do método fenomenológico; e depois (3) encerrar com algumas propostas de encaminhamento dos debates em torno da Ciência ou Ciências da Religião.

Fenomenologia

De várias maneiras, a Fenomenologia sempre esteve presente na Filosofia, mas é a partir de fins do século XIX que ela ganha corpo, *não* somente como instrumento de análise da realidade, mas, principalmente, como método filosófico e científico. Para alguns dos seus seguidores, ela é a própria Filosofia, quando vista como ciência rigorosa. Dentro do escopo relativo deste trabalho, teremos de abordar, embora de maneira sucinta, a Fenomenologia como teoria do conhecimento, como método e, principalmente, como forma privilegiada de análise e compreensão da religião. Será útil também, desde logo, estabelecer alguns marcos da história da Fenomenologia e pontuar neles o interesse que possam ter para a análise da religião.

G. van der Leeuw (1890-1950), em sua conhecida obra *Fenomenologia da religião*, publicada em 1933, destaca o filósofo e político francês B. Constant (1767-1830) como sendo um dos importantes precursores da Fenomenologia da Religião. Entre 1824 e 1831, Constant publicou seu extenso trabalho, intitulado *De la religion considerée dans sa source, ses formes et ses dévelopments*, em cinco volumes, em que expõe romanticamente suas ideias a respeito da religião. Representante do Iluminismo e do Romantismo, ao lado de sua intensa atividade política, manteve sua paixão pelo estudo da religião a vida inteira, embora, como bom filho do Iluminismo, não professasse crença religiosa nenhuma. Para ele, a religião era um apaixonante objeto de estudo.

Em *De la religion*, Constant expõe duas teses sobre a religião que serão recorrentes posteriormente nas cátedras e em obras escritas, sem que seu autor seja lembrado. A primeira tese é a de que a religião é um sentimento. Até hoje, diz ele, só se escreveu a respeito do que é exterior na religião. A história da religião como sentimento ainda não foi escrita. Dogmas, doutrinas da fé, exercícios cúlticos, práticas eclesiásticas não passam de formas que o sentimento interior adota para romper com elas posteriormente. Romântico pela sua concepção do sentimento religioso e iluminista ao considerar as formas históricas como relativas, Constant era um adepto da "religião natural". O Iluminismo, como se sabe, só reconhecia três verdades religiosas: Deus, a liberdade ou virtude e a imortalidade, porque são óbvias à razão natural e são comuns a todas as religiões. A essa postura estritamente racional, adicionava o componente romântico *do* sentimento, aliás, sua importante contribuição para a futura Fenomenologia da Religião.

A segunda tese de Constant constitutiva para a Fenomenologia da Religião é que o sentimento religioso não é um acidente ou uma circunstância, mas uma lei fundamental da natureza humana. O homem é um animal religioso. Ser religioso é sua essência. Constant percebeu com muita clareza coisas que hoje, às vezes, nos confundem, como, por exemplo, não distinguir em nossas pesquisas o que é contingente do que é essencialmente religioso. Usamos, por vezes, conceitos de natureza religiosa como salvação, sacrifício, pecado etc. no interior de conceitos não religiosos como economia, política, sociedade e outros, sem que saiamos daí para a área da natureza religiosa essencial do homem. Permanecemos com frequência na tentativa de explicação sem que a compreensão seja alcançada. Constant insiste que, por mais importantes que sejam os fatores não religiosos para o desenvolvimento histórico da religião – econômicos, históricos, sociais, políticos etc. –, a religião nunca poderá reduzir-se a outra coisa que não pertencer à natureza essencial do homem.

Sem que nos afastemos muito dos nossos objetivos e a título de exemplo, podemos nos recordar dos velhos e, talvez ainda, não superados debates sobre a relação entre o puritanismo e o capitalismo moderno. Embora seja claro em M. Weber e seus seguidores de que há uma relação entre a crença puritana da predestinação e a nova ordenação do capitalismo concomitante à Revolução Industrial, assim como, para outros, a consequente relação do protestantismo missionário do século XIX com a expansão capitalista e colonialista das nações protestantes, fica sem resposta uma questão crucial. Essa questão crucial é a seguinte: como entender a renúncia dos puritanos ao gozo material dos bens que acumulavam? Como entender a renúncia dos missionários protestantes ao conforto da civilização para sofrer nas selvas africanas ou morrer de febre amarela no Brasil? Quando levantamos questões como essas, é impossível não pressentir que por trás das intenções econômicas e políticas dos povos colonialistas havia fatores de outra ordem sem os quais seria impossível levar avante tais intenções. Por outras palavras, sem levar em conta os fatores de natureza essencialmente religiosa, seria difícil entender o sacrifício pessoal dos missionários. É bom não esquecer, embora de passagem, que a vocação missionária era quase sempre resultante de uma experiência religiosa.[1]

Constant foi contemporâneo de Schleiermacher, com quem, pelo exposto, concorda. Segundo entende van der Leeuw, Constant teria ido além de Schleiermacher *ao* pressentir algo que hoje chamamos de elemento existencial na religião, na medida em que ela é vivida e, por isso, limitadora de sua própria essência. O vivido é parcial e, às vezes, muito distante em suas formas daquilo que é, de fato, a religião. É claro que isso está em Schleiermacher, mas não com a aproximação existencial, visto que ele se esforçava por quebrar os falsos laços entre a verdadeira religião e as práticas que com ela nada tinham a ver. A visão existencial de Constant, entretanto, lhe permitia vislumbrar, mesmo

---

[1] Cf., por exemplo, a experiência de A. G. Simonton (1833-1867), primeiro missionário presbiteriano a vir para o Brasil (1859). Morreu em São Paulo, de febre amarela, aos 34 anos (SIMONTON, 1982, entradas de 13 mar. a 6 maio 1855).

nas maiores aberrações da religião, o existir da essência. É por isso que ele não se escandalizava com os vitupérios de Voltaire contra a religião, pois o que causava ira nele não era a religião, mas suas formas imperfeitas.

Dentro do mesmo universo de movimentos e ideias de Constant situa-se, portanto, F. Schleiermacher (1768-1834). O romantismo de Schleiermacher fez com que ele deixasse para trás o racionalismo iluminista e, como diz van der Leeuw, pusesse no desvão os postulados da "religião natural". Schleiermacher, no seu famoso livro *Sobre a religião* (*Über die Religion: Reden an die Gebildeten unter ihren verächtern*, 1799), afirma que os desprezadores da religião viam nela somente as coisas externas e não alcançavam sua essência. No seu segundo discurso, partindo da psicologia, Schleiermacher insiste no que entendia pela verdadeira natureza da religião. Dizia ele que a psicologia nos ensina que a vida mental possui três elementos essenciais: percepção (que produz conhecimento), sentimento (faculdade peculiar da vida religiosa) e atividade (conduta da vida moral). Religião é essencialmente sentimento.

O termo sentimento, básico em Schleiermacher, segundo seus estudiosos, não é muito feliz e tem, por isso, favorecido certo enfraquecimento do que ele realmente queria dizer. É certo que ele não estava se referindo a sentimento como emoção puramente psicológica. P. Tillich (1986, p. 104 *et seq.*), por exemplo, procura recuperar o verdadeiro sentido do conceito de sentimento em Schleiermacher, afastando desde logo a ideia de subjetividade para afirmar que sentimento significa o impacto do universo sobre nós. E o universo não é subjetivo, mas está aí, à nossa frente. Para Schleiermacher, sentimento é, antes de qualquer coisa, uma autoconsciência imediata, uma intuição do infinito pelo finito. Mais tarde, escreve que a essência da piedade é a consciência de "ser dependente em relação a Deus" (*Der christliche Glaube*, 1821, 1830).

Apesar da quase generalizada incompreensão do sentido do conceito de sentimento em Schleiermacher, sem dúvida seus leitores mais atentos indicam, como seu verdadeiro sentido, uma consciência absolutamente *a priori* como objeto desse sentimento: a infinitude do universo e a finitude humana. Algo que se situa antes de qualquer moral ou ato externo. Não importando aqui o fato de que Schleiermacher, à semelhança de Constant, desvalorize os atos externos da religião, sua posição é válida para a Fenomenologia porque coloca a essência da religião como um absoluto *a priori*.

Tanto Constant como Schleiermacher ocupam-se da religião sob o ponto de vista fenomenológico, embora não tratem explicitamente dessa disciplina. M. Scheler e E. Husserl, porém, já se acham em pleno domínio da Fenomenologia. São contemporâneos, mas a obra de Husserl destacou--se mais e em torno dela gira propriamente a Fenomenologia, tanto como filosofia no sentido mais geral, tanto como método. Husserl (1859-1938), formado na escola do pós-aristotélico e pós-escolástico F. Brentano (1838-1917), publicou, no primeiro passo do século XX, sua obra *Investigações lógicas* (*Logische Untersuchungen*, 1900), que veio a ser o ponto de partida da escola fenomenológica, dominante em vários sentidos na filosofia desse século. Grande crítico do empirismo e do psicologismo, Husserl promoveu uma volta aos conceitos universais.

Husserl busca a independência da lógica em relação à psicologia afirmando seu caráter apriorístico, independente dos fatos, da realidade. A lógica tem de pôr em relevo a essência e as formas universais que dizem respeito a toda ciência teórica. Para Husserl, a lógica se confunde com a teoria do conhecimento e é o pressuposto absoluto de toda ciência, isto é, é uma teoria de toda teoria científica. É exclusivamente formal e antecede a toda "realidade" ou "mundo externo". Todo pensamento, conceito ou juízo constituem uma "intenção", uma "significação". O grande esforço de Husserl é a elevação da filosofia à dignidade de ciência rigorosa, cujo fundamento é a Fenomenologia. A Fenomenologia é, portanto, uma "ciência eidética" e seu método é a "intuição eidética". Husserl trata de afastar qualquer forma de intuição mística; trata-se de uma imediata apreensão da essência nos fenômenos.

As essências apreendidas pela intuição eidética não são demonstráveis e nem necessitam de demonstração; são evidentes por si mesmas. Mas, como o mundo existe, está aí, ao lado das ciências eidéticas, há também a ciência dos fatos. Estas compreendem verdades contingentes e aquelas verdades necessárias. As ciências eidéticas valem *a priori*, independentemente da experiência, ainda de que dela partam. O conhecimento das essências não é independente da experiência; as ciências eidéticas têm íntima relação com as ciências dos fatos. Toda experiência concreta, do fato concreto, contém uma essência, mas não o contrário.

Como se chega a essas essências, como opera a intuição eidética? Essa questão conduz ao método fenomenológico. Nossa intenção é *reduzir* esse ponto ao instrumental mínimo, a fim de tentar aplicá-lo à análise da experiência religiosa. O método que Husserl usa, como é sabido, é o da "redução feno-menológica" ou *epoché*, que consiste em pôr entre parênteses a "tese natural do mundo", isto é, a atitude cotidiana, as coisas exteriores como se as vê, em que espontânea e naturalmente põe-se o mundo. Ver a realidade do cotidiano como ele é impede o exercício científico por causa de sua contingencialidade. É necessário, portanto, pô-lo entre parênteses ou suspender o juízo sobre ele.

Husserl divide a redução em dois níveis: (1) buscar o significado ideal e não empírico dos elementos empíricos, isto é, discernir a essência ou signi-ficado: toda ciência pura ou empírica deve ser precedida de uma investigação eidética; (2) fazer uma redução transcendental, porque visa à essência da própria consciência enquanto constituidora ou produtora das essências ideais: nesse nível, *noeses* e *noema*[2] revelam-se como absolutamente *a priori*.

As coisas, para Husserl, caracterizam-se pelo seu inacabamento e pela possibilidade permanente de rearranjos e enriquecimentos. O mundo exterior está sempre disponível para *noeses* novas, para outras possibilidades que fogem às estruturas vigentes. É por isso que a ciência e a tecnologia não se esgotam, o mesmo ocorrendo com as propostas religiosas. As religiões novas, assim como as antigas, podem representar novos arranjos mais plausíveis[3] de uma mesma realidade empírica. Essa nova plausibilidade, que decorre de novos arranjos na realidade empírica, possibilita que os fiéis se reinstalem de maneira mais confortável do que no arranjo anterior.

Em resumo, a redução eidética nos mostra que a coisa – campo empírico ou região – é transcendental porque é infinita em significados, mas que, para o meu objetivo, posso reduzi-la em unidade imanente de significados, com o propósito instrumental de conhecimento válido. Contudo, em todo esse processo o eu (consciência) não se esgota no todo vivido (experimentado), mas conserva sua transcendentalidade e identidade absolutas. Em cada vivido o "eu" lhe dirige apenas um olhar. O "eu" não é parte do vivido e nem com ele se confunde. O "eu" é anterior a todo vivido. Talvez isso possa ajudar a compreender e explicar as variações possíveis da consciência diante de novas experiências religiosas produtoras de esquemas plausíveis de ajuste a realidades cambiantes.

M. Scheler (1874-1928), cuja obra mais significativa para a compreensão da sua "Fenomenologia do Sagrado" é *Fenomenologia e teoria do conhecimento*

---

[2]   *Noema*: objeto pensado; *noese*: ato de conhecimento, voltado para o objeto.

[3]   Seria o caso da plausibilidade das teodiceias na concepção de Berger (1969).

(*Phãnomenologie und Erkenntnistheorie*, 1933), representa importante derivação da escola de Husserl. Para Scheler, a essência da religião é apreendida através de uma "intuição" essencial, técnica mística que põe entre parênteses os impulsos vitais utilitaristas e permite contemplar os puros dados objetivos. Scheler estende ao mundo dos valores a intuição eidética que Husserl adotara em relação à lógica e ao mundo da vida. Scheler visa a um apriorismo do emocional; a intuição axiológica é livre de qualquer pressuposto. Assim, em todo vivido posso distinguir *a priori* suas qualidades, como bom-mau, feio--belo, e assim por diante. Isso porque a intuição do absoluto *a priori*, que é o sagrado, coloca-me no campo dos valores, os quais pertencem à sua natureza absoluta. No que se refere, portanto, à religião, Scheler vai além de Husserl; porque, às essências puras e em si mesmas neutras, Scheler acrescenta um conteúdo emocional que induz valores também *a priori*.

Analisamos, até agora, de maneira bastante sucinta, algumas formas fenomenológicas de pensar a relação entre sujeito e objeto, isto é, diretrizes filosóficas ligadas à teoria do conhecimento e que contêm elementos significativos para a discussão da religião enquanto tal e, de maneira especial, a fenomenologia da experiência religiosa. Em seguida, após algumas reflexões sobre o campo mais específico da Fenomenologia da Religião, sua natureza e suas tendências, tomaremos, como exemplo e instrumento de análise da experiência religiosa, quatro dos mais conhecidos fenomenólogos da religião: R. Otto, G. van der Leeuw, M. Eliade e J. Wach.

Fenomenologia da Religião

A Fenomenologia da Religião que, por vezes se identifica como ciência da religião por causa do seu recuo ao *a priori* absoluto do religioso, tomando como fundamento último a filosofia como ciência rigorosa (Husserl), é uma disciplina que se construiu na primeira metade do século XX. Sua história é contemporânea ao desenvolvimento da escola fenomenológica de Husserl. Seus nomes mais conhecidos são Rudolf Otto, Gerhardus van der Leeuw, Mircea Eliade e Joachirn Wach. Considerando que os pressupostos da Fenomenologia já foram alinhavados, inclusive a proposta de Scheler, que normalmente se inclui entre os mencionados, vamos considerar somente suas ideias sobre a experiência religiosa.

Antes de tentar investigar a relação existente entre Fenomenologia e experiência religiosa, é necessário dizer que se trata mesmo a Fenomenologia da Religião. A. Nesti (1990) salienta quatro aspectos do conceito muito abrangente de Fenomenologia da Religião que podem situar-nos melhor no quadro de referências dessa disciplina ou ciência, como já se propõe. Trata-se, primeiro, diz Nesti, de um método analítico que tende a uma explicação da morfologia religiosa; segundo, de uma escola tipológica que tende a investigar os diversos tipos de formas religiosas; terceiro, de uma escola que, em sentido restrito, se ocupa da essência do sentido e da estrutura do fenômeno religioso; e, em quarto lugar, de uma orientação de natureza filosófica que se origina do sentido restrito da contribuição de Husserl e, em particular, de Scheler.

Assim, a Fenomenologia da Religião situa-se naquele ambiente de revisão das estruturas epistemológicas com que o século XX se inicia. O ambiente da Fenomenologia leva os estudiosos da religião a superar as velhas ideias a respeito da origem e da história da religião, às vezes dentro dos quadros do evolucionismo positivista. A questão da religião coloca-se agora no esquema da essência e da forma e pretende partir da filosofia como ciência rigorosa com seu respectivo método e, assim, situa-se num absoluto *a priori* em relação às demais disciplinas, como a história, a antropologia e a sociologia. A Fenomenologia da Religião passa a ser, portanto, uma disciplina filosófica e, no quadro mais estrito de Husserl, o núcleo em torno do qual poder-se-ia erigir uma ciência da religião. As demais disciplinas religiosas, trabalhando sob o prisma do sentido do fenômeno religioso, constituir-se-iam em auxiliares dedicadas ao estudo das formas.

Em suma, a Fenomenologia da Religião pode ser vista num duplo sentido: uma ciência independente, com suas pesquisas e publicações, mas também como um método que faz uso de princípios próprios, como a *epoché* e a "redução eidética". Nessa ótica, são fenomenólogos, ou cientistas da religião, aqueles estudiosos que se ocupam das estruturas e dos significados dos fenômenos religiosos sublinhando a base essencial, descrevendo e sistematizando suas estruturas basilares.

O teólogo luterano alemão R. Otto (1869-1937), no seu clássico *O Sagrado* (*Das Heilige*, 1917),[4] segue os passos de Lutero, de Schleiermacher e, naturalmente, nutre-se da atmosfera da viragem fenomenológica do século. Otto bebe em Lutero, além do misticismo do reformador, suas ideias expressas

---

[4]   Tradução em português por Prócoro Velasques Filho (OTTO, 1985).

com calor em *De servo arbítrio*, aliás considerado pelo próprio Lutero como sua obra mais pessoal, como testemunha Otto.

Dos reformadores, talvez seja Lutero o que mais evidencia em sua biografia a influência da experiência religiosa objetiva. Além do seu relacionamento muito íntimo com os místicos, Lutero teve, em sua juventude, uma experiência que, sem dúvida, marcou-o pelo resto da vida. Trata-se da tempestade que enfrentou na floresta perto de Erfurt, quando regressava de Mansfeld. Prostrado por um raio que caiu aos seus pés, Lutero teria, após invocar Santa Ana, padroeira dos mineiros, prometido a ela, se salvo, tornar-se monge (LESSA, 1949, p. 28-29). Nesse acidente teria morrido seu amigo Aleixo, fato não confirmado por seus contemporâneos. Mas a experiência teria sido terrível para Lutero e, possivelmente, influenciado bastante sua concepção de Deus.

O conceito de Deus em Lutero não é teórico, doutrinário, não podendo ser apreendido intelectualmente; trata-se, ao contrário, "do elemento existencial de que toda pessoa tem em seu viver concreto algum valor fundamental pelo qual se norteia, algum alvo que persegue, algum desejo de que se alimente". Trata-se "de um relacionamento vital entre o ser humano e seu Deus" (ALTMANN, 1994, p. 46). Está presente em Lutero a convicção de que a toda experiência existencial antecede um poder absolutamente *a priori*, cujo sentimento consiste na fé. Daí a centralidade absoluta da fé na reforma de Lutero. Esse mesmo sentimento do sagrado como anterior a qualquer forma ou expressão religiosa vai aparecer em Schleiermacher, embora sem os contornos místicos como em Lutero.

R. Otto acaba chegando na tese da absoluta irracionalidade da religião. O sagrado – ou o "santo", numa melhor tradução[5] – constitui-se em realidade última e objetiva que a si mesma se dá a conhecer. Está fora e acima de qualquer forma de raciocínio, é absolutamente outro. Inspira amor e temor ao mesmo tempo. É sujeito e nunca predicado, sendo estes, quando aplicados a ele, meras metáforas ligadas ao vivido, experimentado. Talvez seja, por esta razão – isto é, da sua convicção – que Otto veio a ser importante no movimento de renovação litúrgica, cuja base mais segura está relatada em Isaías 6, 1-8, na versão da Vulgata: "Sanctus, sanctus, sanctus Dominus exercituum: plena est omnis terra gloria eius."

---

5   Discute-se a tradução por que "santo", melhor do que "sagrado", veicula melhor a ideia de "absolutamente separado, outro".

Não seria fora de propósito sugerir que em Otto, a Fenomenologia do Sagrado ou do "Santo", carregada de elementos emocionais e, portanto, não racionais, esteja muito ligada ao movimento litúrgico. Isso porque é nela, na liturgia – talvez melhor dizendo no culto – que o crente tem, embora dentro de certa racionalidade, a plena experiência do sagrado.

Nesse período pleno de agitação filosófica, os pensadores, os filósofos e os teólogos, entrecruzam-se, influenciam-se mutuamente. Reconhece-se que Otto exerceu influência sobre P. Tillich (1886-1965) na questão crucial de sua teologia, que é o absoluto *a priori* do ser na sua relação com nossa experiência, anterior a "qualquer inteligência da realidade" (JOSGRILBERG, 1995). No interior do intenso labor filosófico e teológico que foi a primeira metade do século XX, caminham, lado a lado, fenomenólogos e existencialistas e, entre eles, Tillich, buscando intensamente a experiência absolutamente anterior do ser (Deus) e sua expressão existencial. À experiência inefável do ser ontológico corresponde a coragem de existir nas situações-limite.

Sob o ponto de vista mais amplo que nos oferece a fenomenologia da experiência religiosa, a questão da liberdade, ou princípio protestante em Tillich, situa o protestantismo entre Cila e Caribdes. A gloriosa liberdade que se identifica com o ser ontológico exige do homem religioso a constante coragem de ir construindo seu existir. O constante exercício da liberdade de escolha que constrói sua história está aquém dos dogmas e doutrinas que lhe possam servir de apoio que não a sua fé e os instrumentos de culto que, por sua natureza essencial deveria, pela intensificação da experiência com Deus, ajudar a construir sua participação no ser. Mas o culto se perdeu em dogmas, doutrinas e pedagogias. É por isso que o protestante, que um dia teve a experiência religiosa, um sentimento imediato do divino que o levou à conversão, vive entre a alegre segurança da liberdade, isto é, de que sua salvação independe agora de regras externas a ser cumpridas, e a solidão na ausência desse mesmo apoio externo.

A fim de aplicar de maneira apropriada a metáfora mítica de Cila e Caribdes, poderíamos ver no protestantismo ideal a figura de Cila antes do seu castigo, irresistivelmente bela, e a angústia de, como navegante solitário, ter de passar entre Cila hedionda e Caribdes abismal. O protestantismo, coerente com seu princípio, retirou do culto todos os apoios religiosos e preservou e cultivou só a música que, pela sua "natureza" não material, pode conduzir o crente a uma experiência pura e imediata de Deus. Cultivou também a arte da retórica. Palavra e música vieram a ser os únicos instrumentos de renovação da experiência com Deus. A música pelo duplo sentimento que produz ao colocar o fiel em comunhão imediata com Deus: alegria e temor ao mesmo tempo, como dizia Otto. A palavra, exposta com toda a arte da retórica, ao mostrar ao fiel como transformar sua liberdade em existência digna. Aqui, o fenômeno religioso fecha o círculo do ser/existir.

Toda crítica – aqui tomada no seu sentido original – feita ao protestantismo, inclusive por parte de Tillich, parece nos levar à desconfortável situação de que o protestantismo é um ideal que só é possível de se realizar mais ou menos nos indivíduos. Embora fenomenologicamente possamos nos remeter à universalidade do sentimento do sagrado e a experiência do sagrado possa dar-se coletivamente no culto, a construção do existir é individual em sua liberdade. Neste ponto, ergue-se mais um problema crucial para o protestante: a construção da existência leva-o a uma ética nem sempre compatível com a vigente na sociedade em que vive e, por isso, ele é sempre um ser bipartido e estranho. O protestante tem de viver num mundo estreito com sua fé e num mais amplo amparado por outros valores que o obrigam a concessões ou conflitos. Alguém disse que o protestantismo só se mantém mais ou menos bem em sociedades cuja ética ele ajudou a construir. Contudo, mesmo assim o protestantismo, pela sua natureza essencial, não pode ser religião de massa ou de determinada classe social, ainda que alguns o identifiquem com a burguesia histórica no que diz respeito aos seus valores.

G. van der Leeuw (1909-1950), teólogo holandês, tornou-se, ao escrever sua *Fenomenologia da religião*, o mais expressivo nome da fenomenologia da religião nos anos que precederam sua morte. Van der Leeuw situa o poder como objeto da religião e a Fenomenologia como busca por captar e descrever o homem no seu comportamento em relação ao poder. Ele começa sua obra afirmando que o que a Ciência da Religião chama de *objeto* da religião é, para a religião mesma, *sujeito*. O homem religioso sempre vê aquilo de que trata sua religião como o primário, o causante. "Na religião, Deus é agente na relação com o homem; a ciência só pode falar da atividade do homem em relação com Deus, mas nada pode dizer da atividade de Deus." (LEEUW, 1964, p. 13).

Toda afirmação de que Deus é o objeto da experiência religiosa tem de levar em conta que o conceito Deus é muito mais amplo do que o abarcado pela experiência. A experiência religiosa refere-se a "algo" que diz pouco de si mesmo. Toda relação do homem com esse "algo" é *algo distinto* (outro). Então, o objeto da religião é o "outro", o "estranho". O sentimento em relação a esse "algo", "outro", é primariamente de assombro. O princípio é o mesmo que está na origem da filosofia – o assombro dos gregos diante do mundo – e da teologia – o anseio por se aproximar e conhecer o absolutamente outro. Mas todo conhecimento de Deus, o que dizemos dele, é impróprio e limitado.

Van der Leeuw não está, até aqui, muito distante dos fenomenólogos anteriores, ao firmar-se no "absolutamente outro" com "algo" experiencial, mas distante e inefável. A diferença, ou a característica, melhor dizendo, está em que van der Leeuw, partindo de observadores de "religiões primitivas", como M. Müller (1823-1900), afirma que o "poder" constitui o objeto da religião. A noção de "poder" em van der Leeuw tem a ver com a noção de *mana*, encontrada entre os melanésios, algo difuso e indefinível que pode estar no pensamento ou em coisas. A religião consiste, então, em apossar-se desse poder em benefício próprio. O que se pode dizer, então, de Deus, é que ele é um "poder".

A natureza do fenômeno para van der Leeuw é intencional, quer dizer, ele não se manifesta em estado puro, mas sempre em alguma coisa a um sujeito consciente. Como diz Nesti (1990, p. 262), sujeito e consciente, embora distintos, são inseparáveis. O fenômeno religioso, portanto, é o manifestar-se desse poder na conjunção do sujeito consciente e do objeto.

O fenômeno é alguma coisa que se mostra progressivamente na realidade caótica. A Fenomenologia consiste no esforço de descoberta das estruturas dessa realidade. Na base da consciência fenomenológica está uma experiência vivida, irracional e inapreensível e que termina no existencial imediato. O fenômeno só existe no testemunho, isto é, quando alguém começa a falar daquilo que se mostra (NESTI, 1990, p. 262).

É o que diz van der Leeuw: o fenômeno é o que se mostra. Isso quer dizer três coisas: (1) é algo; (2) este algo se mostra; (3) é fenômeno exatamente porque se mostra. Mas o mostrar-se tem relação tanto com aquilo que se mostra, como com aquele a quem se mostra. Portanto, o fenômeno não é um objeto puro, nem "a verdadeira realidade" cuja essência permanece oculta pela aparência das manifestações.

Van der Leeuw entende que o "fenômeno", em relação com alguém a quem se mostra, tem três classes de "fenomenalidade": (1) abscondidade; (2) revelação progressiva; (3) transparência. Não são etapas plenas, mas relativas.

MEMÓRIA: FENOMENOLOGIA E EXPERIÊNCIA RELIGIOSA

Não são etapas iguais, mas relacionadas com as três etapas da vida: (1) vivência; (2) compreensão; (3) testemunho. As duas últimas, tratadas sob o prisma científico, constituem a atividade fenomenológica.[6]

A linha fenomenológica de van der Leeuw é, metodologicamente, importante para o estudo dos atos fundantes ou reformadores das religiões históricas, das quais construiu um sistema tipológico. De maneira mais simples e prática – e para encerrar esta parte –, seria o caso de isolarmos um grupo religioso e estudarmos sua mensagem fundante, a fim de isolar nela as formas de relação com o "poder" por parte de seus fiéis. Poder-se-ia detectar também como a experiência religiosa do fundador (vivida e não transmissível na sua pureza) é por ele preenchida e testemunhada. A Fenomenologia pode indicar também se, numa dada forma religiosa, os elementos básicos de relação com o "poder" estão íntegros em relação à respectiva tradição ou se estão reinterpretados. O método fenomenológico, portanto, ao se basear nas formas fundantes da experiência religiosa, pode ser bastante instrumental na análise e compreensão dos chamados novos movimentos religiosos. Isso não tem sido feito, com algumas exceções, nos estudos mais recentes, o que os tem levado à produção de trabalhos mais descritivos do que compreensivos.

J. Wach (1898-1955) publicou, em 1931, uma *Introdução à sociologia da religião*, em alemão, e que, mais tarde, ganhou, em inglês (*Sociology of religion*, 1971), a forma da tradução que temos em mãos (WACH, 1990). Não vamos nos alongar nessa abordagem a respeito de Wach em relação à Fenomenologia, mas simplesmente ressaltar o que ele entende por experiência religiosa. Para ele, a experiência religiosa caracteriza-se por: (1) resposta àquilo que é experimentado como realidade última; (2) resposta total do ser àquilo que é apreendido como realidade última; (3) é a experiência mais intensa de que é capaz o homem; (4) experiência que comporta um imperativo que conduz à ação (NESTI, 1990, cap. 2). A partir daí, depois que o fato religioso é distinguido dos demais, Wach, mais no campo da sociologia, estuda como a experiência religiosa se expressa: teoricamente, na doutrina, praticamente no culto e sociologicamente na comunhão, isto é, na religião coletiva e individual (WACH, 1990). Fiel ainda, embora por linhas diferentes, à Fenomenologia, Wach caminha na direção da compreensão e explicação das formas religiosas a partir da experiência.

---

[6] Na tradução de van der Leeuw para o espanhol usada por nós, a questão do "poder" começa a ser discutida na p. 13, e da relação entre fenômeno e fenomenologia, a partir da p. 642.

Para concluir esta parte, é necessário lembrar ainda a contribuição de um dos mais importantes estudiosos da religião do século XX. O romeno M. Eliade (1907-1986), que deixou vasta obra sobre filosofia e história das religiões, insere-se no grupo dos fenomenólogos por causa da importância que confere ao estudo da hierofania como fenômeno e experiência religiosa. No prefácio de sua grande obra *Tratado de história das religiões* (ELIADE, s. d.), Eliade considera que, não havendo fenômeno religioso "puro", surgem no seu estudo muitas dificuldades. Seria vão, por exemplo, pretender estudar a religião partindo de fatos sociais, econômicos/políticos etc. Se não podemos definir o fato religioso, temos de encontrar maneiras de isolá-lo para melhor compreendê-lo. Paralelamente a R. Caillois (1950), ele entende que, desde logo, o primeiro passo é distinguir o *sagrado* do *profano*. Ora, essa mera distinção, diz Eliade, não é suficiente, porque termina num círculo vicioso em que um se define por não ser o outro. Ciente dessa dificuldade, Eliade se propõe a deixar de lado a definição do fenômeno religioso, a fim de partir do fenômeno mesmo enquanto tal, isto é, de como ele aparece. Decide-se pelo estudo das hierofanias, o que ele entende ser, no fenômeno religioso, irredutível e original.

Na hierofania, diz ele, o sagrado vem à tona da consciência do homem como fenômeno. Aqui, consciência e fenômeno são inseparáveis (ELIADE, 1980, p. 25). As hierofanias são formas de experiência do sagrado por parte do homem que variam no tempo e no espaço em seus traços externos, mas que internamente se universalizam. Em última instância, as hierofanias são sentimentos *ou* narrativas que mostram sempre o anseio humano por transformar a desordem em ordem, o caos em cosmos (COHN, 1996). Na consciência, como absoluto *a priori*, está presente a ideia de uma força, um poder, um inteiramente "outro" que mantém a ordem do mundo, apesar de forças contrárias e ameaçadoras da desordem. Todos os atos culturais e doutrinas expressam o apoio humano à ordem e o rechaço à desordem.

A hierofania, em Eliade, portanto, é a própria experiência religiosa. Cada hierofania é histórica, é datada (veja-se Isaías 6, 1-8: "no tempo do rei Uzias..."), mas o crucial é que sua estrutura permaneça a mesma para que guarde sua objetividade e comunicabilidade. A hierofania é única e histórica, mas como é arquetípica, quando despojada de suas peculiaridades materiais e circunstanciais, paira acima do tempo e do espaço e está sempre presente e renovada nos rituais e na memória.

A hierofania, como experiência religiosa primordial, é ato fundante ou modificador de uma religião. Tenha-se em vista, porém, que em Eliade toda experiência religiosa (hierofania) traz em si, em grau maior ou menor, o desejo de volta às origens (cf. ELIADE, 1978), um estado de verdade, de perfeição e, por que não, um estado de ser perfeito. "Porque Deus sabe que no dia em que dele comerdes (do fruto da árvore proibida) se vos abrirão os olhos e, como Deus, sereis conhecedores do bem e do mal" (Gn 3, 5). Aqui, trata-se de uma hierofania negativa, pois o que aparece na fala é o adversário da ordem. Entretanto, na estrutura da narrativa está acenada a possibilidade da volta às origens do ser (*como Deus*) ao estado de ordem perfeita, de discernimento entre o bom e o mau, de controle do conflito entre Cosmos e Caos.

Na série de hierofanias narradas em Êxodo, a da "sarça que não se consumia" é significativa para explicar a vocação de Moisés para organizar em nação um povo disperso e sem território. Javé aparece a Moisés no monte Horeb em forma de fogo que, ardendo sobre a sarça, não a consumia. Curioso, Moisés tenta se aproximar, mas é contido pela voz de Javé: "não te chegues para cá (...) o lugar a que estás é terra santa". Javé se identifica e passa a dar a Moisés as ordenações para a libertação do povo do cativeiro egípcio.

Em primeiro lugar, os elementos materiais da hierofania remetem a consciência de Moisés a um ser poderoso e "outro", capaz de reorganizar o que estava desorganizado, isto é, transformar um povo escravo e sem território em nação consciente e dona de seu espaço. Javé era o fogo,[7] a coisa cujo poder cria e dá forma aos objetos e também destrói e é, ao mesmo tempo, pela ausência de forma e capacidade de total mobilidade, impossível de definir. Não consumia a sarça porque não necessitava dela para se alimentar. Era algo indefinível e absolutamente independente. Por outro lado, a alteridade absoluta de Javé manifestava-se na divisão do espaço em sagrado (onde estava o fogo) e profano (onde estava Moisés). Nenhuma das coisas naquele espaço do fogo era, em si mesma, sagrada, mas se tornou sagrada pela presença de Javé. É por isso que o lugar das hierofanias, muitas vezes, é perpetuado como espaço sagrado através de símbolos como monumentos, templos e lugares de romaria.

No estudo das hierofanias, Eliade mostra a indissolubilidade, no fenômeno, entre a consciência intencional do sujeito e as coisas externas, não importando se existem ou não *in re*.

---

7   Em Heráclito de Éfeso (540-470 a. C.), o fogo é a essência do processo, da transformação.

Considerações finais

Essas reflexões sobre a Fenomenologia da experiência religiosa estão longe de fazer justiça a um assunto tão importante como o estudo da Fenomenologia aplicada à religião. Entretanto, esforçamo-nos para pôr em relevo algumas questões que necessitarão de desenvolvimento posterior.

Em primeiro lugar, a constatação de que o desenvolvimento da Ciência da Religião entre nós vai depender da distinção prévia entre a essência e as formas da religião. Enquanto permanecermos no estágio da descrição das formas, não chegaremos à compreensão do sentido, tanto das origens quanto das transformações da religião. Com poucas exceções, este ir além das formas na busca do sentido não tem sido feito. O retorno à filosofia, especificamente à Fenomenologia e seu método, está na base da reconstrução científica do estudo da religião.

Em segundo lugar, a constatação de que o estudo fenomenológico da experiência religiosa poderá nos ajudar a distinguir entre a pura emoção e suas correlações e a experiência do sagrado como tal, anterior a todo envolvimento com as formas. E ainda, e talvez o mais importante, a procurar nas formas religiosas o sentido puro de suas estruturas fundamentais.

É preciso reconhecer que faltou uma abordagem daquelas experiências religiosas íntimas em que elementos materiais não estão presentes. São as experiências místicas que, em dados momentos, as pessoas têm da presença do sagrado na consciência, com características nítidas de alteridade. São experiências difíceis de analisar, mas que se tornam objetivas no posterior testemunho na ação e na existência dos indivíduos, ao fundar ou fazer mudar de rumos uma determinada religião. O espaço e o tempo não nos permitiram chegar a esse ponto.

Referências bibliográficas

ALTMANN, Walter. *Lutero e libertação*. São Leopoldo; São Paulo: Sinodal; Ática, 1994.

BERGER, Peter. *El dosel sagrado*. Buenos Aires: Amorrortu, 1969.

BONHOEFFER, Dietrich. *Letters and papers from prison*. 1951.

CAILLOIS, Roger. *L'homme e le sacré*. Paris: Gallimard, 1950.

COHN, Norman. *Cosmos, caos e o mundo que virá*. São Paulo: Companhia das Letras, 1996.

ELIADE, Mircea. *O mito do eterno retorno*. Lisboa: Edições 70, 1978.

ELIADE, Mircea. *O sagrado e o profano*. Lisboa: Livros do Brasil, 1980.

ELIADE, Mircea. *Tratado de história das religiões*. Lisboa: Edições Cosmos, 1977.

FERRAROTI, F. *et al. Sociologia da religião*. São Paulo: Paulinas, 1990.

JAMES, William. *The varieties of religious experience*. London and Glasgow: The Fontana Library, 1960.

JAMES, William. *As variedades da experiência religiosa*. São Paulo: Cultrix, s/d.

JOSGRILBERG, Rui de Souza. Ser e Deus - como Deus é recebido, por revelação, em nossa experiência? *Estudos de Religião*, v. 10, jul. 1995.

LEEUW, G. van der. *Phänomenologie der Religion*. Tünbingen: J.CB.Mohr (Paul Siebeck), 1933.

LEEUW, G. van der. *Fenomenologia de la Religión*. México: Fondo de Cultura Econômica, 1964.

LESSA, Vicente Themudo. *Lutero*. 2. ed. São Paulo: Companhia Brasil, 1949.

NESTI, Arnaldo. A perspectiva fenomenológica. In: FERRAROTI, F. (Org.). *Sociologia da religião*. São Paulo: Paulinas, 1990.

OTTO, Rudolf. *O sagrado*. Tradução Prócoro Velasques Filho. São Bernardo do Campo: Imprensa Metodista; Ciências da Religião, 1985.

SIMONTON, Ashbel G. *Diário (1852-1867)*. Tradução D. R de Moraes Barros. São Paulo: Casa Editora Presbiteriana, 1982.

SPENGLER, *Lebensformen*. 1914.

TILLICH, Paul. *Perspectivas da teologia protestante nos séculos XIXe XX*. Tradução José Maraschin. São Paulo: Aste, 1986.

WACH, Joachim. *Sociologia da religião*. São Paulo: Paulinas, 1990.

POSFÁCIO
E agora, para onde vamos?

Eduardo R. da Cruz

Após a apresentação desses ensaios, é de se ter uma expectativa positiva sobre o futuro das áreas de Teologia e Ciências da Religião no Brasil.[1] Sem desejar quebrar esse desejo, cabe-me agora cumprir o papel obnóxio de advogado do diabo, destacando o que vejo ser um conjunto de problemas que desafia esse futuro. Dado o propósito acadêmico deste volume, entretanto, uma avaliação distanciada se torna necessária.

Os comentários que se seguem não visam a abordar ensaio por ensaio, mas sim extrair deles alguns desafios que a área enfrenta, tanto em termos brasileiros como internacionais. Isso porque se trata de contribuições que não tiveram oportunidade de falar entre si, e, assim, os temas que nelas surgem se entrecruzam de tal forma que a mensagem aqui é mais indireta, sem uma divisão nítida entre Teologia e Ciências da Religião. É claro que essas observações têm ainda um caráter tentativo, na esperança de gerar discussões e pesquisas empíricas em torno desses temas.

O leitor é convidado a ler este posfácio e, então, a retornar aos artigos anteriores para verificar o quanto essas observações aplicam-se (ou não) aos argumentos lá desenvolvidos. Passemos agora a esses temas que consideramos mais relevantes para o futuro das disciplinas no Brasil.

A quem nos dirigimos com nossa produção acadêmica?

Em primeiro lugar, devemos reconhecer que a juventude da área (pelo menos nos moldes do atual sistema nacional de pós-graduação) traz uma série de implicações, positivas e negativas, e que sempre requerem uma atenção

---

[1] Para simplificar a exposição, doravante conhecidas como Θ e CRE.

extra ao se procurar afirmá-la. Em nossa produção acadêmica, por exemplo, parece haver certa predominância de textos de caráter panorâmico e/ou didático, como que a defender uma posição. Ou talvez uma tendência à erudição, reflexo da cultura de países de língua latina. De qualquer forma, vislumbra-se que o caminho da maturidade das disciplinas de Θ e CRE seja mais e mais marcado pela produção de artigos em periódicos indexados, resultados de pesquisa que não tenham nenhuma bandeira a representar. Esse ponto será desenvolvido a seguir a partir de outras preocupações.

Movendo-se das formas textuais para quem as produz, temos a questão de nossas especializações. No caso da CRE, muitos de nós somos teólogos que, tendo em vista diversas circunstâncias, assumimos o papel de cientistas da religião. Tal mudança nunca é completa, há sempre certa ambivalência, sentimos como que uma "nostalgia da Θ" e mesmo da instituição que lhe dá suporte, a Igreja e suas pastorais. Também para os teólogos profissionais, o desafio da especialização se faz presente, com a dificuldade objetiva de conseguir reservar algum tempo para o trabalho acadêmico, devido a necessidades pastorais e da formação de novos quadros.

Também o passado da Teologia da Libertação (TdL) tem um legado ambíguo para essas disciplinas. Para evitar mal-entendidos, vamos focar um ponto específico, já levantado por alguns autores. A TdL adaptou uma metodologia tradicional da Ação Católica, o "ver-julgar-agir". Esse esquema foi consagrado na obra de C. Boff sobre a teologia do político (1978),[2] mas, do ponto de vista metodológico, tem sido questionado por vários autores. Como se tem argumentado, principalmente em uma época pós-kuhniana, isso já vem carregado de teoria, e, assim, o instrumental marxista pode envolver mais que a adoção de um quadro teórico, tornando-se ele próprio hermenêutico. Acrescento a isso a adequação que se espera do labor teológico ao "agir", ou seja, o serviço do teólogo à comunidade que lhe dá respaldo, em prol de uma causa libertária que esta assuma.

Creio que se pode fazer uma ponte entre esse esquema e aquele dos "três públicos", de D. Tracy, hoje bem discutido por teólogos brasileiros. De fato, o teólogo/cientista da religião precisa, em primeiro lugar, justificar seu discurso perante a academia. Os teólogos da libertação, nesse sentido, têm mantido um diálogo frutífero com alguns ramos particulares da ciência, ainda

---

[2]   Clodovis fala de mediações socioanalítica, hermenêutica e teórico prática.

POSFÁCIO

que se possa criticar o viés marxista destes. Mais recentemente (e o ensaio de Edênio Valle reforça isso), os parceiros de diálogo também incluem as ciências naturais. O público acadêmico parece ser o mais importante neste momento de consolidação da ANPTECRE, conforme argumentaremos a seguir.

O segundo público é o eclesial, que corresponde, *grosso modo*, ao momento hermenêutico da TdL. Além da óbvia interferência positiva, há que se lembrar também aquela negativa, por exemplo, a influência do magistério eclesiástico na Θ e, curiosamente, também na CRE. Isso não por alguma necessidade intrínseca, mas mais propriamente pela origem dos cientistas da religião brasileiros. O terceiro é o da arena pública e, nesse sentido, a Θ brasileira tem algo a contribuir, no que se convencionou chamar "teologia pública". Aproxima-se do "agir" da TdL, com um diferencial: vai além do serviço à comunidade dos fiéis e do testemunho profético de uma situação de injustiça e procura engajar os "formadores de opinião" em um número maior de temas de interesse público.

De qualquer forma, uma melhor especialização do pesquisador entre esses três públicos parece estar na ordem do dia. Não só temos a crítica brasileira dos "interesses religiosos" do cientista da religião (PIERUCCI, 1997, p. 249-262), como também, na reação pós-eliadiana, um manto de suspeita que se estende sobre a defesa da religião entretecida em seu estudo acadêmico. Um dos críticos mais contundentes da linha fenomenológica em CRE, R. McCutcheon, indicou como próprio para os pesquisadores o papel de "critics, not caretakers" (McCUTCHEON, 2001). Em outras palavras, o papel do pesquisador é o de exercer uma crítica (no sentido de uma análise distanciada) de seu objeto de estudo, e não o de quem "toma conta" desse objeto, de modo a defendê-lo de qualquer ameaça, acadêmica ou não. É claro que o próprio McCutcheon tem sido objeto de crítica recente por seus claros exageros, mas isso não desqualifica seu alerta de uma postura de cuidado, muito comum entre nós.[3]

Vale o alerta também para a Θ? Se essa quer dar conta dos três públicos ao mesmo tempo e de modo igualmente satisfatório, provavelmente não vai atender adequadamente a nenhum deles. Pela sua natureza mais acadêmica, a ANPTECRE deve reservar a si a liderança na defesa da integridade acadêmica das disciplinas representadas por ela, ainda que, desnecessário dizer, tampouco é o caso de isolar-se em alguma "torre de marfim".

---

[3]   Alerta já registrado entre nós, por exemplo, por Usarski (2006). Ver também Brandt (2006, p. 122-151).

241

Erklärens vs. Verstehen?

Uma das preocupações fundamentais desses dois congressos foi apresentar uma metodologia adequada para o desenvolvimento das disciplinas.[4] Parece continuar haver uma tendência para abordagens hermenêuticas. "Toda Θ é hermenêutica", diz um dos ensaios mais relevantes; e isto é igualmente defendido para a CRE. Sem desconsiderar a importância de tal perspectiva (e o artigo de Antônio Gouvêa Mendonça, republicado aqui, faz justiça a ela), nossas disciplinas parecem ter dificuldade em livrarem-se de Eliade (como marco de uma abordagem) e ultrapassá-lo.[5]

Parece haver um horror à redução do objeto de estudo (experiência religiosa ou de fé etc.) e rapidamente perfilamo-nos com aqueles que propõem algum tipo de abordagem holista para nossas disciplinas.[6] Creio que há um grande engano em relação à natureza da explicação (ligada pela tradição diltheyniana à redução) e, talvez, falte um maior engajamento com a filosofia da ciência mais recente e abalizada. Comecemos por citar um importante filósofo da ciência brasileiro, Caetano Plastino: "O que é uma explicação científica? Que tipo de compreensão do mundo ela nos traz? Podemos dizer, em muitos casos, que uma explicação consiste em uma resposta à questão 'por quê?'. No caso da explicação científica, essa resposta baseia-se no conhecimento científico disponível."[7]

Implícito aí está que a explicação científica é apenas uma etapa necessária (e penosa!) do processo humano mais geral de compreensão da realidade ao redor. Isto também P. Ricoeur, muito citado entre nós, já dizia (RICOEUR, 1987, p. 83-100). A oposição romântica entre *Erklären* e *Verstehen* já não mais se sustenta, na medida em que a visão que tinha das ciências naturais

---

[4] Esta já é uma preocupação de alguns anos: em uma "encarnação anterior" da ANPTECRE, um grupo de pesquisadores já havia se reunido para uma discussão intensa a respeito, no caso específico da CRE – ver Teixeira (2001). Ver também o número especial da revista *Perspectiva Teológica* de 2007, "Teologia e Ciências da Religião: Duas Epistemologias".

[5] Esta ultrapassagem não redunda necessariamente na eliminação da Fenomenologia, mas sim de uma necessária revisão que leve em conta as críticas dos últimos 30 anos. Entre as obras de maior interesse, veja-se Cox (2006) e Ryba (2009, p. 253-287). Por fim, para um balanço da herança de Wach e Eliade em Chicago: Wedemeyer; Doniger (2010). É uma pena que esses analistas de língua inglesa pouco conversem com seus congêneres de língua alemã. Para estes últimos, veja-se a bibliografia citada por Brandt (2006).

[6] Para um tratamento acessível do emprego de redução nas ciências, ver Bastos (2005).

[7] Explicação científica. Caetano Ernesto Plastino. Disponível em: <http://www.eca.usp.br/nucleos/filocom/existocom/especial5b.html>. Acesso em: 12 ago. 2009.

POSFÁCIO

era marcada pelo Positivismo. Ironicamente, todo teólogo/cientista da religião que critica os métodos das ciências naturais como redutores, desencantadores, mecânicos etc. nada mais faz do que perpetuar o simplismo positivista de como a ciência procederia.[8]

Há talvez falta de clareza sobre a necessidade e o modo de três abordagens (em 1ª, 2ª e 3ª pessoas) para a compreensão de um objeto em ciências humanas.[9] A tarefa científica assume mormente a 3ª pessoa, quando se destaca do senso comum e da experiência pessoal. Para ter sucesso, é estritamente necessário que a ciência construa seu objeto de modo a poder dar conta dele, uma redução, certamente, mas sem a qual não se consegue elevar o discurso acima da impressão pessoal, sempre sujeita a autoengano.

Não há como negar que uma boa explicação tem sim um componente mecânico, no sentido de que ela deve evidenciar redes de causalidade que normalmente não são perceptíveis pelos indivíduos que vivem a experiência sob análise. E, em certos casos, a explicação em 3ª pessoa contraria sim aquela em 1ª e 2ª pessoas. Nada a se espantar, dados os meandros obscuros que perpassam as melhores intenções das atitudes humanas.

Em filosofia da ciência, esse movimento se coloca como a ruptura ou não com o senso comum. Enquanto alguns autores defendem essa ruptura, outros enfatizam a continuidade existente entre o polo disciplinar e o imediatamente vivido.[10] Em CRE a tensão é caracterizada como entre as perspectivas do *insider* (o pesquisador que é devoto da religião que estuda) e o *outsider* (o pesquisador que se distancia do seu objeto de estudo, estando ou não associado a ele). Em Θ, ainda que mais rara, essa reflexão sobre o distanciamento ou não em relação ao objeto é também pertinente. O próprio Boff havia adotado a noção de "ruptura epistemológica", de Bachelard e Althusser. Como já dito antes, por conta das demandas das hierarquias eclesiásticas e das comunidades de fiéis, esse distanciamento é bem mais difícil para o teólogo.

Diga-se de passagem, há várias referências a uma "explicação teológica" na literatura internacional, baseadas em um emprego intensivo da filosofia

---

[8]   Os próprios cientistas, quando não se sentem ameaçados por seus críticos, apresentam esta versão mais nuançada de explicação – ver, por exemplo, Cornwell (2004).

[9]   Para uma discussão intrigante e atual de tais abordagens, ver Pyysiäinen (2004, p. 1-27).

[10]   Para autores clássicos que defendem a continuidade, mencionemos Conant (1958) e Bronowski (1977). Para o caso da ruptura, ver Cromer (1997).

243

da ciência atual. Nos países de língua inglesa, isso ocorre principalmente no âmbito do que se convencionou chamar de "diálogo teologia-ciência". Nos países de língua alemã, principalmente na esteira do trabalho pioneiro de W. Pannenberg, vários esforços nesse sentido também têm sido encetados. Uma análise dessa literatura ficaria além do escopo deste ensaio. Reforce-se a indicação, entretanto, da importância dela para a Θ latino-americana.

Vários autores têm destacado a filosofia da religião como instância necessária para o trabalho científico, tanto no âmbito da CRE como da Θ. Isso é certamente o caso, mas há uma ressalva no caso de abordagens hermenêuticas e fenomenológicas e sua utilização na CRE e na Θ: na prática, não há uma fronteira definida entre reflexão filosófica e trabalho científico. Por exemplo, muitas das obras que apresentam a tradição fenomenológica de Otto, Eliade e outros ora o fazem sob o título "Filosofia", ora sob o título "Ciência"[11] (Rudolf von Sinner, em seu capítulo, faz uma crítica a essa tendência, baseado em Brandt). Se tal fronteira não é adequadamente trabalhada, o discurso daí produzido contempla uma mistura espúria das duas disciplinas.

Encontramos regularmente na literatura de língua latina certa tentativa de distinção entre essas abordagens, como a que se segue:

> Distingo o emprego desse método [fenomenológico] em três níveis: 1º) O da descrição de fenômenos (em nosso caso, religiosos) em perspectiva antropológico-cultural (ou melhor, sociológica ou psicológica etc.), v.g., como se dão hoje de fato na América Latina; 2º) O da assim chamada fenomenologia da religião como ciência da religião, que pretende considerar descritivamente os fenômenos religiosos enquanto tais, a saber, em sua significação e intencionalidade específicas como religiosos; 3º) No nível propriamente filosófico de um saber que pergunta radical e totalmente pelo sentido e/ou verdades últimos, de forma não meramente descritiva senão também intrinsecamente normativa. Então tratarei de perguntar filosoficamente não apenas da experiência religiosa, senão também por uma eventual dimensão religiosa de toda experiência humana enquanto humana. (SCANNONE, 2005, p. 36. Grifos do autor)

Ainda que oportuna, tal distinção é pouco apropriada entre os níveis 1 e 2 e por demais fluída entre os níveis 2 e 3. A pedra de tropeço parece surgir quando se fala de uma *ciência* da religião. Como já dito, para caracterizá-la é preciso uma reflexão mais empenhada entre a filosofia de religião (com ressalvas sobre o singular) e a filosofia da ciência (também com essas ressalvas).

---

[11] Por exemplo, ver Hernández (*2005*). *Ao citar esta obra, não se faz nenhum juízo específico sobre a qualidade dela, a não ser que representa bem a mistura em questão.*

Quais são os dados? De quem é a teoria?

É um consenso geral que, sem uma clareza sobre os critérios de cientificidade da CRE e da Θ, essas áreas dificilmente se afirmarão no panorama acadêmico brasileiro. Por remarem contra a corrente, por assim dizer, para elas essa clareza (e o esforço para fazer jus a ela) é ainda mais exigente do que no caso de outras disciplinas já mais bem estabelecidas. Não se pode aqui fazer o levantamento do que seja mais adequado em filosofia da ciência. Restringir-me-ei a um aspecto específico, a partir da distinção *explanandum-explanans*, que pode ser encontrada em qualquer livro da disciplina.

Em filosofia da ciência, *explanandum* (o que é explicado) diz respeito ao objeto cuja estrutura e rede de causalidade desejamos estabelecer. *Explanans* (aquilo que explica) refere-se aos modelos, estruturas teóricas e métodos que permitem explicar nosso objeto. É claro que há certa dose de circularidade, como em um dicionário de línguas, todavia uma mistura pouco consciente deles pode incorrer em graves danos ao entendimento do assunto – no caso de nossa disciplina, principalmente, o *explanandum* não deve tornar-se sem mais o *explanans*.

Explico-me melhor. Primeiro, essa advertência equivale a outras já feitas sobre as figuras do *insider/outsider*, assim reconheço que essa breve exposição apenas esclarece mais algo que já é conhecido. Segundo, é preciso aceitar que, para fins metodológicos e em determinados momentos, nossas crenças e práticas devem ser assumidas como *dados* para um adequado entendimento do objeto, sem ficar a reboque das sensibilidades que isso possa despertar.[12] Novamente, essa atitude expressa uma abordagem em 3ª pessoa, que pode ou não ser contrária às abordagens em 1ª e 2ª pessoas. Mas de pouco adianta desenvolver a dura tarefa de transformar práticas em dados se o marco teórico não for bem estabelecido. Exploremos melhor esse ponto.

De fato, a CRE e a Θ no Brasil precisam decidir com mais clareza o que é e o que não é aceitável em termos teóricos. Há uma tentação (ligada, como já vimos, a uma visão positivista da ciência tradicional) em se recorrer a uma hermenêutica romântica e a paradigmas alternativos, que encontram

---

[12] Há uma corrente de pesquisadores norte-americanos que julga que a Θ nada a tem a contribuir para a CRE, no máximo como dados a serem analisados. Ver, por exemplo: McCutcheon (2002, p. 13-30). Desnecessário dizer que nenhum teólogo ficaria indiferente a essa afirmação, mas qualquer resposta deveria ficar acima de sensibilidades feridas.

pouco consenso em nível internacional.[13] Uma decisão precisa ser feita, se desejamos a tão sonhada credibilidade acadêmica. Quais são as credenciais de paradigmas alternativos, como transdisciplinaridade, complexidade, ecologia profunda etc.? Será que abordagens que encontramos em certos círculos mais esotéricos e "Nova Era", por assim dizer, são esquemas que substituem velhos modelos explicativos, ou seriam mais propriamente *dados* a serem devidamente analisados? Será que preocupações libertárias não terminam por prejudicar a cientificidade de nosso discurso? Aqui, o respeito aos colegas não pode significar condescendência com análises menos que confiáveis. Não se propõe aqui nenhum tipo de censura, mas aqueles que, mesmo depois desse processo de autorreflexão, decidam assumir tais abordagens devem fazê-lo com pleno conhecimento das possíveis implicações disso, seja para a nossa área de conhecimento, seja para as expectativas de nossos alunos.

Qual o estatuto da hermenêutica da experiência religiosa?

Voltemos agora ao recurso à fenomenologia e à hermenêutica. Se o início do século XX conheceu a crítica da hermenêutica ingênua, de cunho psicologizante, o final do mesmo século, como já vimos, passou à crítica da mistura do componente filosófico e do científico da hermenêutica. Mais do que um método para aquisição de conhecimento, a hermenêutica, sem negar essa possibilidade, talvez seja mais um momento de um processo epistemológico mais amplo, como apontado por Ricoeur. Não se trata assim de colocar a sociologia, a antropologia, a história em um primeiro patamar e daí propor a hermenêutica como centro ou patamar superior que procura descobrir a "essência" ou a "verdade" do fenômeno religioso.[14] O desafio sim é, no seio de cada uma dessas subdisciplinas, entreter um momento hermenêutico que evidencie questões de sentido ligados a observações em 1ª e 2ª pessoa. Uma

---

[13] Já tive oportunidade de explorar em maior detalhe estes paradigmas e assim remeto o leitor a este artigo. Ver Cruz (2007, p. 507-532).

[14] Para a maneira como Eliade entende o lugar da "história comparada das religiões" entre o elenco de outras disciplinas empíricas, ver seu "Observaciones metodológicas de lo estudio del simbolismo religioso" (ELIADE, 1986, p. 116-139). Para uma crítica a essa postura, ver Brandt (2006, p. 11-12). Pode-se notar que pesquisadores brasileiros, mesmo quando citam esse artigo de Brandt, parecem não extrair dele todo o impacto da crítica, com estratégias evasivas do tipo "isto vale para os alemães, não para a nossa situação".

filosofia da religião de cunho fenomenológico/hermenêutico teria, nesse caso, o relevante papel de crítica epistemológica (e por que não moral, ontológica etc.?) da atividade disciplinar.

Outra maneira de se entender melhor os desafios presentes e futuros é avaliar o uso corrente da noção de experiência em geral e "experiência religiosa" em particular, recorrendo-se a W. James e a Otto e seus sucessores. Assim como no caso da fenomenologia e da hermenêutica, parece haver um entendimento tácito e favorável do alcance epistemológico de tal experiência, tanto na Θ como na CRE. Entretanto, essa mesma noção tem sido alvo de críticas nas últimas décadas de tal maneira que não pode ser mais utilizada sem considerações posteriores. Entre as críticas principais, encontramos aquelas à pretensa universalidade da experiência religiosa, que dispensaria mediações psicossociais e culturais, à sua aparente irredutibilidade e consequente rejeição de uma explicação em 3ª pessoa, à sua associação com leituras criptoteológicas da religião e, principalmente, sobre a possibilidade de autoengano – não só a tênue fronteira entre o propriamente religioso e a simples ilusão (Freud), como também o de julgar como bom algo que termina por se revelar como perverso (também os membros da Al Qaeda têm experiências religiosas...).

Entre os autores que podem ser designados, temos entre nós o ensaio já citado de Usarski, e, em nível internacional, o trabalho sistemático e detalhado de Ann Taves (USARKI, 2009). No caso dos países de língua alemã, há várias publicações interessantes, entre elas a coletânea de Heimbrock e Scholtz (2007). Nessa coletânea, há importantes contribuições para a Θ também. Dada a herança da TdL, citada anteriormente, uma reflexão crítica sobre o papel da experiência no seio de um círculo hermenêutico é sempre de grande importância para a reflexão teológica.

Conclusão

Como dito, o propósito deste ensaio é levantar alguns desafios futuros para as áreas de Θ e CRE. Reconhecidamente, todos eles já foram pelo menos mencionados em vários escritos de pesquisadores brasileiros ao longo destes últimos anos e aqui os dois congressos recentes da ANPTECRE fornecem um bom pretexto para retomá-los. Argumentamos que a dura mensagem de críticos de antigos paradigmas em CRE, de novos em Θ e de uma relação indevida entre as duas parece não ter sido ainda assimilada em todo seu impacto.

A ANPTECRE surgiu nos últimos anos não só como uma associação de defesa dos interesses dos programas de pós-graduação em Θ e CRE, como também enquanto fórum próprio para o tratamento de questões de fundo que dizem respeito à cientificidade dessas disciplinas e consequente respeitabilidade acadêmica. Defendo que nesse fórum questões eclesiais e de relevância social fiquem em segundo plano, já que há outros fóruns aos quais estamos associados que tratam dessas questões, reconhecidamente relevantes e urgentes.

Outrossim, a atitude reativa e apologética em relação a críticas, tanto de fora como de dentro de nossas disciplinas, tem-se revelado contraprodu-cente. Por mais que esses críticos também representem interesses e ideologias, confessados ou não, eles trazem questionamentos que não mais podem ser desconsiderados ou apenas mencionados.[15]

Gostaria de terminar em um tom mais positivo. Percorrendo-se as palestras, grupos de trabalho e outras contribuições desses dois congressos da ANPTECRE, nota-se o empenho, a seriedade e a competência dos pesquisadores lá presentes, iniciantes na carreira acadêmica ou tendo já dado contribuições significativas a ela. Isto tudo dentro de um meio algo desfavorável, com limitações de recursos, demandas externas, desconfiança de outras disciplinas etc., obstáculos com os quais estamos demasiado familiarizados. Há um grande potencial e disposição para realizá-lo. Daí a importância de nortes teóricos seguros e exposição a críticas acadêmicas dentro e fora do país, para que a produção acadêmica brasileira em Teologia e Ciência da Religião atinja um novo patamar de qualidade.

Referências bibliográficas

BASTOS, Jenner B. *Reducionismo*. Uma abordagem epistemológica. Maceió: Edufal, 2005.

BRANDT, Hermann. As ciências da religião numa perspectiva intercultural. A percepção oposta da fenomenologia da religião no Brasil e na Alemanha. *Estudos Teológicos*, v. 46/1, 2006, p. 122-151.

BOFF, Clodovis. *Teologia do político e suas mediações*. Petrópolis: Vozes, 1978.

---

[15] Tais ideologias mereceriam um estudo à parte. A CRE e a Θ são disciplinas ocidentais e modernas, e contém um ideal implícito de emancipação em relação ao mito-poético e ao supersticioso.

CADY, Linnel E.; Delvin BROWN (Org.). *Religious studies, theology, and the university.* Conflicting Maps, Changing Terrain. Albany: Suny Press, 2002.

CORNWELL, John, org. *Explanations.* Styles of explanation in science. Oxford: Oxford University Press, 2004.

COX, James L. *A guide to the phenomenology of religion:* key figures, formative influences, and Subsequent Debates. London; New York: Continuum, 2006.

CRUZ, Eduardo R. Ciência de quem? Qual epistemologia? Racionalidade contemporânea e teologia fundamental. *Revista Portuguesa de Filosofia,* n. 63, fascs. 1-3, 2007, p. 507-532.

ELIADE, Mircea. Observaciones metodológicas de lo estudio del simbolismo religioso. In: ELIADE, Mircea; KITAGAWA, J. M. (Org.). *Metodologia de La Historia de las religiones.* Barcelona: Paidós Orientalia, 1986 [1965], p. 116-139.

HEIMBROCK, Hans-Günter; SCHOLTZ, Christopher P. (Org.). *Religion:* immediate experience and the mediacy of research. Interdisciplinary studies, concepts and methodology of empirical research in religion. Göttingen: Vandenhoeck & Ruprecht, 2007.

LUCAS HERNÁNDEZ, Juan de Sahagún. *Fenomenología y filosofía de la religión. Curso fundamental sobre la fe católica. 2. ed. Madrid: Ed. BAC, 2005.*

MCCUTCHEON, Russell. *Critics not caretakers.* Redescribing the public study of religion. Alabany, NY: Suny Press, 2001.

MCCUTCHEON, Russell. The study of religion as an anthropology of credibility. In: CADY, Linnel E.; BROWN, Delvin (Ed.). *Religious studies, theology, and the university.* Conflicting Maps, Changing Terrain. Albany: Suny Press, 2002. p. 13-30

Perspectiva Teológica. Teologia e Ciências da Religião: duas epistemologias. Ano XXXIX, n. 108, maio/ago. 2007.

PIERUCCI, Antonio Flávio. Interesses religiosos dos sociólogos da religião. In: ORO, Ari Pedro; STEIL, Carlos Alberto (Org.). *Globalização e religião.* Petrópolis: Vozes, 1997. p. 249-262.

PYYSIÄINEN, Ilkka. What it is like to be a believer. In: PYYSIÄINEN, Ilkka. *Magic, miracles, and religion:* a scientist's perspective. Lanham, MD: Rowman Altamira, 2004. p. 1-27.

RICOEUR, Paul. *Teoria da interpretação.* Lisboa: Edições 70, 1987. p. 83-100.

RYBA, Thomas. Phenomenology of religion. *Religion Compass* 3/2, 2009, p. 253-287.

SCANONNE, Juan. *Religión y nuevo pensamiento.* **Hacia una filosofía de la religión para nuestro tiempo desde América Latina.** Barcelona: Anthropos, 2005.

TAVES, Ann. *Religious experience reconsidered:* a building-block approach to the study of religion and other special things. Princeton: Princeton University Press, 2009.

TEIXEIRA, Faustino (Org.). *A(s) Ciência(s) da Religião no Brasil.* Afirmação de uma área acadêmica. São Paulo: Paulinas, 2001.

USARSKI, Frank. *Constituintes da Ciência da Religião.* Cinco ensaios em prol de uma disciplina autônoma. São Paulo: Paulinas, 2006.

WEDEMEYER, Christian; Wendy DONIGER (Org.). *Hermeneutics, politics, and the history of religions:* the contested legacies of Joachim Wach and Mircea Eliade. Oxford: Oxford University Press, 2010.

Os AUTORES

EDÊNIO VALLE Presidente da Associação dos Programas de Pós-graduação em Teologia e Ciências da Religião (ANPTECRE) e professor no Programa de Pós-graduação da PUC-SP.

EDUARDO ANDRÉS SILVA ARÉVALO Jesuíta, doutor em Teologia, decano da Faculdade de Filosofia e Humanidades da Universidade Alberto Hurtado, Santiago, Chile, e professor de Teologia Fundamental na Faculdade de Teologia da Pontifícia Universidade Católica do Chile.

GILBRAZ ARAGÃO Doutor em Teologia, coordenador do Mestrado em Ciências da Religião da Unicap.

J. B. LIBANIO Professor de Teologia dogmática na Faculdade Jesuíta de Filosofia e Teologia (FAJE), em Belo Horizonte.

MICHAEL PYE Britânico, foi professor na Otani University em Kyoto, Japão, e atualmente é professor emérito da Universidade de Marburg, Alemanha. Foi, por vários anos, presidente da International Association for the History of Religions (IAHR).

PAULO SÉRGIO LOPES GONÇALVES Presbítero da diocese de Limeira (SP). Doutor em Teologia pela Pontifícia Universidade Gregoriana de Roma (Itália). É professor de Teologia Sistemática e diretor do Centro de Ciências Humanas da Pontifícia Universidade de Campinas.

RUDOLF VON SINNER Professor de Teologia Sistemática, Ecumenismo e Diálogo Inter-religioso, pró-reitor de Pós-graduação e Pesquisa na Escola Superior de Teologia (EST) em São Leopoldo-RS, pesquisador bolsista do CNPq.

VÍTOR WESTHELLE Professor de Teologia Sistemática na Escola Luterana de Teologia de Chicago, Estados Unidos.

WILHELM WACHHOLZ Professor titular de disciplinas de Teologia e História em níveis de graduação e pós-graduação na Escola Superior de Teologia (Faculdades EST), São Leopoldo-RS.

Sumário

APRESENTAÇÃO DA COLEÇÃO
Flávio Senra 5

INTRODUÇÃO
Geraldo de Mori 7

O estudo das religiões: novos tempos, tarefas e opções
Michael Pye 15

Entre Américas: convergências e divergências teológicas
Vítor Westhelle 25

A religião no início do milênio
J. B. Libanio 43

Três novas abordagens da religião e da Teologia a partir da filosofia
Eduardo Andrés Silva Arévalo 65

Sobre epistemologias e diálogos: Fenomenologia, diálogo inter-religioso
e hermenêutica
Gilbraz Aragão 95

Hermenêutica em perspectiva teológica
Rudolf von Sinner 123

Ciências Cognitivas, Filosofia da Mente e Fenomenologia:
um debate contemporâneo
Edênio Valle 143

O círculo hermenêutico na Teologia da Libertação
Paulo Sérgio Lopes Gonçalves 175

Por uma Teologia como ciência e pela ecumene das ciências
Wilhelm Wachholz 199

Memória: Fenomenologia e experiência religiosa
Antônio Gouvêa Mendonça 219

POSFÁCIO
E agora, para onde vamos?
Eduardo R. da Cruz 239

OS AUTORES 251

Impresso na gráfica da
Pia Sociedade Filhas de São Paulo
Via Raposo Tavares, km 19,145
05577-300 - São Paulo, SP - Brasil - 2011